KB087658

정기용   서울 이야기

정기용 지음

서울 이야기

현실문화

서문:
서울에서 길을 잃는다는 것의 의미

도시는 끊임없이 변화하고 변모한다지만, 서울처럼 급속한 팽창과 파괴와 건설이 숨가쁘게 진행되는 도시가 지구상 어디에 또 있을까? 20세기 초 불과 10여 만 명이던 도시 인구는 이제 100년이 지나며 꼭 100배가 넘게 거대해졌다. 압축된 시간 속에 진행된 폭발적인 성장으로 인해 파급된 사회적, 지리적인 변화는 물론, 세계화의 바람까지 거세게 불어 닥치면서 이제는 어느 하나의 성격으로 규정할 수 없는 다차원적이고 다국적인 도시로 서울은 변모하였다. 그리고 그 변이는 지금도 진행 중이다.

이제 서울에 산다는 것은 세계를 사는 것이다. 수많은 종류의 사람들이 이루 헤아릴 수 없이 많은 삶의 방식 속에서 저마다 다른 가치관과 각기 다른 욕망을 분출하고, 기쁨과 희망과 슬픔과 고통과 좌절의 궤도를 돌고 있다. 매일매일의 일상성은 천일야화를 만들고, 또한 서울의 역사를 만들어나간다. 이런 현상을 두고 나는 서울을 아직 열어본 적이 없는 '의미의 창고'라고 말한 적이 있다. '오직 쓰기만 하고 한 번도 제대로 읽어본 적이 없는 대하소설'이라고도 명명한 적이 있다.

여기 서울에 대하여 아직은 여러 가지로 미흡하지만, 내 나름대로 읽기를 시도한 몇 편의 글들을 한자리에 모아놓았다. 그러고 보니 성찰적이기보다는 비판적이고, 다양한 시선보다는 어느 한쪽으로 치우친 점들을 부정할 수는 없다. 다만 건축가나 도시전문가들이 그들의 고유한 문제에서 제외시키고 싶었던 것을 현재화하려는 관점들을 재발견하고, 도시와 상징에 관한 논의를 다시 음미해보는 것은 의미 있는 일이 아닌지 자문해본다.

결국 도시는 그 도시를 사는 사람들의 집합적인 표현일 수밖에 없다. 소위 민주사회로 이행하는 과정이 어떻게 도시 특히 공간에 투영되거나 거세되고 있는지 알아볼 일이다. 문화의 다양성이 어떻게 도시의 복합성과 함께 증폭될 수 있는지 없는지, 그리고 랜드마크 만들기에 대한 의지와 상징 조작의 의지를 불태우며 서울의 허약한 부분을 어떻게 해서든 일거에 해결하려는 욕망의 그림자가 지속적으로 너울거리는지 생각해볼 일이다. 지속적으로 정치 이념이나 정치 권력적인 표현을 도시에 강압적으로 실어내려는 '이념'의 정체는 무엇인지 묻고자 한다.

　　그리고 변화하는 속에서, 그나마 변치 않는 서울의 지리적인 자연환경과 그것과의 관계 속에서 생성되었던 서울의 원형과 역사를 다양한 각도에서 접근해볼 필요성을 느낀다. 도시에서의 지속 가능한 자연의 풍경은 변화하는 것들의 배경이 되고 위안이 되며, 그 누구도 부인할 수 없는 서울의 정체성이기도 하다. 서울의 산들과 강과 물길들을 어떻게 가꾸고 보존하느냐 하는 것은, 서울 시민들이 긴 호흡으로 대해야 하는 숙제다. 이와 함께 여러 가지 부정적인 비판이 있음에도 서울의 역동적인 삶이 만들어내는 '서울성'은 우리 모두가 찾으면서 만들어나가야 하는 또 다른 과제이다. 이러한 탐색 작업을 위해 이 책이 조그만 보탬이 되었으면 한다.

　　서울은 하나의 도시가 아니라 수백 개의 각기 다른 동네의 집합이고 연대다. 각기 다른 동네의 분화와 집합은 서울의 다채로운 지형과 함께 천문학적인 수의 네트워크를 이루고 길을 만든다. 어느 누구도 다 걸어볼 수 없는 서울의 미로 속에서 진정한 의미의 서울을 만날 것이다. 도시를 제대로 알아차리는 유일한 방식은 길을 잃어보는 것이라고 한다. 이제 길을 잃으면서 의미의 창고를 열어보기로 하자.

　　쓰여진 글은 말로 인해 생긴 그늘이다. 책을 내기에는 여러 가지로 부족하여 머뭇거리던 나를 이렇게 서문까지 쓰게 만든 상지대학교 홍성태 교수에게 감사하다고 해야 할지, 아니면 모든 책임을 그에게 전가해야 할지 모르겠다. 여하튼 책을 만드는 끔찍한 노동에 동참한 서정일 박사와 그의 후배들, 그리고 신혜숙과 김유경에게만큼은 고마운 뜻을 전하고 싶다. 디자인이란 것이 책의 또 다른 가치를 창출하는 작업임을 일깨워준 시립대학교의 최성민 교수 부부에게도 감사의 마음을 전해야 할 것 같다. 마지막으로, 책을 출판하기로 용기 있는 결단을 내린 현실문화 김수기 대표에게도 위로의 뜻을 전한다.

　　2008년 1월 동숭동에서
　　정기용

나의

서울 읽기

우리는 아름다운 도시에 살고 있다

그림 1. 성곽의 창을 통해 바라본 풍경. 군사
목적으로 축조된 성곽은 한 번도 본래의
목적대로 사용된 적이 없다. 서울의 사대문
안은 그 성벽과 함께 왕조가 물려준
유산이다. 자연의 지형을 최대로 살려
요새화한 18.13킬로미터의 서울 성곽은
또한 오래된 풍경의 발신지이다.

서울 남대문의 본래 이름이 숭례문崇禮門이라는 것은 누구나 알고 있다. 그러나 서울의 북대문은 어디 있으며, 그 이름이 무엇인지 정확히 아는 사람들은 그렇게 많지 않다. 실은 나도 세검정으로 넘어가는 창의문이 북대문인 것으로 알고 있었다. 창의문은 북쪽으로 나 있긴 하나 북소문이다.

그러다 지난해 숙정문肅靖門 개방을 위한 준비계획에 참여하면서 여러 가지 사실을 알게 되었다. 북대문이 어디 있었는지도 모르는 것이 한편으로는 부끄러웠고, 우리가 알고 짐작하는 것 이상으로 북악산 동쪽 자락에서 본 서울이 정말로 빼어난 경관을 가지고 있음을 재차 확인하게 되었다.

남대문은 숭례문, 북대문은 어디지?

서울의 북대문은 숙정문이다. 다만 숙정문은 다른 문들과 달리 평지가 아니라 험준한 고갯마루에 있고, 예로부터 일상적으로 드나들기보다는 '상징적'인 문이었으며, 더욱이 북악산 일대가 무장공비 침투 사건 이후 군사시설 보호지역에 편입되면서 완전히 일반 시민들에게는 잊혀졌던 것이다. 그 문이 올봄(2006)에 비로소 일반인에게 개방된다. 최소한의 탐방로를 갖추고 말이다. 아직 별 주목을 받지 못하는 작은 사건이지만, 서울을 새롭게 바라보는 중요한 계기가 될 것이다.

발단은 이렇다. 노무현 대통령이 청와대 뒷산을 산책하다 발견한 숙정문과 그 일대, 그곳에서 바라보는 서울의 광경이 워낙 빼어난 터라 이런 기쁨을 대통령 혼자 독점하는 것이 온당치 않다고 생각하여 일반인에게 개방할 것을 문화재청에 권고했고, 이에 여러 차례 관계자들의 논의를 거쳐 개방이 결정된 것이다.

서울 도성에는 사대문四大門(숭례문·숙정문·홍인문·돈의문)과 사소문四小門(홍화문·광희문·서소문·창의문)을 두었다. 본래 숙정문은 태조 5년(1396) 9월에 축조했고, 세종 때와 숙종 때 고쳐 쌓았다. 그리고 첫 명칭은 숙청문肅淸門이었으나, 중종 18년 이후 숙정문·북정문으로 불렸다. 그러나 숙정문은 축조한 지 13년도 안 돼 태종 13년(1413)에 폐쇄되었고,

그림 2. 숙정문으로 올라가는 길. 서울의
북대문이 숙정문이라는 사실을 아는 이는
드물다. 최근에 시민에게 개방되어 모습을
드러낸 숙정문은 주변의 무성한 소나무들과
함께 옛 이야기를 전한다. 문을 열면 장안
여인들이 바람이 난다고 하여 짓자마자
닫아걸어 두었던 숙정문은 이제 또 다른
삶을 시작한다.

그림 3. 숙정문 현판. 북한산 동쪽 기슭에
자리한 숙정문은 남대문과 같이 한양을
외부 세계와 연결하는 관문이 아니라
사대문 중 유일하게 상징적인 기능을 한
문이다.

그 주변에 소나무를 심었다. 그 이유는 풍수학자 최양선崔揚善이 숙정문은 지리학상 경복궁의 양팔과 다리 같으니 길을 내어 지맥地脈을 손상해서는 안 된다는 상소문 때문이라고 한다.

　　본래 태생이 산속에 위치한 형식적인 문이 되다 보니 애초부터 말이 많았던 모양이다. 특히 북은 '음陰' 또는 '물(水)'로 인식되어 가뭄이 심할 때는 숙정문을 열어 기우제를 드리고, '불(火)'이 들어오는 숭례문을 닫았다고도 한다. 또한 숙정문은 여성을 상징해 '암문'이라고도 불렸는데, 순조 때 한 실학자는 숙정문을 열어두면 장안의 여인들이 바람이 난다고 적고 있다. 정월 대보름 이전에 숙정문을 세 차례 다녀오면 액막이를 한다 하여 여인들의 출입이 잦았고, 간혹 풍기가 문란해졌다는 소문도 있었던 모양이다.

　　지금 가 보아도 숙정문 주변의 산세는 험하고, 숙정문 좌우 성곽 쪽으로는 가파르며, 음한 기운이 있어 보이는 것도 사실이다. 그래서 그랬는지 1504년 연산군 10년 숙정문을 동쪽으로 약간 옮겨 문루門樓도 없이 성벽에 홍예로만 석문을 세웠다. 그러다가 1968년 청와대를 향한 무장공비 침투 사건, 즉 1·21사태가 벌어지고 나서 숙정문을 포함해 북악산 일대는 군사시설 보호지역으로 일반인의 침입이 금지되었다. 1976년 성벽을 복원하면서 문루를 짓고 편액을 걸었으나 잘 알려지지 않고 오랫동안 감춰진 채 몇몇 요인들 및 청와대 일대를 지키는 군인들에게만 북대문의 존재가 알려져 왔던 것이다. 그러나 이런 근래의 역사 때문에 숙정문 주변은 정말로 근사한 소나무 군락지로 변모했다. 한반도의 수많은 군사시설들이 그렇듯이 한편으로는 자연을 파괴하기도 하지만, 또 한편으로는 개발을 방지하고 자연을 보호하는 중요한 기능도 하고 있다.

　　여전히 자연과 맞닿은 도시의 뿌리

어쨌거나 중요한 것은 잊혀졌던 서울 도성의 대문을 우리가 접근해볼 수 있게 된 것이며, 더 나아가서는 서울을 새롭게 바라볼 시점을 확보했다는 사실이다.

숙정문에서 북악산 쪽으로 200미터 오르면 왼편으로 촛대바위가 드러나고, 좁은 촛대바위 위로 올라가 경복궁 쪽을 멀리 부감하면 그동안 상상조차 하지 못했던 서울의 장관이 펼쳐진다. 반듯하게 위용을 갖춘 경복궁과 남쪽으로 뻗어간 주작朱雀대로인 세종로가 뻗어 있다. 그리고 빌딩들이 도열해 있고, 남산과 그 멀리로는 관악산까지 어렴풋이 보인다. 간혹 좋은 날씨에는 서울의 모든 전경이 눈 아래 펼쳐진다. 그리고 내사산內四山(북악산·인왕산·낙산·남산)의 정상을 이어 만든 18.13킬로미터의 도성 안의 서울은 근대화 이후 많은 건물과 높은 빌딩들로 넘쳐나지만, 지금까지는 적어도 여러 방자한 해코지에도 굴하지 않고 시민의 삶을 품어주는 넉넉함이 있다. 몇 미터라도 더 높이 지으려고 까불지만 지금까지의 정도라면 넉넉히 수용할 태세를 갖추고 있다. 다만 더 이상의 용적률 상승을 자제하는 것이 사대문 안의 도심 경관을 위해 필요한 일이라고 생각한다.

청계천을 복원한다고 해놓고 거대한 '콘크리트 분수'로 급조하고, 그 주변을 기존 도심부 관리계획이 명시했던 90미터를 벗어나 그 이상으로, 심지어 145미터까지 허용하려는 서울시의 노력은 참으로 어이가 없다. 적어도 한 번쯤 숙정문 위의 촛대바위에 올라가 서울을 내려다보면 열 마디 비판이 필요 없을 만큼 자명한 일임을 그들은 알 것이다. 그러므로 사대문 안의 경관을 근본적으로 손상시킬 작금의 도심부 관리계획 변경안은 철회되어야 마땅하다.

숙정문을 개방한다는 것은 바로 서울 시민들에게 잊혀졌던 서울의 경관을 복원해주는 일이다. 숙정문이 개방되고 촛대바위에서 우리가 사는 곳이 이토록 아름다운지 체험하게 된다면, 그다음에 이어서 서울 도성 전체가 복원되어 탐방로가 조성된다면, 시민들은 서울이라는 도시에 대해 자부심을 가질 것이다. 평당 가격이 상승해서가 아니라 처음으로 그들이 바라본 자연과 도시가 어우러져 아름답게 보이기 때문일 것이며, 이 도시에 여전히 자연과 맞닿은 깊은 뿌리가 있음을 확인하기 때문일 것이다.

이제 봄이 오면 우리 모두 촛대바위로 산책을 나가보자. 서울을 역사문화 도시로 가꾸는 대열에 참여하기 위하여.

그림 4. 숙정문으로부터 200미터 위쪽에 자리한 촛대바위. 숙정문에서 성벽을 오른편으로 끼고 조금 걷다 보면 나타난다. 그곳이 바로 경복궁과 세종로를 가장 근사하게 조망할 수 있는 지점이다.

그림 5. 촛대바위 가는 길에 마주하는 돌과 소나무의 정경은 우리들에게 갑자기 설악산이나 지리산 어디쯤에 온 듯한 착각을 불러일으킨다.

그림 6. 촛대바위에서 조망한 경복궁과
주작대로 세종로의 뿌리가 북악산임을
입증하는 풍경이다. 남북축으로 관계 맺은
경복궁과 세종로는 서로의 근거가 된다.
멀리 관악산 자락이 보인다.

그림 7. 북악산에서 서울을 내려다본
사람들은 모두 서울을 사랑하게 될 것이다.
자연은 조금 눈에 거슬리는 빌딩들도
넉넉한 품으로 끌어안고 용서를 한다.

그림 8. 북악산 북쪽 줄기에서 조망한
서울의 전경. 파동 치는 땅의 숨결 속에 집과
산줄기는 한 몸이 된다.

그림 9. 인왕산을 따라 오르는 성곽. 바라만
보아도 숨이 차다.

그림 10, 11. 북악산으로 오르는 길과 성곽.
세종 때나 숙종 때 축조한 수법이 서로 같지
않으나 그 기본은 같다. 그것은 자연 지형을
최대로 존중한다는 사실이다. 있는
그대로의 땅 위에 여장如牆(성 위에
연속하여 낮게 쌓은 담) 부분을 제외하곤
거의 자연석을 다듬어 축성한 모습이
아름답다. 경사면이 많고 다양한 한국형
지형에서 구조물을 어떻게 조성해야
하는지에 대한 법칙을 보여준다.

나의 집은 백만 평

아파트는 집이 아니다

대체로 사람들은 건축가들이 근사하게 집을 짓고 살 것이라고 생각하며 또 그렇게 믿고 싶어 한다. 그런 기대 속에 우리가, 사람들이 염원하는 행복한 집이 있다. 결코 들어가 볼 수 없는 불가능한 집 말이다. 그러나 생각할 수조차 없는, 그런 꿈 같은 집을 짓고 사는 건축가들이 몇이나 된단 말인가? 더구나 땅값이 비싼 서울과 같은 대도시에서 말이다. 사실은 건축가들이야말로 의사가 자기 병을 못 고치듯 자기가 설계한 집에 사는 건축가란 손가락으로 꼽을 정도로 적을 것이다. 상속받은 땅이 있거나 남들처럼 재산을 모은 건축가라면 모를까, 다른 이들의 생각처럼 건축가들은 부유한 계층이 아니다. 적어도 내 주변 사람들은 그렇다. 직업이 '집'을 설계하는 사람이지 스스로 집을 짓는 사람들은 아니기 때문이다.

자기 손으로 자기 살 집도 지어보지 못한 사람들이 남이 살 집을 설계한다는 것은 건축가들의 패러독스다. 특히 땅은 비싸고 제한되어 있으며, 수용 능력보다 인구가 더 많은 서울과 같은 도시에서는 보통 사람들과 마찬가지로 그들도 아파트에서 거주하는 것이 마음 편한 일일 것이다. 특별히 모두가 비슷비슷한 아파트에 살면서 그에 대해 이야기하는 것처럼 밋밋한 일도 없다. 다만 가끔 자기가 살고 싶은 집을 꿈꾸는 것은 여느 사람들과 다를 바가 없다. 그러나 아파트란 아무리 생각해도 아파트지 집 같아 보이지 않는 데 문제가 있다. 그러면 아파트는 집이 될 수 없는가? 적어도 나에게는 그런 듯하다.

그림 1. 은행나무 두 그루가 있는 성균관의
명륜당 앞은 내가 즐겨 찾는 마당이다.
사진: 김재경.

지금 내가 사는 명륜동 다가구집으로 이사 오기 전까지 나는 3년간 산본의 한 아파트 11층에서 산 적이 있다. 그곳에 사는 동안 정이 들 리도 없었고, 괴이한 기억만 남아 있다. 어느 날 새벽 2시쯤 귀가하여 불을 끄고 막 잠을 청하려 할 때 갑자기 안내 방송이 시작되었다. 그 사건은 두고두고 나의 뇌리에서 사라지지 않고 있으며, 나를 더 이상 아파트에 살게 하지 않는다.

다급한 수위 아저씨의 목소리는 떨리는 듯 더듬거렸다. "에… 긴급히 말씀드립니다. 늦은 밤이지만 하는 수 없이 방송합니다. 에 또, 지금 화단 근처에서 시신이 발견되었는데 아마도 몇 층에선지 뛰어내린 것 같습니다. 그런데 에… 누군지도 불분명하니 죄송합니다만 빨리 일어나셔서 옆에 혹시 자다가 없어진 분이 없는지 확인해주시기 바라겠습니다. 에 또, 다시 한 번 말씀드리겠습니다…." 이윽고 방송이 끝나자 곧 황급한 목소리에 깨어난 1112동 사람들의 부산한 소리가 들리는가 싶더니 우리 동 주민들은 모두 일치된 행동을 보였다. 그것은 옆에 없어진 가족이 있는지 없는지 확인하는 일이었다. 자다가 모두 새벽에 일어나서 말이다.

특별한 경우이긴 했지만 아무 때나 방송해서 자는 사람들을 깨우고 귀를 집합시키는 아파트, 이웃이 나오는 인기척이 나면 마주치지 않으려고 잠시 기다렸다 나오는 사람들이 살고 있는 아파트는 서로의 눈치를 보는 수용소 같다. 거기에는 보이지 않는 감시의 시선과 자는 사람들도 깨우는 명령이 늘 잠재하고 있다. 전화 한 통화로 모든 것이 배달되는 편리함도 있고, 문만 걸어 잠그면 누가 뭐래도 내 세상 같지만, 베란다에서는 앞집 부엌 창만 보이고, 거실의 텔레비전 소리는 사람들을 잠 못 들게 한다.

남들과 똑같은 것이 싫어 자기 취향을 살리고 품격을 유지하려 각별한 인테리어를 해보지만 자신의 삶이 배어 나오긴 어렵고, 오직 여기저기에서 수집한 생生의 전리품—오브제들의 수량과 가격의 추억—으로 삶의 연륜을 말해주는 아파트는 이사하기 전 처음 와볼 때가 가장 인상에 남을 뿐이다. 그 순간만큼은 온전한, 아직 텅 빈 삶의 가능성이 조금은 있어 보이기 때문이다.

그러나 아파트에 대해 아무리 부정적인 생각을 해본들 어찌하란 말인가! 땅은 좁고 사람은 많으니 포개서 사는 방법 말고 또 다른 무슨 선택이 있단 말인가? 상품의 가치도 높은데 말이다. 그러나 동이나 층을 잘못 찾아 열쇠를 꽂았다 안 열릴 때처럼 당황스런 일이 어디 또 있단 말인가? 아파트에 사는 사람들치고 한두 번씩 안 겪어본 적이 없는 '집 잘못 찾기'의 체험은 도시에 사는 우리들의 방황하는 삶을 상징적으로 잘 보여준다. 아파트는 있으나 집은 없고, 거실과 침실은 있으나 다락이 없는 곳에서 우리는 산다기보다 이사하기 전까지 대기하는 수용 시설 내지 대합실과 같은 공간에서 잠시 머물 뿐이다.

그래서 나는 지하철 혜화역에서 가까운 명륜동으로 사무실을 옮기고, 사무실에서 걸어서 10분 거리 내에 있는 집을 찾았다. 한 달간 명륜동 일대를 뒤져 '르누아르 화이브'라는 이름을 써 붙인 다가구 주택으로 이사를 왔다. 그리고 5년이 흘렀다. 내가 평생 22번 정도 이사한 것을 생각한다면 아주 오래 산 셈이다. 거기에는 그럴 만한 이유들이 있다.

내 집은 약 50~100만 평

누구든 집에 대해서 이야기한다는 것은, 집의 생김새나 공간의 특질에 대해서 기술하는 것은 은근히 사는 것에 대해서 말하는 것이며, 나아가서는 인생 전체를 이야기하는 것과 같다. 어느 한 순간의 집은 과거에 살던 모든 '집의 기억'들과 총체적인 연관을 맺고 있다. 그만큼 한 신체가 도시 속에서 기거하는 모습은 집 속에 사적으로 거주하는 행위만을 따로 떼어낼 수 없을 만큼 복합적이다.

아무리 생각해도 나는 내 주변의 공간들을 내 자신의 고유한 리듬으로 네트워킹하면서 사는 데 익숙해졌고, 그것이 나의 삶의 방식인 듯하다. 그런 점에서 명륜동 일대는 이런 나의 거주 방식을 유지하고 지속하는 데 적절한 동네인 듯싶다. 즉, 나는 '집' 안에 있을 때만 거주하는 것이 아니라 집 밖에서도 거주하는 법을 스스로 터득하였다.

따라서 내가 현재 주소지로 두고 있는 집에 있어서 안팎의 경계는 무의미하다. 내가 의지로 이동하고 머무는 곳이 나의 집이고 나의 삶이다. 그 영역이 대체로

그림 2. 지하철 혜화역에서 가까운
명륜동에 위치한 사무실에서. 사진: 김재경.

50~100만 평 정도가 되므로 나는 혼자서 너무 과다한 영토를 사용하고 있다는 생각이 들 때가 많다. 사람들이 내가 사는 집이 몇 평이냐고 물을 때 나는 늘 자신만만하게 대답할 준비가 되어 있음을 아주 기쁘게 생각한다. 내가 스스로 나의 삶을 조직하는 공간이 나의 집이기 때문이다.

우선 명륜동에는 북악산이 동쪽으로 뻗은 낮은 뒷산이 있다. 종묘와 창덕궁과 창경궁, 그리고 비원으로 불리는 넉넉한 후원이 맞닿는 와룡공원에서 내려다보는 서울의 전경은 그 어느 곳보다도 아늑하다. 남산과 낙산, 그리고 서울의 동쪽이 펼쳐져 있는 사이로 남북을 잇는 궁궐의 녹지축이 남산으로 뻗어가 서울의 중심에는 숲으로 가득한 모습이다. 그것은 허상이 아니라 성균관대학교 뒷산에서 보이는 서울의 독특한 진실의 풍경이다.

가끔 성벽 길을 따라 오르며 천천히 조금씩 달라지며 전개되는 성 안팎의 도시 풍경은 내가 그 속에 살고 있음을 안심시킨다. 간혹 산자락에 볼썽사나운 아파트군들이 들어차고 있지만, 그래도 아직까지는 서울의 기본 지형을 가늠할 수 있고, 그렇게 오래된 서울의 한 귀퉁이를 파노라마로 바라볼 수 있다는 것은 명륜동에 사는 사람들의 특권이다.

그리고 동네로 내려오면 보다 리얼한 현장이 있다. 60년대 도시형 한옥으로 나지막하게 깔려 있던 명륜동. 당시만 해도 위엄 있고 절도 있는 한옥들로 인해 서울에서 명망 높던 동네가 90년대를 지나면서 손꼽을 만큼 그 수가 줄어들어 3, 4층 다가구집 사이로 초라하게 숨어 있다. 어떤 한옥은 때로 도로를 확장하며 말 그대로 한쪽 귀퉁이가 절단된 채 생채기를 안고 있고, 어떤 한옥은 천막으로 지붕을 뒤덮은 꼴이 수의를 입힌 듯 동네는 변화하는 서울 한복판이다.

그래서 나는 이 동네를 택했다. 내가 일어나 집을 나서면서 제일 먼저 통과하는 막다른 골목의 '개구멍'도 이런 일련의 변화로 우연히 생겨난 통로이다. 천천히, 아주 천천히 골목길을 7, 8분 걸어가면 사무실이 나타난다. 이 건물 역시 한옥을 헐고 지은 근린생활 시설의 건물이다. 매년 조금씩, 그러나 확실하게 바뀌는 명륜동 골목의 풍경은 이제 어느새 한옥이 이질적인 동네로 탈바꿈했다.

창 밖으로 매일매일 바라보는 명륜동, 혜화동 일대의 풍경은 이 시대를 살아가는 서민들의 평균적인 삶의 모습이다. 거대한 아파트가 아닌 고만고만한 다가구 주택들, 옥상마다 펼쳐놓은 화분들, 가재도구들, 뱀처럼 집을 감싸고도는 계단들, 그 위를 들씌운 알루미늄 새시와 초록색 창들, 가끔 보이는 옥탑방들, 노란색 물탱크들, 최대한의 용적률을 찾아내려는 치열한 몸부림의 틈새에 낡은 한옥들이 끼여 있다. 그리고 멀리 시민아파트를 때려 부수고 새롭게 공원으로 단장한 낙산이 보인다. 저녁에는 멀리서도 눈부신 공원의 가로등이 나지막한 산을 잠도 자지 못하게 하고 있다. 그리고 혼자서 불쑥 솟구쳐 오른 혜화동 로터리의 아남아파트는 내 창문 앞의 먼 풍경을 차단한다. 그러나 거기까지가 나의 영토다. 나의 집이다. 나의 집은 나의 시선이 닿는 데까지다.

다행히 내가 사는 집은 동남향으로 5층에 있어 그래도 전망이 넓다. 방문을 열고 들어가면 작은 베란다를 지나 낙산이 바라보인다. 방 2개와 부엌 딸린 거실 하나가 있는 이 집은 아주 평범하다. 더욱이 내가 사는 습관이 치장하기보다 비우는 쪽으로 쏠리면서 텔레비전과 비디오나 책을 볼 때를 제외하면 나의 시선은 밖으로 가게 마련이다. 생의 아주 짧은 순간들마다 거의 무의식적으로 밖으로 던져지는 시선들 속에 포착된 풍경들은 하나의 특별한 이미지가 되어 나의 내부에 저장되고, 아주 미세한 변화에도 나는 민감하게 반응한다.

눈 내리는 날, 초라한 한옥들이 갑자기 눈에 띄게 그 실존적인 모습을 드러내는 모습을 본다. 반복되는 기와 골들이 만들어내는 규칙적인 흑백의 대비들은 다가구집들을 압도하고, 새벽녘 푸르스름한 도시 풍경은 사랑스럽다. 매일 아침 엷은 커튼을 열고 펼쳐지는 명륜동 일대의 변하며 변치 않는 풍경은 나의 방의 일부가 되어 나와 같이 산다. 특정한 한 부분이 아니라 내 눈에 우연히 들어온 그 전체는 거부할 겨를도 없이 빛처럼 다가온다. 만일 어느 날 아침 그 풍경을 다 지워버릴 때 나의 방도 사라지리라.

그렇다. 나는 내가 사는 곳이 집이라고 생각하기보다 '나의 방'이라고 여긴다. 왜냐하면 나의 집은 공용 면적을 포함해서 임대 계약상 31평이 아니라 50~100만 평이 넘기 때문이다. 나의 방이 있듯 나는 나만의 정원을 가지고 있는데, 그곳 역시 내 방에

그림 3, 4. 도로 확장으로 만들어진 막다른 골목의 출입구는 벽을 드나들게 하는 장치이다. 사진: 김재경.

그림 5. 효자동 입구의 해장국집은 일요일
아침마다 나에게 행복감을 준다.

서 10분을 걸어가야만 한다. 바로 성균관, 즉 문묘인 명륜당 앞마당이다. 500년 묵은 은행나무 두 그루와 느티나무 한 그루, 마로니에와 단풍나무가 몇 그루 여기저기 흩어져 있는 명륜당은 사계절 나의 벗이기도 하다. 새벽이든 낮이든 조금 여유가 있어 산책하려면 나서는 곳이 바로 은행나무 밑이다. 간혹 일요일 날 결혼식이 열리거나 어린이 백일장이 열리는 날이 아니면 아주 호젓한 나의 정원이다. 다른 사람들이 들어온다고 해도 별 거부감도 없이 내가 사유화하는 공간이다. 그것을 제재하거나 간섭하는 사람이 아직까지는 없다.

5월 어느 날, 이른 아침 은행나무 밑에서 신문을 펼치는 순간 맛본 행복감을 나는 잊을 수 없다. 그 향기로운 아침, 명륜당 양쪽에 길게 들어선 기숙사 동재와 서재, 그리고 남쪽의 대성전과 낮은 담장 사이에 펼쳐진 넓은 마당의 고요함 위로 아침빛이 숨쉰다. 그리고 새로 나온 푸른 은행잎들이 하늘 높이 뻗어가며 오래된, 아주 오래된 세월의 깊은 주름이 파인 나무의 몸통이 살아 있음을 말한다. 땅 위로 드러난 굵은 뿌리 위로 새 나무가 수직으로 곧게 뻗어 막 자라나고 있다.

그 위쪽에 누군가가 정성스레 비닐 커버를 씌운 글을 매달아놓았다. 은행나무 관리인에게 간청하듯 부탁하는 글이다. 내용인즉 나도 이 은행나무의 일원이 되어 손자 나무로 자라고 있으니 제발 자르지 말아달라는 뜻과 함께 자신의 연락처를 적어놓았다. 나 말고 또 이 은행나무를 깊이 사랑하는 사람이 있음을 반갑게 생각했다. 이 정원은, 명륜당 앞 이 마당은 그를 사랑하는 모든 사람들의 정원임을 확인하는 순간이었다. 그러나 그런 사실이 거북하지 않은 것은 내가 소유한 정원이 아니라 우리가 같이 향유하는 것을 공감하기 때문이리라.

그리고 11월이 지나 마당 가득히 노란 은행잎이 떨어질 때, 어른들은 물론 아이들도 함성을 지르며 제정신을 잃는다. 500년 묵은 은행나무가 계절마다 선사하는 이벤트다. 오래된 나무는 그 자신이 살아 있는 신화다. 모든 것이 변하는 도시에서 이렇게 500년 넘게 자란 나무와 교감할 수 있는 정원을 갖고 있음은 나를 명륜동에 매어두는 남다른 이유이기도 하다. 명륜당 앞 은행나무가 단순히 오래되어서만이 아니라 나무들이 통상적으로 갖는 정직함 때문이다. 그는 위장하는 적이 없다. 어느 때, 어느 순간

이든 나무는 그의 오랜 성장의 역사를 있는 그대로 보여준다. 성장이 형식이며 곧 내용이다. 이 세상에 생명을 가진 그 무엇이 이처럼 확실하게 침묵으로 우리들 내면에 말을 건넬 수 있을까? 하늘 쪽에 가까운 작은 가지 사이에 핀 잎새나 땅 속 깊숙이 어딘가에서 단단한 흙을 더듬는 잔뿌리에 이르기까지 나무는 연속된 하나의 생명체. 나무는 그 자신이 집이자 삶이다. 자라나는 집이다.

그러나 아무리 내가 거주하는 영역이 넓다고 해도 우리가 떠올리는 집으로서의 집은 이미 어린 시절에 중단된 듯싶다. 의도적으로 살기 시작하기 전, 즉 삶을 내 스스로 조직하는 것을 습관으로 삼기 전의 원형적인 집은 성장하던 시절 어느 날인가부터 사라져버린 것은 아닌가 싶다. 즉, 진정한 의미의 집은 기억 속에만 머물고 있다.

그러면 지금 살고 있는 집은 집이 아니란 말인가? 그렇다. 지금은 현재의 삶이 진행되는 공간일 뿐 더 이상 내가 살고 있는 물리적인 공간들은 나의 신체에 각인되지 않는다. 내일이라도 당장 이사를 간다면 내 머릿속에 남아 있는 것은 아마도 물리적인 다가구가 아니라 동네의 풍경이나 은행나무뿐일 것이다. 그것은 이미 나의 신체가 외부 세계와의 접촉 방식에 한계가 있음을 의미하며, 내가 성장하기를 중단했다는 의미이기도 하다. 스스로 통제하거나 규율을 갖지 않았던 시절, 그러나 가족과 사회가 통제하고 규율을 제시하던 어린 시절, 신체가 공간(집)과 관계 맺으며 세밀하게 교감하던 때의 집은 그야말로 강력한 나의 집에 대한 원형이 되어 나를 쫓아다닌다.

집의 원형

나는 두 살 때부터 15년간 '을지로 7가 95번지' 한옥에 살았다. 그 기억을 떨칠 수 없어 여러 번 부질없이 그 집을 찾아보았는데, 언젠가는 재봉 공장이 되었다가 이제는 철거되어 사라져버리고 높은 빌딩이 들어섰다.

프랑스에서 건축 수업을 하던 어느 날 저녁에는 밤늦게까지 그 집을 그려본 적이 있었다. 그리고 놀랐다. 치수가 정확하진 않았겠지만 모든 것이 너무 정교하게 떠오르

그림 6. 나는 내가 사는 곳이 집이라고 생각하기보다 '나의 방'이라고 여긴다. 왜냐하면 나의 집은 공용 면적을 포함해서 임대 계약상 31평이 아니라 50~100만 평이 넘기 때문이다. 사진: 김재경.

그림 7. 읽은 책은 계속 쌓인다. 성처럼. 사진: 김재경.

는 것이, 마치 몰래 찍어둔 사진첩을 들추는 듯했다. 대청마루의 나뭇결에서부터 툇마루의 움푹 파인 옹이, 낮은 다락의 잡동사니와 장독 밑에 만들어둔 침침한 지하실, 장마 때만 되면 지하실 장독들이 둥둥 떠다니는 모습, 그리고 그 속의 귀뚜라미들, 우람한 대들보, 깊은 부엌, 대문을 들어서면 어둠침침한 문간방, 기단 바닥에 박힌 작은 타일들, 특히 작은 벽장들, 한 번도 온전히 빈 적이 없는 벽장들의 어둠 속에 나의 어린 시절들이 들어 있음을 보았다.

내가 다섯 살 때, 6·25전쟁이 나고 한 달이 채 지나기 전 아버지께서 인민군들에게 붙잡혀 간 후 아직껏 돌아오시지 않고, 대문의 두툼한 빗장은 이제 열어드릴 수도 없게 사라져버렸다. 아버지께서 다시 돌아올 집이 사라진 것처럼 내 어린 시절의 집 또한 사라졌다. 그러나 그것은 집의 척도가 되어 지금도 나타난다. 낮은 다락 밑에서 마주친 병풍의 그림들, 이불들, 오래된 책들, 책들 틈에서 나온 잉크 자국 선명하지만 읽기 어려운 편지 같은 것들, 손때 묻은 제상과 향로, 향로 속의 재, 재 속 숯덩이들, 모든 것이 새로워 보이던 것들 속에서 한 발자국씩 나는 성장하고 있었던 것이다.

"나는 열두 살 때 다락에 갇혀서 세계를 알게 되었고, 인간사를 그리게 되었으며, 지하실에서 역사를 배웠다"는 가스통 바슐라르Gaston Bachelard가 심지어 "다락이 없는 집에서는 신성함이 결여되고, 지하실이 없는 집은 거주의 원형이 제외된 집이다"라고 말하는 집에 대한 생각들을 이해하게 된다. 바슐라르는 집을 인간의 통합적인 원형으로, 다락은 새의 보금자리로, 지하실은 인류의 원초적인 동굴로 바라본다. 이는 다시 말해 집을 뿌리와 잎으로 비유하기도 한다. 즉, 우리가 거주하는 집은 의식의 세계인 다락과 무의식의 세계인 지하실 사이에 있다고까지 말하고 있다. 개인마다 집의 역사를 쓰지 않고 인간의 무의식의 역사를 기술할 수는 없을 것이다. 그런 점에서 내가 살던 을지로의 한옥은 15년간 반복되는 일상 속에서 나의 신체 깊숙이 각인되어 여기 명륜동까지 데려온 셈이다.

집은 물론 우리를 보존하고, 은신하며, 또한 되돌아가는 삶의 중심적인 공간이다. 그러나 대도시에서 아파트란 여러 개의 방이 있는 사회적인 상징일 뿐이다. 층을 잘못 고르거나 문을 잘못 두드리는 것을 체험하게 하는 장소다. 2층 이상에 산다는 것은 어찌 보면 사이에 끼어서 산다는 것을 의미한다. 지금 자라나는 어린아이들이 다락도 없고 지하실에는 자동차만이 있는 이곳을 어떻게 '집의 원형'으로 인식할지 궁금하다. 다락은 무늬목을 붙인 수납장이 되었고, 지하실은 냉장고로 변신하였고, 부엌은 턱이 사라진 가전제품의 집합소이며, 마당은, 우리들의 실존적인 모습을 반영하던 빈 마당은 비가 내리지 않고 눈이 쌓이지 않는 실내의 작은 발코니가 되었고, 뒷간은 이제 비데 분수를 솟아나게 할 버튼 달린 '샘'이 된 집들 속에서 지금 자라나는 어린아이들은 자신이 로봇이 되어 나르는 꿈을 꾸며 성장한다.

먼 훗날 21세기가 저물 무렵 그때에도 우리들은 이곳을 집이라고 불러야 할 것인가? 아니면 정말로 '사는 기계'라고 불러야 하는가? 기계도 꿈을 꾸는 시대가 올 것인가? 그러나 분명한 것은 어린 시절 집에 대한 기억을 지울 방법이 없다는 것이다. 그 집은 늘 우리 뒤를 쫓아다니며 어느 한 순간도 우리를 놓아주지 않을 것이다.

그래서 우리는 성장한 뒤 세 종류의 집 속에 동시에 거주하게 된다. 유년 시절을 보내던 기억의 집과 현재 살고 있는 집, 그리고 만일 우리가 아직도 용기 있고 사는 것에 대한 열정이 있다면 살아보고 싶은 꿈속의 집이 그것이다. 이 세 가지 집이 겹쳐서 하나가 된 집에 사는 사람은, 그렇게 살 수 있는 사람은 인간으로서 참 행복한 사람이다. 그러나 그것이 불가능할 때 '집'으로부터 자유로워지는 방법밖에는 없지 않겠는가? 그것은 자기 자신의 신체에 맞는 고유한 리듬을 찾아내어 사는 삶의 방식이다. 그리고 삶을 기록하고, 세월의 켜와 함께 공간에 누적시키는 버릇을 버리고 모두 거두어들이는 것이다.

나는 이 글을 쓰기 위해 젊은 시절 내가 집에 대해 어떻게 생각했는지 알고 싶어 일기를 찾아보았다. 마침 대학을 갓 졸업하고 1년간의 직장 생활을 마무리할 즈음의 일기 중 몇몇 구절들을 모아 보았다. 지금으로부터 35여 년 전의 글이다.

… 퇴근, 출근 다음에 꼭 있는 것. 집으로 오는 동안이 제일 고통스럽다. 마치 황야에 헤매는 듯. (1969년 1월 9일)

… 새벽 꿈: 기용이 나와라 죽인다. 이 비겁자! 아래층에서 외치는 소리. 그들은 나의 친척들이었던 것 같다. (1월 4일)

그림 8. 나의 일상생활이 미치는 범위가
모두 나의 집이다. 사진: 김재경.

… 르 클레지오: 침묵, '나는 나의 인간성과 육체를 떠나본 적이 없다.' (2월 11일)

… 겨울을 녹이는 따뜻한 공기가 가득하다. 반나절 왜 갑자기 나는 열심히 과거의 나였을까? 큰아버지, 나의 어린 시절, 친척, 어머니, 혈연, 나는 갇혀 있는가? 어머니 오심. 귀가 독촉. 아! 어머니, 그러나 나는 더 이상 어떻게 중단할 것인가? (2월 12일)

… "지옥에도 못 갈 사람아, 차라리 악이라도 행할 것이지...." T. S. 엘리엇의 보들레르 중에서 (5월 1일)

참으로 놀라운 일이다. 그때 적힌 글들은 지금도 여전히 유효한 듯하다. 오랫동안, 아직도, 여전히, 나의 인간성과 나의 육체 내에 존재하고 있음을 확인시켜주는 대목들이다. 집에 돌아가지 않고 학교 연구실에서 기거할 때 썼던 이 일기를 이제는 내버려도 좋은 듯싶다. 생의 모든 것은 내 속에 거주하고 있으므로.

사는 데 왜 그렇게 많은 소도구들이 필요한지 의문이 들 때가 많다. 내가 지금 살고 있는 명륜동 집에서도 나는 가급적이면 물건이 눈에 띄는 것을 참을 수 없어 치워버린다. 산다는 것은 물론 사물들과 더불어 사는 것이기도 하지만, 적어도 집 안에서만큼은 비울 수 있는 대로 비워두는 것이 직성에 맞는다. 그럴 수만 있는 집이라면 어디에 산들 그렇게 달라질 것 같지는 않다. 다만 이 나라의 아파트만큼은 피해서 말이다. 내가 나를 감시하고, 명령하고, 억압하는 것만으로도 족하기 때문이다.

왜냐하면 지금 이 세상은 자기가 살던 집을 재건축이라는 이름으로 때려 부수는 것을 '경축'하는 사회다. '안전진단 통과'라는 난센스 퀴즈 같은 표어를 앞세우고 말이다. 30년 넘게 자란 아파트 단지의 우람한 정원수들까지 도매금으로 학살하는 것을 아무렇지도 않게 생각하고, 늘어나는 평수에 온 가족의 행복을 매다는 그런 세상이다. 집은 필요가 없고, '면적'이 더 소중하며, 삼성이나 현대와 같은 대기업의 이름 속에 사는 것을 서로 축복하는 세상을 더 이상 어떻게 바라보아야 할지 판단이 서지 않는다.

지금은 우리들 모두가 왜 사는지에 대하여 심각하게 고민해볼 때이다.

부엌 속의 미군기지:
도시 원형의 생태적 회복을 위하여

그림 1. "Let's make Space!": 미군은 용산에 있는 것이 아니라 아마도 우리들 부엌 안에 있는 것인지도 모른다. 서울 시민은 단순히 공원을 원하는 것이 아니라 영토를 회복하고자 하며, 그렇게 해서 서울의 생태적인 원형을 복원하고 이 땅에 사는 자유로운 정신을 되찾고자 한다.

21세기 지구인들이 공통으로 떠안은 과제는 지구의 환경을 보살피고 환경 내에 서식하는 생태계의 보존에 있음을 우리는 알고 있다. 이는 더 이상 선택의 문제가 아닌 생존의 문제로 다가온 것이다. 이는 인간이란 종이 지구상에 살아남기 위해서 미래에 마땅히 해야 할 일이다.

잘못된 관습을 바로잡거나 당장 인식을 새롭게 하는 전환적인 사고나 실천 없이는 영원히 소멸될 생명들도 있다. 다시 말해서 이제 우리들은 물리적인 환경이나 생태계에 대한 치유만이 아니라, 지구환경을 이 지경으로 만들어온 우리들 삶의 방식과 그것을 당연하게 용인해온 우리들 내면의 가치관들을 새롭게 조정해야 할 시점에 있는 것이다. 이는 지구라는 별을 대하는 거시적인 안목에서 보아도 그렇고, 미시적으로 우리들의 환경을 이루는 도시공간과 나아가서는 우리가 살고 있는 개별적인 집 안을 들여다보아도 그렇다. 부엌은 도시까지 그리고 지구라는 혹성까지 연결되어 있고, 이는 다시 우주와 맞닿아 있다. 다시 말해서 부엌에도 도시가 있고, 지구가 있으며, 우주가 들어 있는 것이다. 즉, 이제 우리는 주워진 공간 속에서 우리들의 삶을 되돌아보고 우리들이 원하는 삶을 위해서 방해가 되는 부분들을 제거해 나가야 한다.

이를테면 서울 한복판 용산 지역에 반세기 넘게 외국군이 주둔하고 있다. 그 이유야 어찌 되었든 서울의 지리적인 역사를 가만히 들여다보면 변화하는 도시의 역동적인 삶을 비껴나간 이 지역의 중요성을 검증하고 있는 셈이다.

극도로 고밀화된 도시 서울이 생존할 수 있었던 배경에는 조선왕조가 서울의 수도로 점지한 자연관에 있다. 금강산보다도 명산으로 일컫는 북한산을 비롯한 외사산外四山과 북악산, 인왕산, 남산, 낙산으로 형성되는 내사산內四山, 그 사이를 흐르는 거대한 한강은 그 안에서 지속된 사람들의 삶을 포용하고 또 가능하게 하였다. 자연적인 요소인 산과 물을 단순히 시각적인 경관이 아니라 도시를 존재 가능하게 하는 거시적인 구조로 생각했던 것이다. 특히 동궐인 창덕궁과 종묘를 지나 남산에 이르는 녹지축은 용산 미군기지로 이어져 한강에 발을 담그게 되어 있다. 이제 서울 시민들은 생태환경적인 삶의 원형을 하나씩 찾아나가 근대화와 산업화의 속도 속에 매몰된 우리들의 정신을 회복해야만 한다. 전국의 여러 도시마다 중요한 거점을 점유하고 있는 미군

그림 2. 용산 미군기지(왼쪽)와 뉴욕
센트럴파크(오른쪽)의 규모 대조. 위성사진.

기지들이 반환되었을 때, 그 쓰임새에 따라서 불구가 된 도시 전체의 구조를 재생시킬 수도 있을 것이다. 부산이 그렇고, 춘천이 그러하며, 오산이 그렇고, 인천이 그러하다.

용산 미군기지가 북한산에서 관악산으로 이어지는 녹지축을 중심으로 하는 생태적인 원형을 복원하는 곳으로 전환될 때, 또한 도심의 거대한 장애물이 아니라 서울 시민의 자유로운 산책로로 전환될 때, 서울은 다시 태어날 것이다. 전 세계에 그 유래를 찾기 힘든 이러한 상황은 우리나라 국민에게만이 아니라 미국인들에게도 치욕적인 일이다. 만일 대다수의 미국인들이 그 진실을 알게 된다면 말이다. 용산 미군기지는 마치 뉴욕의 중심인 센트럴파크에 외국군이 50년 동안 주둔해서 뉴욕 시민들의 출입을 금지하고 있는 것이나 다름없다.

일본군 점령 이후 역사적으로 미군에 의해 점령된 외국군 주둔 지역이 세월이 흐르면서 서울의 중심이 되었다. 그리고 도시 조직을 비정상적으로 만들었다.

미군은 용산에 있는 것이 아니라 아마도 우리들 부엌 안에 있는 것인지도 모른다. 그것은 서로가 불편하고 낯설고 바람직하지 못한 일이다. 일상을 가로막는다는 것은 자연스런 삶을 불가능하게 하는 것이다. 그리고 50년이란 세월은 현대처럼 빠른 시각으로 변화하는 기준으로 보아서 더 이상 용납될 수 없다. 서울 시민은 단순히 공원을 원하는 것이 아니라 영토를 회복하고자 하며, 그렇게 해서 서울의 생태적인 원형을 복원하고 이 땅에 사는 자유로운 정신을 되찾고자 한다.

이를 지체하려는 어떤 이유도 이제 더 이상 용납되지 않는다. 다만 되찾을 땅 용산은 더 이상 개발의 대상이 아니라는 점을 분명히 할 필요가 있다. 우선 우리들은 이 땅을 긴 호흡으로 대해야만 한다. 반세기 동안 금단의 땅이었던 것처럼 앞으로 적어도 50년 동안 고요하게 산책하고 어떻게 사용할 것인가를 생각하는 땅만이 되어야 한다. 어떠한 시설도 보류한 채 서울 시민들에게서 사라진 숲속의 느린 산책로를 마련해야만 한다. 이는 단순히 공원이 아니라 우리들의 생각과 산책과 꿈을 잉태하는 곳이다. 가장 열려 있고, 가장 편안하게 향유하는 이 공간이야말로 도시민이 갈구하는 문화생태 공간인 것이다.

그러나 그것은 기다린다고 오는 공간이 아니다. 우리는 몇 단계의 절차를 준비할 필요가 있다. 그리고 그런 일정을 위해서 지혜를 모으고 뜻을 모아야 한다.

우선 2005년까지 반환될 것을 믿고, 2001년까지는 보존해야 할 자연환경을 정하고, 그 이외의 것을 비워낸다. 2020년까지는 전체 내부 생태계를 포함한 전체 문화생태 공간의 구조를 정착시키고, 2030년까지는 남북의 녹지축을 완성하도록 수목 군락의 식생을 보살핀다. 그리고 2050년까지 우리들은 다음 세대에게 용산의 100년사를 되돌아보게 한다. 이것은 그들의 의사를 존중할 여지를 남긴 환경과 생태의 문제이고, 결국 시간의 문제이며, 자연이 그러하도록 내맡기는 의지의 문제이다. 자연이 원하는 것을 더해주고, 인간의 욕망을 덜어주고 비워주는 것, 이것이 필요한 땅이다.

힘없는 나라로 외세에 이끌려 다니던 이 나라에 비로소 국민이 있고, 그들의 주권이 있으며, 온전한 그들의 영토가 있는 근대 국가를 용산에서, 그리고 전국에 흩어져 있는 수많은 미군기지에서 만들어나가야만 한다. 이는 지금, 여기, 우리들만이 원하는 것이 아니라 수천 년 이 땅을 살아온 조상들이 넘겨준 한반도가 원하는 것이다. 우리들 부엌의 일상사가 원하는 것이다. 우리는 우리가 마땅히 원하는 문화생태공간을 서울에 만들고자 한다. 그런데 이상하게도 거기에 외국군이 주둔하고 있다. 이제 이것은 상식적으로 용납되지 않는다. 국가가 그 일을 할 수 없으면 시민이 해야 한다. 왜냐하면 외세의 도움 없이 지킬 수 없는 땅이라면, 우리는 모두 이 땅을 떠나야만 한다. 우리가 스스로 지킬 수 없는 땅이라면, 어떻게 아름다운 이 땅 위에 한순간이라도 서 있을 수 있단 말인가!

그림 3, 4. 용산 미군기지가 이전 된 후의
용도에 대하여 논의가 부족하던 시절,
문화연대는 용산 미군기지를 시민을 위한
'문화생태공원'으로 거듭나기를 촉구하였다.
1994년 '지구의날'에 차 없는 거리
세종로는 몇 시간 동안 사람들의
광장이었다.

도시는 채우는 것보다 비우는 것이 더 중요하다: 용산 가족공원과 박물관

도시 속에는 크게 말해서 채워진 곳과 비워둔 공간이 있다. 채워진 것이 집들이면, 비워둔 공간은 그 성격에 따라 통행을 위한 도로나 광장 그리고 공원으로 사용되고 있다. 공원도 물론 나무들로 경관이 조성되어 있지만, 건축물이 공간을 전체적으로 점유하는 방식에 비하면 열려 있는 셈이고, 따라서 비어 있다고 할 수 있다. 따라서 한 도시의 성격은 채워진 것과 비워낸 것의 적절한 비례에 따라 규정될 수 있는 것이다.

그런데 서울과 같이 온통 빈틈없이 채워지기만 한 도시에서 몇 해 전 미군으로부터 간신히 넘겨받은 조그맣지만 아늑한 공원에다 정부는 국립중앙박물관을 신축할 계획을 발표하였다. 그 동안의 진행 상황이 시민들에게 충분히 알려지지 않은 채로 있다가 또 몇 년이 지나면 불쑥 화강석으로 뒤덮인 수천 평의 건물이 용산 가족공원에 솟아날지 모른다. 만일 그렇게 공원이 박물관으로 채워진다면 주말마다 가족끼리 모여들고 즐기던 이 빈 공간, 용산 가족공원은 그가 가지고 있는 유일한 매력으로서의 '비워둔 곳'이라는 강점을 여지없이 잃을 것이다.

시민들은 이제 주말마다 교통지옥을 맛보면서 교외로 나가는 것을 삼가고, 도시 속에서 가장 편안하게 자연을 즐길 장소를 찾고 있다. 용산 가족공원은 이제 점점 그 역할을 해내기 시작했고, 주말에는 사람들로 넘쳐 비좁을 지경이 되었다. 일단 그곳을 방문했던 사람들은 '서울에 이런 곳이 있다니' 하고 감탄해 마지않으며, 그 동안 미군들만이 이 도심 속의 천국 같은 곳을 독점해왔다는 것에 민족적인 비애감마저 느낄 정도다.

멀리는 남산 자락과 맞닿으면서 사방을 둘러보아도 그렇게 많던 빌딩과 집들이 사라지고, 오직 넓은 잔디와 수령이 꽤 되어 보이는 나무들만이 자연스런 들판을 연

그림 1, 2. 멀리는 남산 자락과 맞닿아 있는
용산 가족공원 전경과 공원 내부의 산책로.

그림 3, 4. 빈틈없이 채워진 서울이 직면한 문제는 어디를 채우는가 하는 문제라기보다 어디를 어떻게 공공을 위하여 창조적으로 비우는가 하는 데 있다. 그것은 단순히 물리적으로 빈 땅을 만드는 것이 아니라 필요한 공공의 공간을 확장하고 창조해내는 일이다.

출해 보이고 있다. 다행히 그곳에는 벤치도 드물고, 여느 공원에서 보이는 볼썽사나운 철책이나 구조물이나 안내판도 어지럽지 않다. 정말로 비어 있고, 오직 자연이 기적적으로 살아남아 시민들에게 '서울 탈출'을 만족시켜주고 있다. 5월 오후의 햇볕이라도 내리 쪼이고 미풍이 불 때면 흔들리는 초록빛 잎사귀들이 '정말로 도시 속의 삶이 이렇게 풍요로울 수도 있구나' 하고 반문하게 만든다.

'잔디에 들어가지 마시오'라는 팻말이 없는 이 공원에, 금지되지 않고 열려 있고 육체의 해방을 느낄 수 있는 이 장소에 거대한 박물관을 끌어들인다는 것은 재고되어야 할 것이다. 그곳이 때로는 대홍수로 침수될 수도 있다는 약점 때문만이 아니라 서울 시민들의 거의 유일무이한 도심 공원이기도 하기 때문이다. 서울시가 정도定都 600년으로 여러 행사를 벌이고 있지만, 600년 기념사업으로 제일 중요한 것은 아마도 시민들에게 그들이 필요로 하는 '빈 공간'을 충분히 확보해주어 진정한 문화도시로 정착시킬 수 있도록 하는 조그만 일, 이를테면 비어 있는 것을 비워두는 일일 것이다.

이제 모두 용산 가족공원으로 가서 강요되는 파괴로부터 그곳을 구하고, 새로운 도시성, 도시에 사는 또 다른 즐거움을 지키도록 하자. 채워진 것은 오직 비워진 자태 때문에 가능하므로.

압구정로, 삼성로: W-P-F-R-A

그림 1. 미국의 LA 풍경이 생뚱맞게
압구정동 거리로 이사 왔다.

서울의 'W'

압구정동 옆 청담동이 위치하는 지역을 서울 지도 속에서 자세히 살펴보면 두 가지 상식적인 사실을 확인하게 된다. 하나는 그것이 강남에서 약간은 동쪽으로 치우쳤지만 강남의 중심에 위치한다는 점이고, 또 다른 하나는—그것이 우연한 현상이긴 하지만—서울을 관통하는 한강의 굽이친 모양인 'W' 자의 형상에서 '가운데 밑' 부분에 해당한다는 점이다(그림 2). 속되게 말해서 생식과 배설을 상징하는 부분으로 보인다. 항문과 음부야말로 인체에서 대단히 중요한 기관임을 재언할 필요는 없다. 다만 이 지역이 서울이라는 도시 속에서, 인체에서 항문과 음부처럼 그 역할을 충실히 해내고 있는 것일까 하는 점을 반문해보게 된다.

만일 강북이 차가운 머리와 뜨거운 가슴을 이루는 상체라면, 강남은 하체로서 그 생리적 임무를 다하고 있는 것일까? 그의 금지된 욕망은 무엇인가? 아니, 그의 욕망은 차가운 머리에 신열과 두통을 주고, 뜨거운 가슴을 저미게 하여 결국은 하체마저도 마비시키고 있는 것은 아닌가? 'W' 자는 다만 우연한 단서인가, 아니면 필연적으로 귀결되는, 아니 그리로 지향할 수밖에 없는 이 도시의 숙명인 것인가? 누가 이 역사를 만들어낸 것일까? 이 역사의 배설과 생식은 어떠한 포장지에 싸여서 전달되고 수용되는가? 무엇이 배설되고 무엇이 재생산되는 것인가? 이러한 물음들은 과연 이 도시를 이해하려는 노력에 합당한 것인가? 아니 도시는 이해할 필요가 있는 것일까? 그냥 주어진 대로 살면 되는 것인가? 아니 이 도시는 과연 살 만한 도시인가? 이런 끊임없는 물음으로부터 시작할 수밖에 다른 도리가 없다.

도시에 관한 한 그 복잡한 변수와 함수들 속에서 어떤 해석도 결국은 현상에 대한 잠정적인 가정일 뿐 실체는 사라져버리기 때문이다. 더욱이 압구정동을 정의하려는 노력은 허망한 꿈인지도 모른다. 다만 우리는 잠정적으로 아직도 완결되지 않은 도시의 한 조각—압구정동—을 최소한의 자료들을 통해 읽어볼 필요성을 느낀다.

<읽혀지지 않는 소설: 한국의 현대건축>(1991)이라는 글에서 나는 다음과 같이 말한 바 있다.

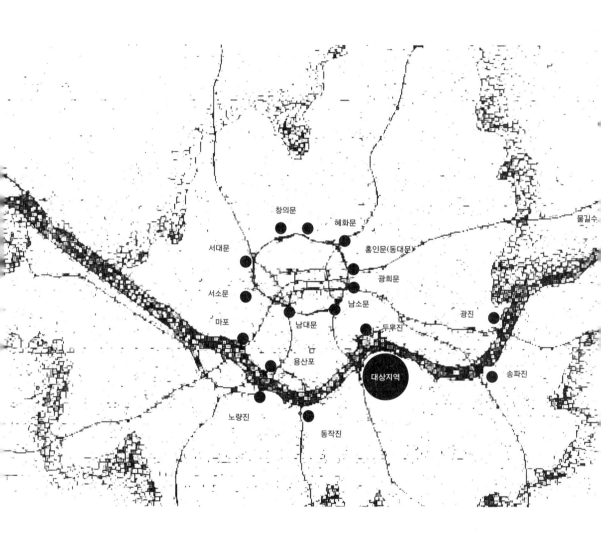

그림 2

오직 쓰기만 하고 한 번도 제대로 읽어보지 않은 소설책에 대해서 우리는 어떤 평가를 내릴 수 있겠는가. 마치 지금 한국 땅은 읽을 틈도 주지 않고 써내려가는 대하소설과 같아서 그 끝이 보이지 않는다.

바로 그렇기 때문에 우리는 '건축물'로 쓰인 도시라는 소설을 읽어야만 한다. 다만 소설에 있어서 구성이 '길'로 대치된 점을 감안하면서 말이다. 압구정로와 삼성로는 아마도 이 소설책 속에서 '에로티시즘'이라는 장 속에 있는 듯하다.

경제와 'P'(포인트)

도시는 중심 때문에 존재하고, 중심은 주변으로 인해 보호된다. 중심은 그 주위에 주변이라는 영역이 없이는 중심이 될 수 없다. 따라서 도시는 결과적으로 주변이 있는 조건하에서만 도시이게 된다. 그러므로 도시에서 어디까지가 중심이고, 어디까지가 주변부인지를 명확히 하는 것은 대단히 중요하다. 그것은 논리적으로도 그렇고, 공간적으로도 그렇다. 만일 주변이 중심지에 포함되든가, 아니면 미지의 주변이 한 도시의 결정적인 중심지로 부상할 때는 그에 합당한 지리적인 당위성과 역사적인 사건(필연)이 있게 마련이다. 압구정 지역은 바로 이 두 가지가 가장 이상적으로 배합된 산물임을 상기할 필요가 있다.

　첫째로, 압구정동은 서울의 강남에 있다. 강남이란 강의 남쪽이며, 그 강이 한강임은 누구나 알고 있다. 이와 같이 누구나 알고 있는 사실이란 것이 대단히 중요한 중심의 요체이다. 만일 누구나 알기 어려운 장소라면 중심이 될 수 없기 때문이다. 더욱이 한강의 폭은 평균 1킬로미터 이상이 되었다. 강남은 다리가 건설되기 전까지는 가시적으로라도 마치 '영원한 시골' 같아 보이기도 하였다. 바로 이 큰 강폭은 강남을 강북과 차별화하는 결정적인 역할을 담당하여 강북을 강남으로부터 격리시킨다.

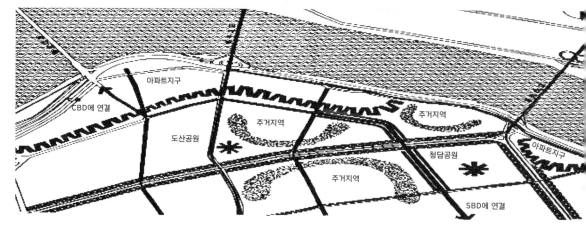

아파트지구

CBD에 연결

도산공원

주거지역

주거지역

주거지역

청담공원

아파트지구

SBD에 연결

그림 3

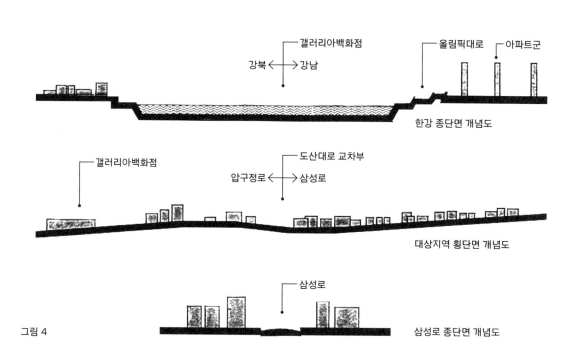

갤러리아백화점

올림픽대로 아파트군

강북 ←→ 강남

한강 종단면 개념도

갤러리아백화점

도산대로 교차부

압구정로 ←→ 삼성로

대상지역 횡단면 개념도

삼성로

그림 4

삼성로 종단면 개념도

두 번째의 경계는 88도시고속화 도로이며, 그다음에 다시 성벽과도 같은 아파트군이 그 경계의 '영역'을 확인시켜준다(그림 3). 그러나 개발 초기 단계에서 지금의 압구정동이 현재와 같은 역할을 담당하리라고 누가 생각했을까? 압구정동의 땅값이 평당 2원, 3원 하던 시절, 미래의 대형건설 회사들은 '포인트'를 알아냈다. '포인트'란 낚시터에서 물고기를 잘 낚아낼 수 있는 자리를 말한다. '꾼'들은 냄새로 알고, 낚시터의 주인들은 주인이니까 그 길목을 잘 알고 있다. 압구정동의 탄생은 건설 회사들이 대규모로 성장하는 하나의 발판을 제공할 여건을 마련하고 있었다. 즉 '포인트'답게 키우려면 우선 '사람'들이 모여야 했고, 그러기 위해서는 '새로운 주거 환경'인 아파트를 건설해야 했다. 강남으로의 인구 분산이라는 서울시의 명목과 잘 맞아떨어진 이 절호의 기회를 포착할 수 있는 기업이란 몇 안 되는 선두주자들, 즉 한양이나 현대와 같은 대형 건설 회사들이었다.

그러나 압구정동 일대—지금의 현대아파트—가 장마 때마다 침수하는 뽕나무밭이었고, 청담동 일대는 배나무와 복숭아밭으로 보잘것없는 농촌의 풍경을 이루고 있을 때, 구반포가 건설되었다. 그리고 강남의 꿈이 '투기'의 폭풍으로 몰아치기 시작할 무렵, 건설 경기의 핵을 이루는 또 하나의 포석은 '골재'의 원활한 수급을 확보하는 것이었다. 한강변에 늘어선 아파트군들은 도시계획의 일환이긴 하였지만, 그 건설을 위해서는 원자재인 시멘트와 철근이 필요했다. 그것은 산업 제품이었으므로 사회의 전반적인 산업 생산과 맞물려 공급되었다. 그러나 '골재'란 자연재로서 철근 콘크리트에서 가장 많은 부피를 차지하는 모래와 자갈이다. 이 골재의 채취권을 확보하는 것이 건축 생산의 우위를 점하는 것임은 두말할 나위가 없다. '레미콘'[1]이라는 것이 대량으로 공급되기 전, 즉 골재가 그 최소가치를 발휘하기 전, 대부분의 콘크리트는 현장 타설로 이루어졌으므로 건설현장에서 가까운 지역에서 골재를 확보하는 것이 유리했다.

이를테면 현재 한양쇼핑센터와 한양아파트 자리는 원래 골재 하치장이었다. 당시만 해도 골재 장사가 잘 되지 않았으며, 이를 타개하기 위하여 아파트를 지었다. 이것이 큰 성공을 거두면서 현대도 현대아파트를 짓기 시작하였다. 바로 이 두 아파트군은 먼저 한양쇼핑센터, 그다음 현대백화점이라는 대형 유통센터를 거느리면서 강

1. Ready mixed concrete: '건설현장이 아닌 곳에서 미리 혼합한 콘크리트'에서 따온 것으로 균질한 질의 콘크리트로서 이것의 생산과 공급권의 역사는 또 다른 의미의 흥미로운 '건설사'가 될 것이다.

남의 한 중심을 이루었으며, 이 때문에 강남 지역만이 아니라 서울의 또 하나의 중심으로 '색다른 특성'을 갖고 있다고 모두가 인정하게 되었다. 그 색다른 특성은 지역의 주민들만이 아니라 그 지역의 공간과 연계된 것으로 그에 적합한 도시의 새로운 공간을 필요로 하고 만들어나가는, 즉 새로운 욕망과 그 소비관계를 부추기는 개별적인 요구의 집단화로 나타난다. 그것은 바로 '차별화'의 방식이었다. 그것은 새로 태어난 압구정동이 산업화의 제1단계에 걸맞은 패턴을 구현하는 것이었다. 상대적으로 구시가지를 낙후된 것으로 만드는 것, 즉 압구정동이 새로운 소비사회의 첨병으로 군림하는 것으로서의 차별화인 것이다. '후기 자본주의 시기에 지역 불평등은 자본 축적의 영속적·필연적인 조건'이라는 주장이 있다. 지속적인 자본 축적과 위기 돌파의 필연적인 선결 조건으로 항상 낙후 지역이 존재해야 한다는 논의는 타당성이 있어 보인다.

이 차별화는 결과적으로 지역의 불평등 관계로 발전되었지만, 그 전략은 세 가지 특징으로 요약될 수 있다. 첫째가 '서구화' 또는 '선진화'의 양상을 보여주는 것이요, 둘째가 '유행화'하는 전략적인 품목, 예를 들어 패션이나 그림과 같이 소비와 유행과 문화 사이를 넘나드는 고급문화의 애매한 기질을 담는 품목으로 차별화하는 것이며, 셋째로 이 점이 중요한 특징을 이루는 것으로 '집단화'한다는 것이다. 집단화란 하나의 분명한 영역을 힘차게 갖추는 것으로 그 시작과 끝을 갖는다. 다음에서 우리는 어떻게 그 영역이 가로의 경관으로 표현되는지 살펴볼 것이다.

경계를 분명히 한다는 것은 도시의 혼돈 속에서 그 확실성을 결정하는 것이다. 압구정동에서의 경계는 바로 아파트에서 출발하면서 대기업의 전략적인 포석, 즉 새로운 도시 공간이 탄생함에 있어서 '포인트'의 사육을 분명히 하였으며, 그 자리에 영속성 있는 '대형유통' 시설을 끌어들임으로써 그 확고한 유지가 가능해졌다. 한강의 골재가 아파트가 되고, 아파트는 특정한 사람들을 불러들이고, 그 사람들은 현대도시의 삶을 만든다. 이러한 관계는 연속적으로 도시에 확산되고 재생산되고 있다. 이 도시의 일상성은 일차적으로 '거리'를 통해서 기록된다.

'F'(파사드)와 'R'(가로)

도시는 길이다. 끝없이 이어지는 길의 연속은 마치 영화의 필름과 같다. 우리는 항상 도시에서 움직이면서 길로 나온다. 가로망에 따라, 넓고 좁은 길에 따라 행렬하고 있는 건물들 사이를 지나간다. 연속되는 건물군이 어떤 특정한 성격을 가질 때, 그 높이의 크기에서 그리고 그 용도에서 일정한 공통점을 가질 때, 우리는 그곳을 단위로 보지 않고 집단으로 읽게 된다. 이는 길이 비어 있기 때문이 아니라 양쪽에 건물들로 채워져 있기 때문이다. 그러나 건물들이 채워져 있는 밀도나 용도는 단순히 법으로 정한 일정한 건폐율이나 용적률 그리고 단위 대지의 면적에 따라 결정되지만, 그 가로의 느낌은 결과적으로 건물의 얼굴인 파사드facade(건물 정면의 외부벽)에 따라 달라진다. 가로변을 향한 건물의 정면 파사드는 벽체의 물리적인 면과 개구부인 창으로 구성되어 있다.

바로 몸체와 창의 모양은 그 양식에 따라서 건물의 표정을 마련하고, 이들 표정의 연속은 한 거리의 특징을 보여준다. 이를 우리는 도시건축이라고 이름하며, 여기에서 도시를 따로 떼어낼 때 '도시'와 '건축'으로 구분할 수 있다. '도시건축'이 하나의 문장이라면 '건축'은 하나의 단어와 같은 것으로 가정해볼 수 있다. 도시라는 특징은 건축이라는 각 단어에 문맥을 주는 것이다. 여기에서 단어로서의 건축은 소통의 문제를 제기한다. 그것을 의도한 건축가나 건축주의 의미와 그것을 읽어내는 독자(시민)와의 관계를 갖게 되는 것이다.

특히 삼성로의 패션가는 그 내용물이 유행적인 의상에 관한 건물군이므로 파사드를 통한 차별화된 소구력의 추구는 각별한 모양새를 갖도록 한다. 건축이 건축 본래의 의미인 '셸터shelter(보호처)'로서의 의미를 떠나 '포장지'와 같은 일회적이고 매력적인 패턴을 구사하고 있다. 서울의 많은 건물들은 간판이라는 기호에 싸여 있다. 이미 건물은 하나의 도구일 뿐, 사인으로서 소통되는 충족만 있으면 건물의 외관은 별로 문제되지 않는다. 다만 '파사드'는 외부 공간과 내부 공간을 구분하며, 사적私的인 공간과 공적公的인 공간을 구분 짓는 역할만 하면 족한 것이다.

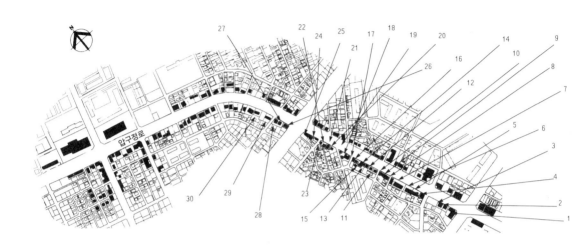

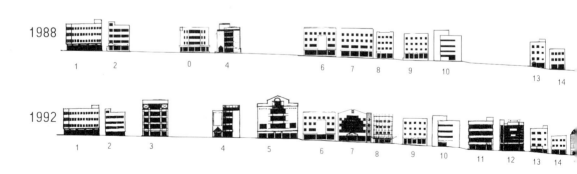

그림 5, 6. 압구정로·삼성로 남측(갤러리아 백화점 반대편)의 건물들, 1988년과 1992년.

　그러나 삼성로의 패션가와 압구정로의 몇몇 건물들, 그리고 소위 로데오 가의 건물들은 그렇지 않다. 평범한 어법으로는 본래의 목적을 달성할 수 없을 뿐 아니라, 그렇게 해서는 '차별화'를 성공시킬 수 없기 때문이다. 보다 세련되고 깨끗하며 호기심까지도 유발할 수 있는 얼굴을 한다는 것은 바로 그러한 건물들을 사용하는 사람들, 잠정적인 소비자들의 취향과도 맞아떨어져야 하기 때문이다. 따라서 건물들의 파사드뿐만 아니라 그 건물의 가까운 주변에도 이를 보강하는 일정한 장치가 필요하다. 간판의 생김새도 보다 더 세밀히 디자인되어야 하고, 가급적 영문자로 쓰면 더욱 근사할 것이다. 진입구도 특별한 보강을 하여 강조하는 장치가 필요하다.

　오늘날 건축에 있어서 가장 중요한 문제는 아마도 사회 전체의 문화와 건축과의 관계일 것이다. 건축을 건축 자체의 전통과 건축의 고유한 가치 체계로서 건축 그 자체에만 관련되는 시스템이라고 할 수 있겠는가? 아니면 사회적인 산물로서 그 결정적인 창조는 오히려 건축 외적인 힘에 의한 것은 아닌가? 앨런 콜쿤Alan Colquhoun, «건축의 법칙들, 리얼리즘과 역사»

건축비평가 콜쿤의 이러한 반문은 이 시대에 자주 제기되는 모더니즘 건축에 있어서의 해체의 징조를 의미한다.

　기능주의적 건축과 미니멀리즘minimalism적인 건축에서 벗어나려는 노력, 즉 최소한의 물리적인 요건을 충족시키는 단순 기하학의 어법을 탈피하려는 노력은 단순히 건축가들만의 몫이 아니라 사회 전반적인 요청에 부응하는 현상이다. 후기 산업사회의 문화를 이끌어가는 계층의 취향과 그들의 취향을 선택적으로 이끌어가는 건축 전문인들의 공모 현상인 것이다.

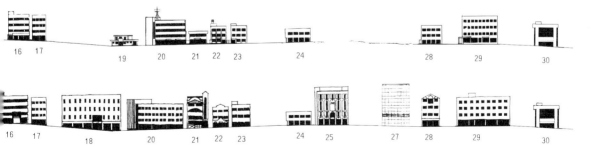

　　그러면 이들 계층의 뿌리는 무엇인가? 무엇이 이들을 기능주의적인 단조로움으로부터 극복하도록 유도하는 것일까? 그것은 이중적인 구조로 이루어진다. 한편으로는 건물의 소비자로서 건축주들의 자유로운 정보수집에 의거한다. 80년대는 건축가들보다 자본가들의 해외여행이 보다 확산되었던 시기였다. 이들은 선진 자본주의의 건축물들이 어떤 것이며, 그들 도시가 어떤 점에서 서울이라는 혼돈의 도시보다 우월하고 아름다운지 일찍 간파했으며, 이 점을 건축가들에게 '모델'로서 제시했다. 건축가들은 근착 건축 잡지들에 실린 새로운 건축의 유행들을 섭렵하며 그 절충안들을 고안했다. 자본가는 현장에서 '느낌'으로, 건축가는 인쇄 '정보'로 차별화를 구축한 것이다. 이미 외부 세계에서 체험된 건축적인 모델은 안전한 것이다. 그것의 차용과 변용은 이들 계층의 약속이고 희망이며, 이러한 약속이 만나는 장소가 지금 1992년 가을 압구정동과 삼성로에 들어선 건물들의 표정이라고도 할 수 있다.

　　1988년 삼성로 남측 건물들의 입면 그림을 1992년의 그것과 비교하면서 우리는 상자 모양의 기능주의적인 건축의 '기본형'으로부터 소위 '포스트모더니즘'으로의 전향을 쉽게 인지할 수 있다. 1988년 봄 청담동 일대를 지나며 새롭게 형성되어가는 패션가에 흥미를 느끼고 채록하였던 것을 4년 후인 1992년 10월에 다시 한 번 집중적으로 대비하여 읽기 시작한 이 체험은 몇 가지의 단서를 우리들에게 제공한다. 우선 위에서 언급한 것과 같이 단순한 것으로부터 보다 사변적이고 다양한 것으로의 전환과, 또 하나는 개체로서의 개별성이 강조된다는 점이다. 예컨대 건물의 마지막 층 중심부를 삼각형이나 반원으로 강조하며(그림 6, 1992년 5, 7, 15 건물 참조) 옆 건물과의 줄맞추기를 하지 않는 것이다.

> 사람들은 어떻게 해서든 그 자신의 자율성과 개체의 특성을 보존하려는 욕망에 차 있다. 이는 마치 원시인들이 그들의 물리적인 생존을 확보하기 위하여 몸부림치던 투쟁과도 비유될 수 있다. 게오르그 지멜Georg Simmel, 《대도시와 정신적 삶》

도시건축의 통일된 어법보다는 개체의 차별화를 선호한 결과이다.

또 하나 우리들이 주목해야 되는 것은 대체로 신축의 속도에 놀라움을 금할 수 없다는 그 사실과 기존 건물의 '성형수술'이 크게 발견되고 있다는 점이다. 특히 삼성로 남쪽의 7번 건물을 1988년대와 비교하면 그 변환의 폭을 감지하게 된다. 직사각형 몸체에 반복되어 뚫린 점과 같은 창들은 박공식의 전통적인 입면에 정사각형으로 정형화된 그리드 속에서 마치 먹물처럼 번져나간다.

창은 건물의 영혼이 아니던가. 창은 건물의 성격을 전달하는 주요한 의미 전달자이고, 벽에 대립되는 절대적인 웅변가이며, 내부의 빛을 조절하는 것이 아닌가.

로버트 벤추리Robert Ventury의 이런 절규는 해체주의 건축이 전통적인 대립의 긴장으로부터 벗어나 '오브제'로 전락하는 것에 대한 비판이기도 하다. 단순 반복의 창들을 커튼월curtain wall[2] 방식으로 대체하고, 반복되는 그리드를 차용하면서도 역사적으로 단순 반복의 이미지를 탈피하는 7번 건물의 수술 방식은—단조로움에도 불구하고—본래 건물의 구조적인 정직성을 위장한다. 커튼월의 창은 벽체와의 대립되는 요소로서가 아니라 그 자체가 벽체가 되면서 새로운 변신을 한 것이다. 벤추리가 강조했던 '건축의 복합성과 대립성'에서 대립성을 약화시킨 부분이기도 하다. 다만 이 성형수술된 건물에서 특기해야 할 것은 창의 재질이 반사유리로 대치된 점이다. 7번 건물은 삼성로의 남측에 면한 건물로서 건물의 정면이 북쪽을 향하고 있다. 가로변에서 북향을 한 건물들의 약점을 반사하는 유리를 통해서 조그만 빛으로도 항상 생기 있게 반들거리는 표정을 만들었다.

이미 4년 전에 건너편의 가로변에는 훨씬 많은 건물들이 있었다. 이는 상대적으로 남쪽을 향한 건물들이 항상 하루 종일 밝은 표정을 하고 있는 이점이 있었기 때문이다. 이런 남향 우월현상을 보다 확장해서 생각하자면, 현대아파트와 현대백화점, 그를 이은 한양쇼핑센터, 갤러리아 백화점이 대로변에서 전부 남향임을 확인하게 된다. 그것은 우연한 결과가 아니다. 바로 7번 건물은 그 수술의 전략에서 건축의 고전적 가치보다는 건물의 이미지 차원에서 더 큰 배려를 한 듯하다. 북향을 하고 있는 대지의 약점

2. 건물의 하중을 부담하지 않는 비내력 외벽. 구조로부터 자유로워짐으로써 하중을 지지하지 않는 외벽. 이전의 건축물에서 외벽체는 하중을 부담하였으나 철근 콘크리트, 철골 구조 등 새로운 구조 시스템이 창출되어 구조와 분리된 외벽체가 가능하게 됨. 특히 사무실 건물의 외관으로 들어난 유리벽을 '커튼월'이라 부른다.

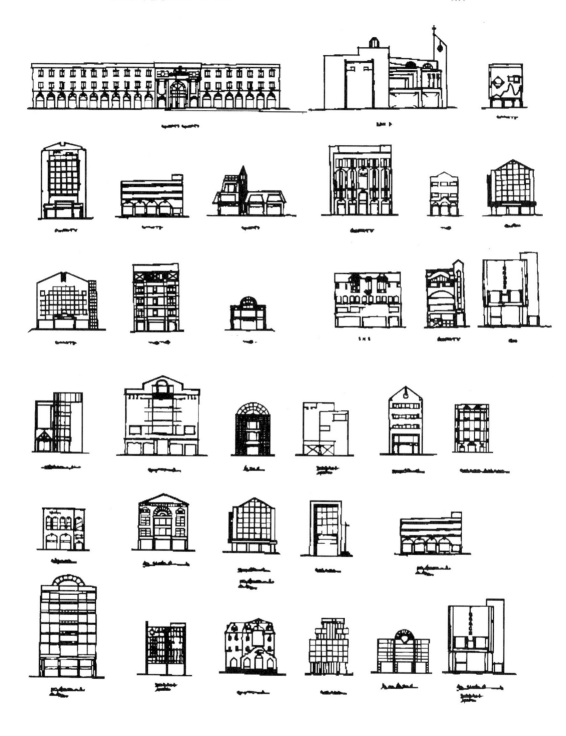

그림 7. 압구정로·삼성로 건물 유형.

기준형		삼각형	
	기본형 + 점창		삼각형
	기본형 + 수평창		삼각형 + 수평창
	기본 + 점창 + 수평창		삼각형 + 커튼월
	기본형 + 커튼월		삼각형
	기본형 + 수평면창	아치형	아치형
	기본형 + 수직창		아치형 + 기본형
	기본형 + 아치형창	이형	
	기본형 + 구조		
그래픽	그래픽 조형형		
	그래픽 패채형		전통이종형
		모던	

표 1. 압구정로·삼성로 건물 유형별 분류

용도	가로별:	SR	NR	NL	SL	전체	비고
전문의류		9	10	5	11	35	47.3%
화랑		3	1	3	1	8	10.8%
오피스			2	2		4	5.4%
유통시설				2		2	2.7%
의료시설		1			1	2	2.7%
뷰티숍		1				1	1.4%
복합시설		3	2		4	9	12.2%
기타		7	4		2	13	17.5%
계		24	19	12	19	74	100%

SR: 삼성로 갤러리라 반대측
SL: 압구정로 갤러리아 반대측
NL: 압구정로 갤러리아측
NR: 삼성로 갤러리아측

표 2. 압구정로·삼성로 건물 용도별 분류

을 반사유리로 보완하였으며, 수평으로 연속되는 창의 배열을 중심부에 고정시켜 대칭적인 구조로 전환시킨 것이다. 대칭적인 구조란 중심의 가상적인 축을 설정해준다. 이 강력한 요소는 건물의 가로변의 연속성으로부터 단절시키며, 개별적이고 독립적인 '오브제'로 동결시킨다.

건물의 이미지화에 보다 더 추상성을 가미한 것이 바로 길 건너편(삼성로 북측)의 몇몇 건물과 같이 건축적이기보다는 '그래픽'한 쪽으로 선택한 건물들이다. 기하학적인 추상주의를 건물에 도입하면서 '건축'은 사라지고 '평면'만 남는다. 건물이 그림을 닮는다고 해서 아름다워지는 것은 아니다. 건물이 그림같이 될 뿐이다. 창은 영혼의 빛으로서가 아니라 조형적인 법칙에 따라―만일 법칙이 있다면―우연히 '바로 여기'가 아니라 '그만큼'에 있다.

창의 면적을 절제하는 것만큼 '세련'된 것으로 보인다는 확신은 어디에서 오는 것일까? 그것은 세련됨의 불확실성에 있는 것은 아닐까? 입(출입구)만 있고 얼굴이 없는 벙어리 건물들은 내부의 모습을 가급적이면 밖으로 내보이지 않으려는 속성을 갖고 있다. 보이지 않는 것에 대한 호기심, 그것은 의상 안쪽의 여인의 알몸을 상상해보려는 호기심과도 같은 것이다.

만일 건축을 하나의 언어라고 한다면, 그것은 직관적으로 솟아나는 언어이고 일체의 기초적인 지식을 초월하는 것으로 그 어떤 언어보다도 자연스러운 언어이다. 왜냐하면 그것은 배울 필요가 없기 때문이다. 다만 우리는 그 언어가 끊임없이 다시 쓰이고 있다는 점을 주목해야 한다. 도시는, 도시건축은 시간과의 함수관계에 있다. 우리가 도시 속에서 '시간'까지를 읽어낸다면 역사를 읽는 것이다.

삼성로와 압구정로의 변신에서 빼놓을 수 없는 건물은 갤러리아 백화점이다. 한양쇼핑센터 옆에 길 하나 건너 있었던 '파르코Parco' 건물을 사람들은 기억할 것이다. 번쩍이는 알루미늄 패널로 외장을 하고, 금속의 경쾌함을 과시하며 한양쇼핑센터에 대치하던 이 건물이 어느 날 갑자기 미국풍의 신고전주의적인 얼굴을 불쑥 내밀었다. 외롭고 길게 비탈길에 서 있는 모습은 '미국'이 갑자기 압구정동에 나타나 길을 잃고 있는 듯한 모습이다.

대규모 성형수술을 가하여 의상전문점에서 고급 수입품 백화점으로 변신한 이 갤러리아 백화점 건물은 백화점 건물의 새로운 전형을 이루겠다는 야심에서 미국인들의 손에 위촉되어 탄생하였다. 신세계 백화점의 절충주의적인 식민주의 양식보다는 고전주의 건축의 간결한 맛을 내며 마치 건축이란 본래 서양에서 이러했다는 웅변처럼 서 있다. 약식 코니스를 두르고, 창의 비례를 맞추며, 하층부는 아치로 틀고 코니탑(채양)을 설치하여 유럽이나 특히 미국에서 흔히 보이는 주변의 고전건축의 질서를 현대판으로 각색하였다. 이는 마치 무질서하게 보이는 건물들에게 '건물에는 전통적인 규범'이 있음을 실체로서 보여주려는 것처럼 보인다. 그 점에서는 일단 성공하였다. 그러나 변모하는 '한국적인' 현대건축은 이에 설득당할 만큼 연약하지는 않다. 일종의 혼돈이나 무원칙해 보이는 이 가로변의 건물들은 '시대적인 집단'을 이루며, 일단은 '서구화'로부터 출발하였으면서도 '서울의 특질'로 부상하고 있기 때문이다.

혼돈이라는 말은 영어에서 비롯된 것이다. 그러나 이는 절대적인 혼돈이라기보다는 아직 이해되지 않은 수준의 질서에 가까운 말이 아닐까? 아니면 강제적이거나 허식적이지 않은 모호성이 아닐까? 벤추리는 도쿄에서의 교훈을 이렇게 말하고 있다. 즉, 도쿄의 혼돈은 부조화를 이룬 문화에 기초한 다양한 크기, 형태, 리듬, 상징에서 비롯된 것이라고. 다만 서울의 특질 속에서 '상징'을 빼고는 벤추리의 말에 공감하게 된다. 서울을 도쿄에 비유하는 사람들이 많다. 물론 서울이 도쿄는 아니다. 서울에는 일본인들이 지배하며 남겨둔 도시건축법의 잔재만이 있을 뿐이다. 건물과 건물 사이를 띄우도록 하여 마치 이빨이 성글게 나서 때로는 흉측해 보이기까지 한 그런 모습 말이다.

본래 목재로 공간을 덮을 수 있는 스팬span(건축물·구조물·교량 등에서 지점과 지점 사이의 거리)의 한계나 화재와 지진에 대비하여 공간을 만든 것이 지금도 습관적으로 적용되어 결과적으로 도시 공간을 낭비하는 문제를 안고 있다. 건물 열 채마다 건물 한 채 꼴의 면적이 날아가는 것이다. 건물들은 개체로 다시 한 번 강조하게도 한다. 이 분리된 건물들은 마치 '손 댈 수 없는 타인의 재산'이라는 헌법에 보장된 사유재산을 상징하는 듯하다. 사유재산, 사적 공간, 나의 건물로 대변되는 이 가로 풍경은 연속성에서가 아니라 불연속의 연속으로 파악해야 할 것이다.

우리는 압구정동에서 배울 수만 있으면 배워야 한다. 앞에서 읽어본 몇 채의 건물들만으로는 부족하다. 유형적으로 구분할 수 없을 정도로 더 과감하고 더 상징적이며 더 큰 혼돈으로 복합된 표현이 점철되길 기대한다. 그렇게 함으로써만이 압구정동이라는 공간적인 경계를 뛰어넘는 당위성을 발견할 것이다. 배설(건축)하면서 생식(성형)하는 과정을 통해서 압구정로와 삼성로의 회복은 잠정적인 완결을 볼 것이다. 그것은 성인에서 노인으로 노쇠하는 것이 아니라 끊임없이 젊어지는, 그래서 다시 반문하는 그런 역할을 감당해야 할 것이다. 개체로서의 차별화로부터 동질성으로의 맥락만 주어진다면, 그것을 읽어내는 노력을 게을리 하지 않는다면, 서울 도시 한 조각에서 우리는 긍정적인 기대를 걸어볼 수 있다. 알바로 시자Alvaro Siza(1992년도 프리츠커Pritzker 상을 수상한 포르투갈 건축가)도 이런 설명을 한 적이 있다.

　　　우리는 이제 언어의 통일이 모든 건축상의 문제에 대한 보편적인 해결책이라고 믿었던 그런 단계는 지나왔다. 복잡성이 도시가 지니는 본래 특징임을 인정한다면, 변형운동은 매우 다른 양태를 띠게 된다.

여기에서 변형운동이라 함은 기존의 건물들 사이에 하나의 다른 건물을 대입시킬 때, '주변과의 조화라는' 막연한 해결책, 즉 주위 환경으로부터 형태를 따오는 식의 편의주의에 반대되는 작용을 말한다. 조화의 반대가 항상 충돌이나 반항만은 아니다. 도시의 복잡성이 도시의 삶의 필연적인 결과라면 삶의 정직한 표현을 극점까지 밀어붙여보는 것은 주위 환경을 다시 역동적으로 만들어가는 힘이 될 수도 있는 것이다. 우리들에게는 주어진 정보나 모델이 없는 것이 아니라 현존하는 거리의 현상에서 긍정적인 가치를 찾아내어 우리들의 광기마저도 표현할 힘이 모자란 듯하다.

　　　시자는 건축가로서 초년시절 건축물들이 일반적인 사물과는 뭔가 다르고, 특별하고, 이 세상의 것이 아닌, 따라서 일종의 처녀의 순결처럼 손댈 수 없는 그런 것으로 생각했다고 한다. 그만큼 그에게는 건축이 숭고한 어떤 것으로 인식되었던 것이다. 그러나 세월이 지나면서 많은 건물들을 접하고 여러 종류의 건물을 익히면서부터 하나의 건물은 아름다운 계획도, 그리고 멋진 한 장의 사진도 아님을 이해하기 시작했다고 한다. 건축물도 인간의 삶 속에서 일어나는 다른 많은 일들과 마찬가지로 온갖 종류의 불확실성의 지배를 받으며 일상적으로 일어나는 하나의 사건이다. 그러므로 한때 '처녀의 순결'과 같았던 것이 이제는 '삶의 명백한 표현'으로 바뀌면서 건축물에 얽힌 자신의 신화가 사라져버렸음을 실토하였다.

도시 속에는, 삼성로와 압구정동에서도 느끼는 것이지만, 건축가가 건축 작품으로 보려는 시선의 노력이 흔적으로 보이기보다는 이 시대의 자본가들과 지주들이 지향하는 한정적인 유토피아의 이미지들이 더욱 강하게 투영되어 있다. 고귀한 신화로서가 아니라 '대지'와 '법' 위에 '돈'으로 최대한의 삶의 방식을 표현한 것이다. 도시는 결국 시민들이 만들며, 그들이 또한 도시를 바꾼다. 건물의 형태는 늘 기능을 좇는 것이 아니며, 한정된 형태는 한정된 기능을 수용하지도 않는다. 박스 건물 아래 1층은 상점, 2층은 교회가 되어도 누구 하나 불편을 느끼지 않는다. 벤추리는 다음과 같이 말한다.

> 오늘날 우리의 예술은 당신이 싫어한다 해도 별 문제가 되지 않는다. 이러한 면이 싫다면 그것은 전적으로 당신의 취미 탓이다. 당신이 좋아하는 것과 싫어하는 것 사이의 긴장감은 당신의 인내력과 감수성을 키워줄 것이다.

다원주의 문화와 중복된 취미 문화의 집합체인 이 거리는 부조화의 문화를 탄생시키며, 교회와 상점, 고급 패션점과 패스트푸드, 기능주의적 오피스 건물과 박공식 서양 전통건축의 절충주의, 필요 이상 넓은 도로와 도로 폭에 비해 낮아진 '근린 생활시설'들을 혼재시킨다. 그것만이 아니라 이 낮은 근린 생활시설의 거리는 아파트로 에워싸여져 있다. 그러면 아파트는 어떤 역할을 하며 이 도시 공간에 합세하는가? 도시의 복합적인 소비 수단의 하나인 '주택'으로서의 아파트는 어떻게 우리에게 다가오는 것일까? 삼성로와 압구정로에서 늘 중첩되어 나타나는 이 고층 건물들은 하나의 든든한 배후 세력으로 거리의 상가를 후원하고 있다.

'A' 자로 시작하는 '아파트'

압구정동의 아파트군은 여러 가지로 읽힌다. 행정가의 눈에는 질서 있는 집합 주택군으로 외국인들에게 '자랑'하고 싶은 것이고, 건축가의 눈에는 무자비한 병영 같아서 항상 변칙적으로 배치해보고 싶은 충동을 느끼게 하는 '비인간적'인 건물인 것이다. 부동산업자들에게는 끔찍한 잠정 고객들이며, 도시계획가들에게는 실패 또는 성공의 사례가 될 것이다. 가난한 서민들에게는 '부잣집 동네' 또는 복권이라도 당첨되어 소유하고 싶은 재산의 꿈일 것이다. 평범한 소시민에게는 '그래도 그동안 많이도 집을 지어 서울의 모습을 바꿔놓은 것'에 가슴 뿌듯한 경관이거나 달동네에 반대되는 상류층의 거주지로 보일 것이다. 근로자들 눈에는 자신들의 '닭장'의 모습과 흡사하면서도 '궁전'으로 인식될 것이다. 어린이들 눈에는 처음에는 찾기 어려운 똑같은 상자 같아 보일 것이며, 노인들의 눈에는 마당이 없는 집도 아닌 집이요 현기증 나는 불편한 장애물로 보일 것이다. 홍보부 사람들에게는 '단독주택'과 '집합주택'을 구분하는 모델 사진감이고, 외국인들의 눈에는 이미 슬럼화되어버린—자신들이 실패했던—전후 아파트와 같이 보일 것이다. 끝으로 그 안에 살고 있는 사람들에게는 어느 때나 돈으로 환원될 수 있는 '나의 집'일 것이다.

　　물리적으로 항상 그곳에 있는 이 건물군들은 '주거하는 집'이기 이전에 보는 사람에 따라, 또한 시간의 흐름에 따라 각기 다른 의미를 지니고 있다. 압구정로와 삼성로의 상가들이 끊임없는 변환을 모색할 때도—사는 습관이 쉽게 바뀌지 않는 한—그대로 머물러 있다. 건물이 일정하게 전달하려는 메시지의 절대성은 없으며, 수용자의 태도에 따라 달리 전달될 뿐이다.

　　그것은 위에서 살펴본 건축 외적인 인상이나 이미지에 국한되는 것이 아니라 한 시대의 어느 건물이 가지고 있는 사회적, 총체적인 의미를 포괄하는 것이다. 이 경우 건물(시니피앙signifiant)은 그 자체의 형식보다는 전달되는 의미(시니피에signifié)가 다변화되는, 즉 다양한 의미를 동시에 지니는 의미의 총화로서 수용된다. 결국은 형식으로만 읽을 때 우리는 문제를 단순화한다.

위에 열거한 모든 관찰자들의 입장은 건물(아파트)에 내재하는 시대적인 의미이다. 이는 일반적으로 다른 오브제들이 감성적, 주관적으로 변모하는 양상과는 달리—칼을 보고 죽음과 상처를 연상하듯—길들여진 연상 작용, 즉 목적을 가지고 들여다보는 습관에 의거한 것으로 따지고 보면, 전적으로 '의도된 사회'의 연속성 선상에 놓여 있다.

W-P-F-R-A

각 단어들이 모여 쓰인 이 거대한 소설 '도시'는 누구도 다 읽을 수 없지만, 매일매일 모든 시민에 의해 읽혀지는 불가사의한 일일신문 연재소설과 같다. 끊임없이 기록되는 이 도시의 단편, 압구정동과 삼성로 주변은 금전의 기류 속에서 동등한 특정 중력 상태로 부유한다. '변화하는 이미지의 급작스런 포화상태, 한눈에 발견되는 명백한 불연속성, 저돌적으로 들이닥치는 인상의 의외성'은 신경 자극 증상을 심화시키며, 메트로폴리스 거주자 개개인들의 특징을 설명한다.

우리는 둔감한 식별력으로부터 깨어나 W-P-F-R-A를 읽어내는 새로운 노력을 기울여야 한다. 신비로운 '로제타의 돌'로 방치할 것이 아니라 해독하여 우리의 도시를 재발견해야 되기 때문이다. 한 건물 안에는 도시 전체가 숨어 있을 수도 있다. 감추어진 의미의 보고寶庫 서울은 이제부터 그 정체를 드러내야 한다. 알지 못하는 도시 속에 산다는 것은 얼마나 갑갑한 노릇인가.

테헤란로, 법원에서 운동장 사이:
독점자본의 외딴섬

그림 1. 테헤란로의 크고 작은 건물들은 성장을 나타내는 막대그래프와 같다. 서민들은 이런 거리 풍경을 조국이 근대화되는 징표로 간주하고 은근히 뿌듯해 하였다. 따라서 테헤란로는 이중적인 상징성을 가지고 있다. 하나는 지속 가능한 경제의 지표이고, 또 다른 하나는 풍요를 상징하는 조작의 상징성이다.

도시의 업무중심 지구는 테헤란로와 마찬가지로 경제 성장의 신화를 지속시키는 기념비들의 집합이다. 이곳에서는 두 가지가 흐르는데, 하나는 자동차들이고, 또 다른 하나는 눈에 보이지 않는 돈의 흐름이다. 이곳에서 걷는다는 것은 유쾌한 일은 아니다. 여기서는 사람도 마음을 비우고 흘러야만 할 것 같다.

법원가를 지나 네거리에서 삼성역까지 걸어본 사람이라면 풍요로움보다는 어딘가 모를 쓸쓸함을 느끼게 된다. 보란 듯이 우뚝우뚝 말쑥하게 서 있는 고층 건물들이 3킬로미터도 넘게 도열한 이곳을 지나다보면 몇 분을 걸어도 걷는 것이 아주 지루하게 느껴진다. 조금만 주의를 기울이면 쉽게 왜 그런지 알아차릴 수 있다. 그곳은 원래 걷는 사람을 필요로 하는 길이 아니기 때문이다. 누가 이 길을 산보하라고 했는가! 그곳에는 우선 도시 곳곳에서 보이는 1층의 쇼윈도가 없다. 상품을 진열하고 시선을 끌거나 대형간판을 내세워 자신의 존재를 소리 높여 외칠 필요가 거의 없는 단순한 오피스들이기 때문이다. 은행들이 많이 있긴 하지만 돌아가는 회전문과 건물 내부가 거의 들여다보이지 않는 출입구들이 나 있을 뿐이다. 건물은 있는데 드나드는 사람만 있을 뿐 건물 속의 사람들이 보이지 않는다. 어느 빌딩이든 입구를 조금 유심히 보면 건물이 사람들을 삼켰다 뱉어내는 무슨 기계처럼 보인다. 만일 은행이라든지, 사옥이라든지, 센터라는 말이 없다면 무엇을 하는 곳인지 분간할 수 없게 되어 있다.

3킬로미터를 넘게 곧게 뻗어 있는 테헤란로에서 유일하게 건물의 용도를 금방 알아차릴 수 있음은 물론 그래도 정감이 가며 시선을 붙잡는 곳은 벽돌색으로 치장한 '목화예식장'이다. 전면에 주차장이 들어서 있긴 하지만 그곳은—80년대 중반까지도 '대형'예식장이었지만—아담한 공간을 하나 가지고 있는 하나의 생명체 같아 보인다. 그래도 짧은 역사이지만 지난 시간대의 기억을 과장되지 않게 보존해오고 있다. 80년대에 내가 처음 그 건물을 보고 다소 부정적으로 놀라워한 것에 비하면 참으로 기이한 현상이다. 아주 빠른 속도로 테헤란로는 변신을 한 셈이다. 아니 변신이라기보다는 이제는 본래 예정되었던 고도 업무지구의 시나리오가 완결된 곳이라 할 수 있다. 바닥면적을 층수로 곱한 값들이 120여 채가 서 있게 된 것이다. 도합 100여만 평의 업무시설 건설에 4조 원을 웃도는 건설비가 투입되었는데, 개략적으로 테헤란로 1평당 10억 원 꼴이 먹힌 셈이다. 다시 말해서 숫자를 빼고 나면 테헤란로는 대체 무슨 의미가 있단 말인가? 아주 극소수의 몇몇 건물들이 돈을 더 많이 들여 다른 건물들과 차별화하는 데 성공한 것을 제외한다면 건축적인 의미는 없어 보인다. 다만 설계와 시공회사들의 실적증명서들이 도열해 있을 뿐이다.

그림 2. 목화예식장 부근 풍경. 지금은 사라진 목화예식장은 좌우의 건물 건축선보다 뒤로 후퇴하여 작은 마당을 갖고 있었고, 80년대 어느 날 그 앞에는 결혼식 하례객들이 북적인 적도 있었다. 이제 테헤란로의 모든 건물들 앞에는 출퇴근 시간을 제외하면 사람들이 사라지고 세련된 조형물들만 서 있다.

건축적인 공간은 없고 면적의 곱셈만 있는 길이니까 또한 쓸쓸한 것이 아닌가 싶다. 흔히 우리들이 보는 상점은 거래가 눈에 보인다. 그러나 이 오피스 건물들은 물리적인 창 모듈의 반복만 있지 아무것도 보이지 않는다. 고만고만한 20층 안팎의 그런 건물들이 3킬로미터도 넘게 양쪽으로 서 있다는 것은 사람들의 상상력은 물론 어떠한 교감도 유발하지 않는다. 여느 도시의 가로 풍경이 끌어안고 있는 질펀한 삶의 모습은 말끔히 사라지고, 돌과 유리가 수직과 수평 또는 일정한 면으로 규칙성을 갖고 반복되고 있을 따름이다.

오피스 건물들이 모여서 집단을 이루고 있다는 '경제적인 강점(지속되는 지가 상승의 폭을 견지하는 힘)'을 빼놓고는 시민들에게 이 거리는 어떤 의미가 있는 것일까? 강남의 중심으로서 한강의 주요 교통량들이 한남대교와 동호대교, 성수대교, 그리고 영동대교를 통해 강북 도심과 긴밀히 연결되어 있는 지리적인 강점과 압구정동, 논현동, 청담동, 삼성동을 북으로, 남으로는 도곡동, 역삼동, 대치동과 같은 서울의 부유층을 양손에 걸치고 있는 경제적인 풍요로움을 빼놓고는 특별한 의미가 있어 보이지 않는다.

쓸쓸함을 느끼는 세 번째 이유는 아마도 사무실 근로자들이 모두 다 썰물같이 빠져나간 저녁 시간대의 분위기 때문일 것이다. 테헤란로는 낮에도 일과가 끝난 저녁시간대의 고요한 형상을 간직하고 있다. 그래서 더 외딴섬과도 같이 보이는지 모른다. 다행스럽게도 밤을 도시답게 하는 장소가 있기는 하다. 그것은 라마다 르네상스와 인터콘티넨탈과 같은 특급호텔의 존재다. 그러나 역시 이 호텔들도 점잖은 손님들이 드나들어서인지, 아니면 특급호텔에서는 사람들이 '신사숙녀'같이 되어서 그런지 요란하지도 않고 시끌벅적하지도 않다. 메탈라이트로 환하게 조명을 받았으면서 왠지 처량해 보이는 포스코 빌딩의 야경과도 같다.

서울이라는 도시가 질서정연하고 위생적인 서구의 대도시를 닮아가고 있으면서 사람들마저 유리나 돌처럼 차가워지고 있는 듯한 예감까지 곁들여 떠오르기 때문에 나는 쓸쓸하다든가 처량한 생각을 하고 있는지 모른다. 자본주의의 찬란한 꽃들이 펼쳐져 있는 곳에서 풍요로움과 따뜻함과 희망찬 미래가 보이는 대신 척박함과 차가움과 절망적인 생각이 드는 것은 비단 지어진 건물들 때문만은 아니다. 그것은 서울의 어느 곳이나 종로처럼 혼잡스럽고 명동처럼 사람이 들끓어야 한다는 생각 때문은 더욱 아니다. 그 많은 빌딩들 중 두세 개를 제외하고는 철저하게 '사람'을 염두에 둔 건물이 없다는 점 때문일 것이다. 특히 건물이 인도와 만나는 부분에서 모든 건물은 하나같이 출입문이나 몇 개의 계단으로 경계를 이룰 뿐 보행자들이나 건물을 사용하는 사람들을 위한 배려란 찾아볼 수 없다. 다만 한국은행 건물이 인도와 나란히 마련한 조그만 쉼터와 포스코 건물 앞의 오픈스페이스, 그리고 영동 LG사옥 출입구 전면에 배치한 돌의자 몇 개를 빼놓고는 공공의 영역에 대한 배려란 전무한 상태다. 도시 건축이, 그것도 대형 도시건축물을 설계함에 있어서 도시와 그곳에 사는 사람들을 배려하지 않는다면 건축으로 무슨 일을 할 수 있단 말인가?

인텔리전트 빌딩이 좋고, 그럴듯한 외관도 좋다. 그러나 역시 건축을 통해서 살 만한 도시를 만들어간다는 생각을 한 사람이라도 더 했다면 테헤란로가 지금처럼 걷기에 삭막한 지대가 되지는 않았을 것이다. "평당 땅값이 얼마인데 그런 소릴 하나! 땅을 파봐라 그런 돈이 나오나!" 아마도 테헤란로 오피스 건물에 참여한 많은 건축인들은 무엇인가 조금이라도 그들의 공공을 위한 창의적인 생각을 건축주에게 제안했다가 좌절을 겪었으리라. 그나마 그것을 실현한 아주 조그만 배려들 가운데 한국은행의 인도변 쉼터가 있으나, 그곳도 그리 아늑한 편은 아니다. 화강석으로 점철된 바닥과 벽 사이에 심어놓은 나무 몇 그루는 그런 장소를 고안해냈다는 정도로 위안이 될 뿐이다. 영동 LG사옥의 돌의자도 을씨년스럽게 보이고, 포스코 건물 앞 공장의 약간 기운 듯한 철재조각은 규모도 작고 옅은 금속성 색을 띠고 있어 건물의 덩치와도 어울리지 않는다.

내가 그곳을 지날 때 마침 삼미특수강 노조원들이 농성을 벌이고 있었다. 피켓에서 '김민재 회장 빼앗긴 일자리를 돌려주오', '죽을 수는 있어도 물러설 수 없다'는 글을 보았는데, 처절한 내용과는 달리 노조원들은 화려한 첨단 건물의 입구에 출동한 전경들과 평화로운 공존을 유지하고 있었다. 울긋불긋한 꽃들이 심어진 낮은 화분들과 미니멀한 철제조형물, 반들반들한 건물의 유리는 한낮의 햇볕과 어우러져 초현실적인 풍경을 자아냈다. 모든 것이 어색한 장소로 느껴지게 하는 이 한낮의 포스코 건물

그림 3. 테헤란로가 고립된 업무 지구밖에
될 수 없는 또 하나의 이유가 있다. 그것은
동서 양쪽 끝이 법원, 검찰청, 그리고
종합운동장과 맞닿아 있기 때문이다.

은 키리코Giorgio de Chirico(초현실주의에 영향을 끼친 이탈리아 화가)의 그림을 연상케 했다. 그러나 그것은 현실이었고, 처음으로 사람이 공간을 바꾸거나 만드는 것을 본 순간이었다.

어느 건축가도 어느 도시계획가도 하지 못한 일을 노조원들은 포스코 건물 전면 계단에 비스듬히 앉거나 누워서 본래 고안했었을 내용과는 다른 '행위'를 통해 건물과 도로와 도시를 바꾸고 있었다. 단순히 농성이라는 것을 통해 잠시 점유하는 것만으로도 공간의 의미를 전환시키고 있었다. 이는 그렇게 대단한 발견은 아니다. 다만 강남역에서 걸으면서 마주친 최초의 사건이자 최초로 발견한 공공의 공간에 대한 제대로된 사용 현장이었을 뿐이다. 만일 테헤란로 오피스에서 한번 교통을 차단하고, 46미터 도로를 장악하고 축제를 벌인다면 얼마나 근사한 일이겠는가 생각해볼 뿐이다.

도시는 변화하고 사라지고 새롭게 탄생한다. 테헤란로도 서울의 대단위 업무지구로 그 특성을 갖고 있다. 그러나 그것은 다만 지역지구의 분류에서만 그렇고, 사실은 너무나 작은 외딴섬에 불과하다. 천만 시민이 사는 서울의 크기로 보면 여의도나 마포, 그리고 고도孤島의 중심가를 제외하고는 아마도 테헤란로가 직선적인 배치를 하고 비교적 그럴듯하게 자리 잡고 있을 것이다. 그러나 그렇게 적절한 크기는 아니고, 더 발전할 여지도 없으며, 이제는 종결된 것이나 다름없다. 몇몇 공사판을 제외한다면 출생하자 성장이 정지되어 노화기를 재촉하고 있는지도 모른다. 그것은 과거의 도시계획이란 것이 간선도로를 내고 이면도로를 최대한 줄여서 땅장사를 부추겼던 '평당 얼마'라는 논리 때문이기도 하다.

테헤란로 바로 뒷길들은 모두 6미터 안팎의 작은 도로들이다. 테헤란로의 46미터라는 폭은 너무 넓고 이면도로 6미터는 너무 좁다. 이 극단의 도로 체계가 서울을 망치고 있다. 교통의 흐름에서도 그렇고, 스카이라인의 형성에서도 그렇다. 길이 넓으면 차량의 흐름이 원활할 것이라는 근시안적인 생각이 모든 차를 간선도로로 불러들였다. 테헤란로는 바로 이러한 잘못된 도로 체계가 빚어낸 고도이다. 켜가 없이 얇은 지구들은 도시에서 슈퍼블록의 형성을 저해하고, 테헤란로 같은 지역은 마치 속복도 (방과 방 사이를 잇는 복도)가 있는 일시적인 전시장과 같아 보이게 한다.

그림 4. 테헤란로 기념비. 치통이 심한
사람의 얼굴을 붕대로 감싼 모습의 테헤란로
기념 조형물은 이 거리를 낯설게 한다.
석유를 안정적으로 공급할 지역을 확보하기
위한 고통스러운 얼굴로도 보인다. 세계의
모든 도시들은 경제적으로 상호 의존적이며,
그 정도가 지속적으로 높아지고 있다.
문제는 어떻게 상호주의를 유지하며 서로가
서로에게 종속적이 되지 않는가 하는 점이다.

그림 5. 필자가 스케치한 테헤란로 기념돌.

테헤란로가 고립된 업무지구밖에 될 수 없는 또 하나의 이유가 있다. 그것은 동서 양쪽 끝이 법원, 검찰청, 그리고 종합운동장과 맞닿아 있기 때문이다. 가로의 연속성은 동질적인 요소들로 결정될 것이지만, 법과 체육의 공간이 칼로 자르듯 테헤란로를 격리시켰다. 법>돈>스포츠의 관계가 연속적으로 있는 이 관계는 기이하기만 하다. 그러나 이곳은 과연 격리되고 고립되고 쓸쓸한 곳이기만 한 것인가? 인상이 그렇다는 것이지 실상 그 내용은 훨씬 도전적이고 심각하다.

여기는 소위 한국의 대재벌 그룹들이 여기저기 포진하고 그들의 기업 활동을 다져나가는 곳이다. 한 건물 다음 건물이 삼성 관련 건물이고, 현대가 건설하거나 사용하는 건물이며, LG그룹이 사옥으로 쓰고 있는 곳이다. 또한 재벌 건설회사끼리 상호 시공하고 사용하며, 그들 사이에서 화폐가 순환하는 곳이다. 포스코 본사와 지금 막 준공에 박차를 가하고 있는 한솔사옥이 들어서는 곳이고, 곧 연합철강공업사옥이 모습을 드러낼 것이다. 한국의 대자본이 앞 다투어 포진한 이곳은 어찌 보면 공간의 정치경제가 상징적으로 유착된 곳이기도 하다. 한국을 대표하는 기업들이 몰려 있는 이런 거리에 공공의 영역이 변변한 것 하나 확보되지 않음은 당연한 일인지도 모른다. 그나마 1퍼센트 환경 조각마저 제대로 된 것 없이 거의 불모의 땅으로 남아 있는 것을 이해하게 된다. 그래서 더욱 쓸쓸한지 모르겠다.

그렇다면 적어도 오피스 건물이나마 기대를 걸어볼 일이지만, 그것도 여의치 못하다. HOK가 설계한 한솔사옥은 1, 2층을 높이로 전면에 입을 딱 벌리고 길을 향해 있다. 그 거대한 아치는 무심했던 길가에 큰 충격으로 다가오는데, 현대백화점의 요란한 외관과 인터콘티넨탈의 차분한 분위기와 대조를 이루고 있다. 포스코 건물은 80년대 뉴욕 거리처럼 연출되었으나, 유리벽으로 된 저층부의 매스는 아무리 보아도 몸체와 이상하게 결합되어 있다.

어떤 커다란 놀라움보다는 깨끗하고 정적으로 다가오는 이 거리는 사실상 은밀한 땅의 기획들이 진행되는 곳이기도 하다. 특수한 업무지구의 '공신력'을 등에 업고 간간이 들어서는 부동산 관련 홍보센터들은 미래의 상품들을 보여주고 있다.

그림 6. 테헤란로의 이면 도로들은 급격히
좁아지면서 건물도 낮아지고, 테헤란로의
빌딩들이 절벽이 되는 곳이다. 이렇게
급격한 도시 단면의 불균형이 도시 풍경을
혼란스럽게 한다. 대로를 중심으로 노선
상업 지역을 설정한 강남의 토지 이용
계획은 강남 전체를 전면과 후면이라는
공간으로 차별하고 있다.

이곳에서 우리는 다음과 같은 글들을 읽을 수 있다. '현대 강촌 콘도미니엄, 삼성 아파트문화관, Lakepark, 하이빌, 인텔리전트 아파트, 도시 위의 도시, 오딧세이 청구가 만듭니다. 청구 BLUE Tops, 테마가 있는 유럽형 오피스텔 등등.' 이것은 도심 광고판이 아니라 도시에 쓴 '땅'의 시詩다. 땅에서 시작해서 땅으로 끝나 있는 대목을 잘 반영하고 있는 시 구절이다. 더 이상의 다른 설명이 필요 없다.

본래 테헤란로는 그 이름의 탄생에서부터 무엇인가 기이한 생각이 들게 한다. 테헤란로 기념비를 찾아보면 알게 된다.

> 서울·테헤란 양시와 양시민의 영원한 우의를 다짐하면서 서울시에 테헤란로, 테헤란 시에서 서울로를 명명한다. / 1977. 6. 27. 서울특별시장 구자춘, 테헤란 시장 고랑레자 닉페이

원유 확보가 한국경제의 생사를 결정하던 시절의 눈물어린 외교사의 한 페이지가 테헤란로란 아랍어로 새겨져 서울의 한 모퉁이에 서 있게 된 것이다. 테헤란로 기념비는 서로 우의를 다짐한다기보다는 치통을 앓는 사람이 볼을 싸맨 것 같기도 한 기이한 형상으로 먼지가 쌓이고 있다. 테헤란로의 서울로는 지금 어떤 상태일까 궁금해진다. 회교 근본주의자들과 한국의 대재벌들과는 무슨 관계란 말인가? 역사의 한순간에 타인에게 던진 미소가 이름이 되어 그것과는 무관하게 성장한 이 거리. 테헤란로는 서울의 한구석에서 중심을 잡고, 그러나 외롭게 서 있다. 무엇이든 독점하면 외로운 법이다.

기업이 활동하는 도시가 아니라 사람이 기업을 만들고 도시를 만드는 도시에서 살고 싶다. 그런 도시를 만들기 위해서 우리는 도시를 읽어야만 한다. 침묵하고 속으로 삭힐 것이 아니라 발언하고 표현해야만 할 것이다. 바람 부는 날 우리는 왜 테헤란로를 걷고 싶지 않은지 생각해볼 일이다. 도시는 건물만 있는 곳이 아님을 다시 한 번 되뇌면서 말이다.

서울의

집단
기억

서울의 근대화 과정의 쟁점과 과제

해체와 재구성

서울은 높은 데서 보면 마치 서서히 굳는 액체를 부은 것 같아 보인다. 처음에는 봉우리들 사이를 수평적으로 채우며 퍼지다 드디어 산의 경사면을 쫓아 서서히 기어오르는 형국이다. 해일이 도시 전체로 일시에 덮친 것처럼 거대도시 서울은 빈틈을 허용하지 않는다. 전체 인구의 거의 절반이 수도권에 집중되면서 이제 서울의 근대화 과정은 물리적인 한계점에 도달해 있는 듯하다. 지구상의 여러 거대도시와 반열을 같이하는 서울의 압축된 근대화 과정은 여타 도시들과 유사하면서도 또한 독특한 차이를 갖는다. 근대 도시의 성장은 그 자체의 힘으로 이루어지는 것이 아니라 전통사회의 몰락과 농촌의 붕괴에 의존하며, 이를 촉진하는 것은 전통사회를 대신하는 산업사회의 등장임은 누구나 알고 있다. 그리고 산업사회를 유지하기 위해서는 소비자이면서 동시에 생산에 동원되는 노동자의 출현과 자본가의 출현이 지속되어야 한다. 그리고 그것이 한 사회 안에서 제도로서 정착해야만 한다. 그리고 그 제도는 늘 재생산되어야 한다. 서울의 근대화 과정 중에서 성취한 것이 단 하나가 있다면, 그것은 자본주의라는 세계 체제에 뒤늦게 편입하여 소위 '근대화'라는 온갖 징표들을 도시 안에 내장하게 되었다는 사실이다. 그리고 이 모든 것은 그 흔적을 남기고 또한 삶의 방식과 견고하게 밀착된다.

그림 1~15. 일제 강점기 서울의 풍경.
윗줄부터 좌에서 우로: 1) 광화문,
2) 수표교, 3) 보신각, 4) 서울 전경,
5) 돈의문, 6) 시전, 7~9) 숭례문,
10) 영추문, 11~12) 청계천, 13) 오간수문,
14~15) 홍인문

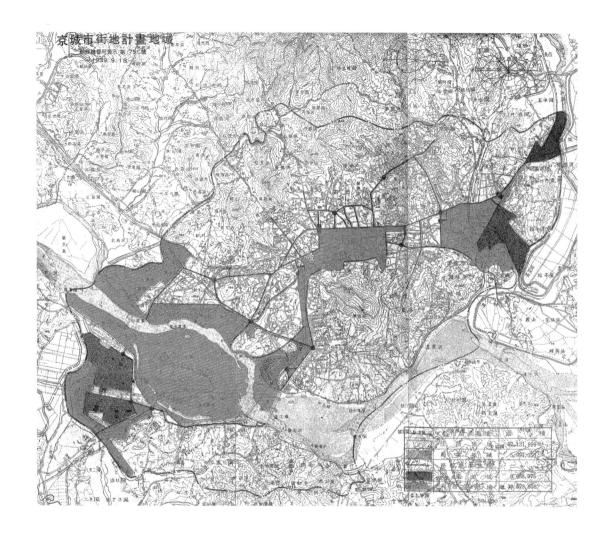

그림 16. 일제 말기 경성시가지계획도 (1939년)는 서울을 북동에서 남서 축으로 개발하려는 의지를 보이고 있다. 이는 남서쪽의 공업 지역인 영등포를 중심으로 장차 인천항으로 연결하려는 일제의 의도를 엿볼 수 있다. 그러나 불행하게도 이 지도는 전통적으로 땅의 개념 – 지형과 지세와 다양한 물길들을 소중히 다루었던 자연의 개념 – 이 드러난 표현 방법과 결별하고 있다. 이 도시계획도에는 선과 면과 인위적인 경계만 드러나 있다. 도시의 미래를 공간적으로 다루는 표현의 한계는 지금까지도 지속되고 있다.

신화와 권력

마치 질량불변의 법칙과 같이 한쪽을 채우기 위해 또 다른 한쪽이 비워지게 마련이다. 액상의 서울 속에는 전통 사회와 농촌과 노동자의 땀과 자본의 힘이 뒤섞여 녹아 있고, 이것은 두 가지 힘에 의해 서서히 응고되는데, 그 하나는 자본주의 체제의 끊임없는 재생산이라는 신화와 또 다른 하나는 근대 국가라고 하는 권력이다. 이 두 요소의 촉매제가 바로 정당화된 '폭력'이다.

식민지적인 공간의 재생산

서울의 근대화는 일제에 의해 시작되었다. 대륙의 전초 기지로서, 식민정책의 항구적 거점으로서 서울은 개편되고 재조직되었다. 이는 옛 도읍 한성의 근본을 파괴함으로써 시작된 것이다. 성벽철거위원회를 만들어 성벽을 철거하고, 일본군 주둔지 앞에 용산역을 개설해서 대륙과 열도를 잇는 교차점으로 활용하고, 도로를 신설·확장하고 전차를 개통시켰다. 시구개수예정계획市區改修豫定計劃(1919)[1]으로 도심부의 공간을 개조하고, 조선시가지계획령(1934)에 의해 본격적으로 서울을 개편하였다. 경복궁 앞에 총독부를 세우고 시청 건물을 완성하며, 광화문에서 남대문까지 그리고 서울역까지를 잇는 권력의 중심 가로를 조성하여 식민 지배의 기능적이고 상징적인 중심축을 형성하였다. 그리고 현재의 신세계백화점 본점을 중심으로 금융가를 만들어 식민 자본의 거점을 확보한 것이다. 그리고 해방 이후 지금까지 서울은 일제시대의 도시 구조를 그대로 답습하게 된다. '일제'라고 하는 권력 구조가 대한민국이라는 정부로 개편되고, 황국신민이 대한민국 국민이 되며, 그 정점에 대통령이 통수권자로 상징되는 체제를 구축한 것이다.

총독이 살던 자리에 대통령이 살았고, 경성부가 서울 시청이 되었으며, 총독부는 그대로 중앙청이 되었다. 동양척식회사 등 식민지 시대의 금융가와 언론사들은 제자

1. 일제는 1912년 11월 6일 경성 시구 개수예정계획 노선 47개선을 고시하였다. 경복궁의 일부를 조선총독부 청사로 내정하였는데, 이는 근대적인 도시 계획이라는 명분으로 조선총독부가 경성 시내 일대를 바둑판처럼 다듬어진 반듯한 도로망을 구축할 것을 발표한 것이다.

리를 지켰다. 서울은 그 큰 틀에서 하나도 흔들림 없이 일제의 산재를 그대로 인수하여 독립국가로서의 면모를 일신할 공간의 투영은 찾아볼 수 없었다.

한국전쟁

근대화 과정의 압권은 한국전쟁이다. 땅 위의 모든 건물은 사라졌다. 초토화된 땅은 역설적이게도 유토피아의 도시를 꿈꾸는 사람들에게 단비와 같다. 그러나 그런 사실을 주목하고 장기간에 걸쳐 지속적으로 생각할 사람들은 전무하였고, '전후복구'란 미미한 채 미국의 '원조'에 의존할 뿐이었다. 천금 같은 재편의 기회는 상실된 채 서울은 '기존'의 일제 도시 조직을 열악한 조건으로 땜질하는 수준에 머물렀고, 북에서 몰려온 피난민들의 유입은 서울 전체를 판자촌으로 만들었다. 살기 위해서 사람들은 공간을 점유했고, 그것은 고스란히 방치되었다. 더 다른 해결책도 없었다. 국민이 스스로 국가가 해야 할 일을 해내었다. 식민지 시대의 잔재를 청산하고 근대화의 새로운 그림을 만들어내기에는 이념도 없었고 힘도 없었다. 전후 서울의 난맥상은 지금까지 서울 안에 존재하게 된다.

식민주의의 일상성

한국전쟁이 서울에 남긴 것은 미군이다. 미군의 주둔은 두 가지 점에서 서울의 근대화에 영향을 미친다. 하나는 지금까지도 지속되는 공간의 점유이고, 또 하나는 현대적인 삶의 공인된 모델로 작동되는 '미국식' 생활방식이다. 전자가 또 다른 점령군으로 상징되는 힘의 문제라면, 후자는 문화의 헤게모니의 문제다. 그래서 서울의 근대화는 일제 식민지 시대의 공간적인 그리드 위에 미국식 삶의 방식의 그리드가 중첩된 양상을 띠고 있다. 수동적으로 주어졌던 옛 식민지적인 틀 위에 세계사적인 힘의 조형을 위해 강제적으로 수용된 신식민지적인 공기가 흐르기 시작하였다.

근대화의 핵심이 현대적인 삶의 일상성을 이루어내는 것이라면, 서울, 아니 한국인들의 일상성 속에 두 개의 식민지적인 근성이 착근되어 있음을 알아차린다는 것은 슬픈 일이다.

제3의 식민주의: 자본주의 체제

그리고 30년에 걸친 군부독재와 경제개발의 논리는 결국 서울을 불가능한 도시로 만들었다. 도시는 공공성에 기반하여 구축되기보다는 자본 방임에 의존하고, 자본은 그 홀로 힘을 발휘하기보다 정치권과 결탁하여 그들의 이익과 편리함을 위해서 수단과 방법을 가리지 않았다. 곧 다원적 민주주의에 적합한 공간의 생성이 아니라 독점적이고 획일적인 공간 생산에 대하여 반항할 수 없이 폭압적으로 수용되는 것을 정당화하게 되었다. 그래서 결국 서울은 천민 자본주의적인 도시의 표본이 되었다. 막히면 뚫고 뚫리면 막는 땜질 방식은 물리적인 공간에서만이 아니라 제도와 삶에 가해진 전방위적인 것이다. 법으로 위장된 국가 권력과 자유시장 원리를 먹고 사는 자본의 힘은 결국 이 땅 위에 '폭력'을 정당화시켰다. 그래서 폭력은 이 도시에서 일상의 한 부분이 된 것이다. 결국 서울은 폭력에 기반한 제3의 식민주의로 덧칠되었다. 시민은 없고 국민만 있는 나라에서 국민은 결과적으로 자본과 권력의 관리 대상으로 전락하였다. 자본은 이제 세계 경쟁에서 이겨내야 하는 '생존'의 최후 보루로서 작동되기 시작했고, 분단국가의 특성은 서울과 그 외곽을 다시 생각하게 하고 있다.

근대성의 완성

서울은 이제 식민지 유산을 청산할 때이다. 탈근대의 문제와 탈민족주의의 문제도 동시에 생각해야만 한다. 근대성은 타율적으로 허용되었으나, 이제 우리들의 기획이 있

그림 17. 지난 반세기 동안 구불구불한
서울의 수많은 길과 불규칙한 형상의
필지들을 직선으로 정비하여 현대도시로
탈바꿈시키는 근거가 된 수단이 바로
토지구획정리법이다. 서울시 전체가
통합적인 계획에 의존하기보다 토지
구획정리사업 구역으로 지정된 부분들을
편의에 따라 산발적으로 시행함으로써
서울은 결과적으로 불연속적인 도시가
되었다. 따라서 지난 시절 서울에서 집행된

토지구획정리사업을 깊이 연구하는
것만으로도 또 다른 서울의 역사를 알 수
있을 것이다. 19세기 중엽 프랑크푸르트의
오래된 도시를 정비하기 위하여 만들었던
아디케법(Adicke: 독일의 구획정리법
Building Line Act)을 일본인들이
수용했고, 이를 또다시 한국에 적용한
토지구획정리법은 오래된 도시의 현대화를
위한 만능의 해법처럼 사용되었고, 그
폐해가 고스란히 서울 땅에 누적되었다.

어야만 한다. 야수의 얼굴을 한 도시로부터 인간의 도시로 지향하기 위해서 우리들이 주체적으로 나서야 한다. 그러기 위한 첫걸음은 공공 영역에서 자연의 지형과 지세와 경관의 회복이고, 둘째는 개발이 아니라 사적 영역의 의미 있는 보존의 문제이며, 나아가서는 영역의 구분 없이 도시에 누적된 시간들에 대한 재평가의 문제이며, 궁극적으로는 서울과 같은 대도시가 기여해야 되는 '두터운 사회'로의 귀환이다.

첫째로 공공 영역의 회복과 확장이 문제되는 것은, 결국 서울의 토대가 되는 자연 영역의 원형을 지속적으로 회복시키며 동시에 인위적으로 개발해온 도시 구조에서 도시를 보다 풍요롭게 할 공공 영역을 보장하고 확장해 나가는 일이다. 그러기 위해 식민시대의 잔재들 중 중립된 도구로 사용해온 도시를 영역과 그 기본 전략들에서 대폭 수정 보완해야만 할 것이다. 그것은 남산 제모습찾기나 용산 미군기지 이전 부분의 활용 방안, 행정복합 도시로의 이전으로 남는 광화문과 세종로 일대의 공공 공간을 역사 문화 도시로 재편하는 등의 일이다.

둘째는 여러 가지 어려운 여건 하에서 '수많은 동네들' 속에 깃들어 있는 도시 서민들의 삶과 환경을 '개발'이라는 이름 하에 획일적으로 갈아엎는 일을 지양하고, 순환적이고 지속 가능한 방향으로 전환하는 사고가 필요한 때임을 서로 확인하는 일이다. 균형 이론을 내세워 서민들의 평화로운 정착지를 무조건 재개발 재건축의 기계 속으로 집어넣고 다양한 삶의 터전들을 토지 자본 소유자들의 욕망대로 균질화하는 것을 멈추게 하는 것이다. 이런 방향을 수용하는 토지 소유자들에게 여타 지역에서 재개발로 유발된 이익을 '인센티브'로 분배하는 방법들을 연구해야만 할 것이다. 개발 이익금의 분배 문제의 해법들 속에 '인센티브'의 방법들이 있을 것이다. 여하튼 문제는 주민들이 이룩해낸 여러 공간들을 늘 모더니즘적인 질서로 재편할 정리의 대상으로서가 아니라 다양하고 다면적인 도시적 삶의 현상으로 수용해야 하는 관점의 이동이 필요하다.

그리고 끝으로 도시에서 지속된 가치 있는 장소와 오브제, 또는 길과 건축물, 또는 나무나 물길과 같은 것들에 내장된 시간의 의미들을 재평가하고 집단 기억의 징표들을 보존하고 축적시키는 것이다. 그것은 개인적인 취향이나 한 시점의 가치관에 의해서가 아니라 보다 장기적이고 탈이념적, 탈징치적인 관점에서 공유할 가치를 적립하는 일이다. 그럴 때만이 우리는 서울을 살 만한 도시로, 살고 싶은 사회로 만들어나갈 수 있을 것이다. 근대화의 완결은 바로 획일적이고 얄팍하며 천박스러운 사회 속에서가 아니라 다양하고 두터우며 기품 있는 세상 만들기 속에서 가능하다. 우리가 단순히 생존하기 위해서만 도시를 만든다면 차라리 죽는 게 더 나을 것은 아닌지 자문하게 된다. 도시는 생존 기계가 아니라 어느 누구도 다 예측할 수 없는 사는 것의 다양함과 풍요로움의 조합을 가능케 하는 '열린 공간'이다. 이 도시는 아직 조합 가능한 수많은 삶의 방식만큼 성숙되어 있지 않다. 지금 서울은 아마도 유아기에서 청년기를 지나 성인으로 이행하는 과정 속에 있는 듯하다.

광화문에서 남대문까지

그림 1. 1920년대 남대문의 모습.

머리말

어느 나라나 수도에는 도시의 상징적인 중심이 되는 거리가 있다. 이곳은 도시의 중심이며, 또한 도시의 맥이 흐르는 곳이다. 우리나라의 경우 세종로가 그런 곳이다. 이 짧은 거리는 역사적으로 큰 사건이 있을 때마다 그 장소의 중요성을 환기시켜주었다. 일본이 조선을 삼키면서 제일 먼저 손을 댄 곳이 세종로 거리였으며, 6·25전쟁을 겪으면서는 중앙청에 인공기와 태극기가 번갈아 내걸렸다. 이는 마치 중세에 성을 탈환할 때처럼 세종로와 중앙청을 장악한다는 것이 국가 권력을 장악하는 것과 같은 것으로 여겨졌기 때문이다. 이처럼 한 나라의 정체는 조그만 공간으로도 압축될 수 있다.

그런데 이런 상징적인 거리가 지금 우리들 눈앞에 어떻게 나타나고 있는가? 그곳은 단순히 사람을 실어 나르는 강북의 한 간선도로에 불과한 것인가, 아니면 아직도 지을 수 없는, 아니 누구도 소멸시킬 수 없는 정신이 흐르고 있는 것은 아닌가? 다만 이를 다시금 일깨울 만한 사건이 없는 동안 이 거리는 조용히 죽어가고 있는 것은 아닌가? 누가, 언제부터, 왜 이 거리를 자기 정체성의 위기로 서서히 몰아가고 있는 것일까? 한양 천도와 함께 정궁으로서 경복궁이 백악산(지금의 북악산) 밑에 자리 잡으며 그 원형을 뿌리내린 이후, 임진왜란을 겪어내면서 방치되었던 그 전면의 광화문 육조거리를 재생시키려는 대원군의 시도가 일제의 침략으로 산산조각이 나고, 드디어 광화문이 헐리고 조선총독부의 건립으로 민족의 혼이 빠져나간 다음, 6·25전쟁에 이르는 긴 세월 동안, 그리고 다시 현재에 이르기까지 서너 차례 대변혁을 지켜본 이 거리는 아직도 거기에 있다. 항시 뒷자락에 북악산을 후광처럼 얹고, 마치 닻을 내린 배와 같이 그 어떤 변란과 해코지에도 변함없이 뿌리 깊은 도시의 중심축을 흐트러뜨림 없이 가늠하고 있다. 크게 보면 그렇다. 그러나 과연 이 거리는 중세의 왕권을 상징하듯 우리의 주권을 상징할 만한 거리가 될 수 있는가? 다시 말해서 사람들이 이 거리의 주인이고, 또한 제대로 주인 노릇을 하고 있는가?

많은 건물들이 들어섰다 사라져도 변치 않고 남아 있는 것은 이 거리, 이 빈 공간이다. 이 빈 공간이 의미 있는 것은 그것이 비어 있으므로 채워질 수 있기 때문일 것이며, 따라서 비어 있되 비어 있는 양태가 통시적이기 때문일 것이다. 그것은 단순히 시간이 오래된 중심거리이기 때문이 아니라 과거를 현재의 시간에 끊임없이 중첩시키는 도시의 속성과 관련되어 있을 뿐 아니라 이 거리의 탄생과도 관련된 자연관 때문일 것이다. 따라서 먼저 우리는 무엇이 어떻게 이 거리를 채웠다 사라졌으며, 왜 세종로가 남대문까지 연장되었는지, 왜 중심축 선상에서 어긋나게 되었는지, 그리고 지금의 이 거리를 채우고 있는 이 건물들은 어떤 의미 연관 속에 세워졌는지 살펴보기로 한다.

1994년은 한양으로 도읍을 정한 지 600년이 되는 해다. 그러나 거대도시 서울의 탄생을 기리기에 앞서 천도遷都와 함께 태어난 광화문 앞의 빈 공간이 어떤 역사적인 얼굴을 하고 있는지를 읽어본다는 것은 그 나름대로 의미 있는 작업일 것이다. 왜냐하면 광화문에서 남대문까지를 꼼꼼히 읽어내는 과정에서 아마도 서울 600년 역사의 감춰진 층위들을 떠올릴 수 있을 것이기 때문이다.

항상 지나치기만 하고 머물러본 적이 없는 이 거리 또한 예외 없이 길과 도로, 그리고 양편에 건물들로 구성되어 있다. 그 한쪽 끝은 광화문이고, 다른 한쪽 끝은 남대문이다. 이 거리는 남향받이 길로 늘 햇빛을 내리비추던 곳이다. 그러나 이 거리에 밝은 빛이 걷히고 그늘이 지기 시작한 지는 이미 오래다. 그것은 단순히 건물이 고층화되기 시작해서만은 아니다. 그 숨겨진 요인들을 읽어내기 위하여 이제 그 거리로 걸어 들어가야 할 차례다.

진짜 총독부와 가짜 광화문

새로 정권이 들어설 때마다 거론되는 문제가 있다. 그것은 흥미롭게도 한 건물에 관한 것이다. 요컨대, 옛 조선총독부 건물의 철거 여부를 둘러싼 논란이 바로 그것이다. 물론 민족의 자존심이 걸려 있다고 판단되는 이 건축물은 단순히 물리적인 구조물로서의 의미만을 갖고 있지는 않다. 즉, 그것은 하나의 중요한 역사적인 상징물로 존재하고 있다. 바로 이 때문에 사람들은 역사적인 관점이나 관심사에 따라서 철거 주장을 강력히 내세우는 쪽과, 일제 식민통치의 뼈아픈 현장으로 보존하자는 쪽으로 첨예하게 맞서 있으면서 자신들의 주장을 관철하기 위해 투쟁을 불사하고 있다.

그러나 사실상 문제의 핵심은 건물 자체에 있는 것이 아니라 바로 조선총독부 건물이 차지하고 있는 '자리'에 있다. 즉, 중요한 것은 경복궁이라는 역사적인 '터'를 본래의 모습으로 되돌려놓아야 한다는 '장소성'의 문제인 것이다 그렇다면 왜 그 장소성을 지켜내야 하는 것일까? 어째서 허물어져버리고 이제는 몇 채 남지도 않은 경복궁을 그다지도 소중히 여겨야 하는 것일까? 일제 침략의 징표로서 옛 조선총독부 건물을 길이 남겨두어야 한다는 사람들은 과연 반민족적인 사람들이란 말인가? 물론 이러한 질문들에 교훈적인 해답을 구하려는 것이 이 글의 목적은 아니다. 다만 허물 것인가, 허물지 않고 보존할 것인가 하는 문제가 이 나라 최고 통수권자인 대통령의 최종 판단 여하에 따라 결정된다는 사실, 그리고 이런 사실과 함께 부상하는 한 건축물에 대한 새로운 의미가 생성되는 맥락과 그 요인이 문제인 것이다.

최근 한 동료 건축가는 조선총독부 건물의 철거를 둘러싼 난상토론 석상에서 조선총독부 건물을 철거해서는 안 된다고 강력히 제안해 좌중의 토론자들을 놀라게 한 적이 있다. 그의 대강의 논지는 다음과 같다. 즉, 그대로 방치해두고 향후 50년이나 100년 후에 허물 것인지, 아니면 그냥 둘 것인지에 대해 논의만 하자는 것이다. 요컨대 세월이 지나 자연히 허물어질 수 있도록 하자는 것이다. 그렇게 함으로써 사람들은 적어도 건축물에 대해 끊임없이 관심을 가지게 될 것이고, 대립하는 두 진영의 의견이 결국 건축물에 대한 도시와 역사의 의미를 늘 새롭게 쟁점화할 것이라는 특이한 제안이었다.

건축물과 장소성에 관한 양면적인 특징이 역사와 연계되었을 때 분명한 것은 건축이나 장소성의 문제를 벗어나 결국 권력의 정통성이나 대표성의 문제가 '공간'의 문제로 확장되고 추상화된다는 사실을 확인하게 된다는 것이다. 다시 말해서 왕정 시대든 공화정 시대든 간에 권력은 항상 그 모습을 공간 속에 투영시켜 스스로를 확인하고자 한다.

　중국의 황제들은 그들 자신을 천제, 즉 하늘의 황제—우주의 황제—라고 자처하였다. 그래서 그들은 궁궐 내에 원주로 된 원형의 평면단을 설치하고 매일 주위를 한 바퀴 돌아봄으로써 천체의 예를 행하였다고 한다. 원형의 기둥은 여러 하늘, 즉 우주를 상징하였다고 한다. 그래서 바로 궁궐 내에 선정한 우주 공간을 한 바퀴 돌고 매일 매일 하늘의 황제임을 확인하였던 것이다. 이러한 예는 수없이 많다.

　1930년대 유럽의 정치 무대에 본격적으로 등장했던 파시스트 정권이 제2차 세계대전 발발 원인이 되었음을 우리는 익히 알고 있다. 그러나 독일의 히틀러나 이탈리아의 무솔리니, 심지어 러시아의 스탈린에 이르기까지 이들이 공통적으로 자신들의 무소불위 권력을 입증하는 흔적을 특정 건축물이나 도시설계에 반영했던 사실들을 우리는 쉽게 잊고 있다. 특히 히틀러가 대중집회 때 공간의 배치나 광장의 사용방식은 물론 그가 대동했던 건축가 알베르트 슈페어Albert Speer(나치의 군수성 장관을 역임한 독일 건축가)에게 100년 후의 모습까지도 예견한 건축물을 주문한 것이나, 스탈린이 스탈린주의라고 할 만한 복고주의 건축을 부활시켜 러시아 구성주의 현대건축운동을 일시에 뒤엎어버린 것은 대표적인 현상으로 기억할 만한 것이다. 무솔리니가 로마 근교에 에우르EUR 시라 불리는 도시를 건립하면서 '노동자 궁전'을 중심으로 배치한 사례 또한 그 전형적인 예에 속하는 것이다. 특히 스탈린은 인민이 쉽게 알아볼 수 있는 건축언어—고전주의적인 건축언어—에다 거대주의(gigantisme) 또는 사회주의의 위대함을 건물을 통해 웅변으로 보여주고자 했다. 그는 혁명 후 순수한 열정에 가득 차 있던 일련의 진보주의 건축가들을 우파로 매도하면서 모스크바에 사회주의 건축의 모델을 창안해냈던 것이다.

　이 땅에 최초로 등장했던 서양식 건물은 단순히 건축양식상 절충주의의 출현을 의미하는 것만은 아니었다. 즉, 식민 통치의 가시적인 포석 하에서 조선총독부를 경복궁 근정전 앞에 건립한 일본인들은 어떻게 보면 지배자로서 탁월한 선택을 했던 것인지도 모른다.

　광화문에서 출발하는 우리들의 여정 앞에 옛 조선총독부의 건물은 이러한 점에서 다시 한 번 그 의미를 되새기게 한다. 그러나 여기에서 우리는 광화문의 현재 위치가

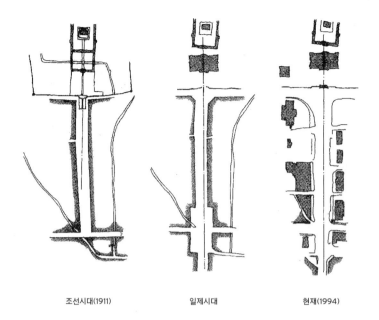

조선시대(1911)　　　　일제시대　　　　현재(1994)

그림 2. 경복궁→세종로. 본래 세종로에서 시청을 거쳐 남대문으로 가는 길은 없었다. 현재의 광화문 네거리는 삼거리였고, 남쪽은 낮은 언덕으로 황토현黃土峴으로 불렸다. 광화문 앞에서 현재의 세종로 네거리에 이르는 곳은 길고 넓은 한양의 큰 마당이었다.

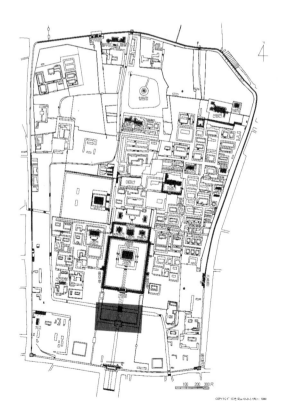

■ 구 조선총독부
■ 왜곡된 광화문의 위치

그림 3. 경복궁 배치도.

본래의 위치였는지 다시 생각해보아야 한다. 바로 역사는 아주 사소한 것으로부터 뒤바뀌기도 하기 때문이다. 건물은 그 외관이나 내부 공간만이 아니라 그것이 땅과 결합하는 존재 방식에 따라 그 의미가 전혀 달라질 수 있기 때문이다. 건축가들은 건물을 배치함에 있어서 건물의 중심을 가로와 세로의 가상 축軸을 설정하여 도로나 그 외의 지세 등에 대응하는 결정을 하게 된다. 어떻게 보면 순수한 우리말로 '자리매김'이라고도 할 이 선택은 건물로 하여금, 아니 건물 내부에 있는 사람이 밖을 내다보든지, 아니면 건물을 외부에서 보든지 간에 '눈'을 갖게 하는 것이라고도 할 수 있다. 바로 '시각'을 정하는 배치의 축이야말로 건물을 그 주변과 관계맺음에 있어서 제일 중요한 요소인 것이다.

'그림 3'에서 보이는 것과 같이 옛 조선총독부 건물은 근정전과 평행하지 않게 배치되었다. 조선왕조의 정궁인 경복궁 내 건물의 배치 축으로부터 남동쪽으로 다소 비낀 축으로 배치되어 있는데, 이는 한편으로는 조선왕조와의 결별을 의미한다면, 또 한편으로는 앞으로 우리들이 살펴보고자 하는 세종로를 개방의 축으로 유도하고 있는 것이다. 다시 말해서 현재의 광화문은 바로 일본인들이 왜곡시킨 축에 맞추어 본래의 위치로부터 벗어나서 보다 안쪽으로 일탈해 있는 것이다. 지금 그것이 뭐 그렇게 대수로운지 반문해볼 수 있을 것이다. 그저 옛 광화문과 비슷하게 그 자리 어디쯤에 있으면 되는 것이라고 생각할 수도 있을 것이다.

그러나 그렇지 않다. 지금의 광화문은 가짜라는 것을 알아야 한다. 목조도 아니고, 콘크리트로 지어진 것은 차치하고라도 제자리에 없음은 그 의미를 이미 다 소멸한 것이나 마찬가지이기 때문이다. 궁궐 건축이 옛 법도에 따라 짜여진 것은 물론이거니와 더구나 궁궐 정문의 위치를 되는 대로 함부로 배치하지 않았음은 당연한 일이기 때문이다. 박제된 모사품이 일제 식민지의 상징적인 진짜 건물과 중첩되어 있는 것은 광화문에서 남대문에 이르기까지 바로 우리 민족의 정통성이 왜곡되고 있는 것이며, 아직도 또 다른 식민지 문화에 순치되어 있음을 여실히 보여주는 단서가 되고 있다. 그런 의미에서 우리는 현재의 광화문부터 철거해야 될는지 모른다. 조선총독부 건물이 외지인의 힘으로 밀어붙인 것이라면, 광화문은 우리들 자신이 문화재의 복원이라는 이름으로 자랑스럽게 밀어붙인 꼴이기 때문이다.

그러나 이제 가짜가 이미 진짜가 되었으니 눈감아버리자고 하는 사람들도 있고, 잘못된 역사도 역사라고 하는 사람들도 있을 것이다. 그러나 도시가 모두 가짜 모조품이라고 한다면 그 속에 속아 사는 우리들은 무엇에 대한 모조품이란 말인가?

1994년이면 갑오경장 100주년이 되는 해이기도 하다. 외국 문물이 밀려들어와 100년이 되는 동안 경복궁과 세종로가 다시 한 번 100년 전의 역사를 반복하고 있는 듯하다. 개항이라는 이름으로 밀어닥치던 열강의 위협으로부터 위정척사衛正斥邪를 내세우며 역사의 시련을 견뎌내려던 한말의 백성들처럼 통상 압력의 일환으로 쌀 시장 개방을 강요받는 1993년 12월은 1994년을 제2의 갑오경장으로 준비하고 있는지도 모른다. 그 흔적은 또다시 세종로에서 남대문에 이르기까지 어떤 양식으로든 남을 것이다. 여기에서 우리는 구한말 일제의 침략 속에서 사라져가는 조선왕조의 서러운 역사를 세종로와 남대문 주변으로 잠시 되돌아보기로 한다. 그렇게 해야만 우리가 남대문까지 갈 수 있는 길이 열리기 때문이다.

광장으로부터 침략의 길로

우리들이 아직도 광화문 옆에서 서성이는 데는 그만한 이유가 있다. 한마디로 말해서 우리가 지금 세종로라 부르는 곳은 길이라기보다는 남북으로 길게 폐쇄된 광장이었다. 바로 이 광장의 의미를 파악하는 것은 경복궁을 중심으로 한 한양의 도시 배치 원형을 파악하는 데 관건이 되기 때문이다.

한양의 탄생은 풍수지리라는 자연 공간의 해석에서 비롯되었고, 그 중심점에 경복궁을 위치시켰다. 이를 토대로 좌우에 종묘와 사직을 배치하고, 전면에 즉 지금의 세종로 좌우에 육조를 배치하였던 것이다. 학자들은 이러한 배치에서 두드러진 원칙을 혈과 명당의 관계로 도성의 공간 구성 속에서 찾고 있다. 도성 내에서는 청계천(명당수)을 중심으로, 그 북쪽 지역인 북촌을 중심 혈로, 또한 그 남쪽 지역인 남촌은 북촌의 큰 앞마당(명당)의 개념으로 보았다. 이를 다시 좁혀서 경복궁 앞의 금천(조선총독부 자리)은 명당수로, 그리고 그 앞쪽의 육조거리(지금의 세종로)는 앞마당으로 보았다. 즉, 지금의 세종로는 경복궁과 도시의 관계를 매개하던 공간이라는 해석이다. 본래 이 매개 공간인 앞마당은 남쪽 끝에서 동서축으로 연결되어 동대문과 서대문에 다다랐던 것이다. 즉, 남쪽—지금의 세종로 네거리—끝이 황토현으로 막히고, 인왕산 줄기에서 내려오는 물과 삼청동 쪽에서 내려오던 물줄기가 옛 동아일보사 뒤편쯤으로 합수되었던 것이다(그림 4). 바꿔 말하자면 한일합방 이후 1년이 지난 1911년까지도 원형을 보존하고 있었다. 그러나 그 후 일제의 식민 통치는 경복궁 자체는 물론 도시 구조에 커다란 영향을 미쳤다.

> 도시 전체에 차지하는 공간적 위치에는 변함이 없으나 중심의 주체가 바뀌기 시작하였다. 이러한 것이 구체적으로 표현된 것이 옛 총독부 건물의 신축(1926년) 및 이를 중심으로 한 도시 구조의 개편이다. 조선시대에 남북축은 신성한 축으로서 물리적인 구체화보다는 정신적인 축으로서 유보되어 남아 있고(광화문 앞 공간이 황토현에서 막힘, 숭례문으로부터의 진입축이 광화문 축과 어긋나 종로와 만나는 것 등), 오히려 실질적으로 좌우 동서축(종로 육의전 등)이 활성화되었던 데 비하여 남북축을 구체화하여 총독부, 경성부청(서울 시청), 조선 신궁(남산)의 배치를 도시 구조 골간으로 삼았다.[1]

남북축으로의 확장은 드디어 숭례문까지도 침략의 대상으로 삼았음을 의미하며, '그림 4'의 일제시대 도판에서 보듯 세종로 남쪽의 종로와 연결되는 지점에 개설한 직사각형의 넓은 황토현 광장은 애초 경복궁 앞마당으로서의 폐쇄된 광장의 의미를 지워 버리기 시작한 것이다. 또한 총독부 건물이 경복궁의 중심축과 어긋나면서 좌우의 건물들도 재편되기에 이른 것이다. 여기에서 우리는 두 가지 점에 주목해야 한다. 즉, 기존 광장의 소멸과 세종로로부터 숭례문까지 이어지는 도로 개설이라는 사건이다. 즉, '그림 5'를 자세히 보면 경복궁 앞마당이 끝나는 지점에서 숭례문까지는 남북을 관통하는 직선도로가 없었다. 오히려 물길들을 좇아 길의 방향이 동서로 연결되었고, 숭례문에 도달하는 길은 앞서 살펴본 바와 같이 예전의 화신 앞에서 명동 앞을 거쳐 도달

1. 김기호, <경복궁 복원의 도시계획적 의미>, «건축가», 1993.

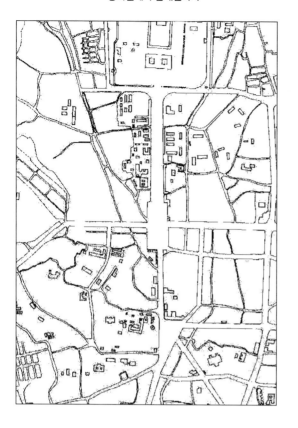

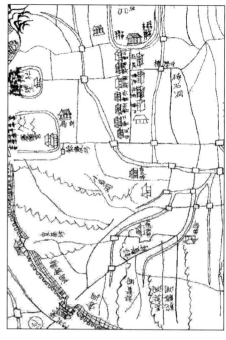

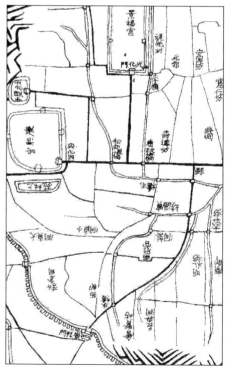

그림 4. 1930년대 후반 지형도　　　　　　　　　그림 5. 대동여지도, 1840

하는 어긋난 길뿐이었으며, 그보다 서쪽으로 조그만 소로小路가 앞길과 비슷한 형국으로 나 있었을 뿐이다. 즉, 현재 우리들이 매일같이 지나는 광화문에서 남대문까지의 길은 그 연륜이 얼마 되지 않은 길인 것이다.

이처럼 본래의 도시 원형이 가지고 있던 가장 중요한 정신적인 축의 찢어발김, 그로 인한 남쪽으로의 강요된 개방은 사실상 도시 구조의 변형이라는 소극적인 의미가 아니라 조선 침략이라는 전략적인 의미로 해석해야 할 것이다. 좁디좁은 중세의 길에서 넓고 곧은길로의 근대화는 500년을 지속한 조선왕조의 패망을 의미하며, 이는 곧 강요된 전통과의 단절을 의미하는 것이기도 하다. 즉, 도시가 바뀌면 모든 것이 변하기 마련이다. 일본 식민지 지배자들이 열었던 남북축의 물리적인 연결, 즉 광화문에서 남대문까지의 길은 일제 침략 논리의 공간적인 배려임을 위에서 이미 지적한 바 있다. 즉, 광화문에서 남대문까지의 길이란 조선을 일본에 붙들어 매는 갈고리 같은 것이다. 비록 그 길이는 짧지만 이 길의 개통은 서울만이 아니라 우리나라의 역사를 바꾸어놓은 길이기도 하다.

그러면 남대문 너머에는 무엇이 있었던가? 서울역이 있고, 용산의 일본군 주둔지가 있었던 것이다. 옛날부터 남대문 밖은 큰 홍수 때 수마가 문 가까이 밀려드는 취약한 곳이었으나, 경부선, 경인선, 경원선의 종착역인 서울역이 개통되고 전차 궤도가 도성 문들을 통과하게 되면서 일제는 융희원년(1903년) 숭례문 주변의 성곽을 허물고 좌우로 길을 낼 것을 조정에 요청한다. 교통량이 폭주할 것을 이유로 강요한 도로의 개설은 곧 받아들여지지 않다가 일본의 황태자가 조선을 방문하기 직전 그 해 7월 남대문 북쪽 성벽이 철거되고, 10월에 좌우로 도로가 개통된 것이다. 아이러니컬하게도 일본의 황태자를 위해 500년을 아끼고 다듬어온 성벽은 허물어질 숙명에 처하게 되고, 일제는 급기야 조선 정부에 간섭하기 시작하여 '성벽처리위원회'라는 기구까지 만들어 조직적으로 교통에 장애가 되는 부분부터 본격적인 성벽 철거 작업을 시작하였던 것이다.[2]

성벽의 철거는 왕조의 철거이자 식민시대의 시작이고, 이것의 성공적(?)인 수행을 보장하는 것은 총독부와 서울역사로부터 가까운 도로에 그들의 군대를 주둔시키는

2. 서울특별시 편, 《서울 600년사》 제3권,
1977, 267~268쪽.

일이다. 용산 일대야말로 그런 목적에 가장 걸맞은 방해받지 않는 성역이었다. 그리하여 조선조가 성립된 공간적인 중심인 경복궁 반대편에 침략자의 힘의 근원이 되는 일본군이 주둔하게 되는 것이다. 이 두 점을 최단거리로 이어주는 길이 바로 광화문에서 남대문으로 이어지는 길이었던 것이다. 정신적인 남북의 축이 물리적인 남북의 축으로 바뀌는 여정에서 고종은 황제로 즉위식을 올렸다. 1897년 10월 12일 열강의 등쌀에 독립을 표현하려는 제스처로서 고종이 내린 결단은 1894년 갑오경장 이후 개화파의 득세 속에서 고독의 극을 달리는 것이다.

청·일 전쟁 이후 청의 후퇴와 열강의 세력 균형을 배경으로 국호를 대한제국으로 고치고 황제를 칭하게 된 것, 즉 대한제국의 성립은 자주독립국가로서 청·일·러 어느 나라의 내정간섭도 받지 않겠다는 의사표시였으나, 다만 그것은 상징적인 선언이었을 뿐 대한제국은 여전히 취약하여 그 동안 누적되어온 숱한 난제를 해결할 능력이 없었다. 그러나 아무리 힘없고 절망적인 왕조 말기라 해도 이러한 제국선언의 기념을 말로만 표현할 수는 없었다. 고종은 네거리에 황제즉위 기념비각을 세우고 제왕이 하늘에 제사 지내는 원구단圜丘壇을 지금의 조선호텔 옆에 세웠다. 바로 고종의 마지막 염원의 흔적이 지금도 빌딩의 숲 속에 초라하게, 어떻게 보면 미안한 듯 그렇게 서 있다.

기념비각은 교보빌딩 발밑에, 원구단은 호텔 발치에, 이렇게 역사의 징표들은 현대 도시 속에 움츠리고 있으면서 아직도 그 뼈아픈 읊조림을 들려주고 있는지도 모른다. 당시 역사의 시련을 '우리 한민족에 대한 자기 정체성의 위기(national identity crisis)'[3]로 간주하고, 이에 대항하여 저항한 것이 위정척사 사상이다. 민족 생존을 위해 뻗어 나온 이 사상을 주체적인 민족 사상의 줄기로 확인하려는 노력들은 어양론禦洋論으로 이어졌다. 이것은 서양의 통상 강요로부터 시작하여 병인양요·신미양요와 같은 물리적인 도발로 이어지던 1860년대 서양의 물리적인 충격에 대응하기 위한 노력의 결과였다. 고종의 대한제국 선언이 이미 기울어져 가던 조선 말기의 제국을 황제라는 이름으로 막아보려던 어리석은 몸짓이었다면, 이전부터 개항을 반대하며 척화론을 주장하던 기정진奇正鎭의 '절화소絕和疏'나 최익현崔益鉉의 '오불가소五不可疏' 등은 보다 논리적으로 자기 정체성을 강조하는 적극적인 사고를 보여주었다. 이들 중 최익현의 '오불가소', 즉 개항해서는 안 되는 다섯 가지 이유 중 하나를 들어보자.

3. 《서울 600년사》 제3권, 892쪽.

저들의 욕심은 물화교역物貨交易에 있는바, 저들의 물화物貨는 음사기완淫奢奇玩하고 반공업半工業으로 생산되어 무궁하지만, 우리의 물화는 모두 민명民命이 달려 있는 생필품으로서 토지에서 생산되어 유한한 것들뿐이다. 민명이 붙어 있는 유한한 생필품을 가지고 무한한 음사기완한 물품과 교역하게 된다면 불과 수년이 못 가서 우리 동토東土 삼천리는 그만 다시 부지扶支할 수 없게 되리니 이것이 바로 강화하는 날 망할 수밖에 없는 두 번째 이유이다….

바로 오늘에도 되뇌어보게 하는 이 절규는 여전히 광화문에서 남대문까지 남겨져 있다고 해도 과언이 아니리라. 즉, 맹목의 경제 논리와 역대 정권들의 무자비할 정도의 무지한 밀어붙이기로 일구어놓은 현재의 이 거리는 '환경기준치'라는 공해 식별 수치와 원색의 전광 속보판이 번뜩이는 음사기완한 곳이 되어버렸다. 침략의 길로부터 한 치도 벗어나지 못한 이 길에서 우리는 다시 무엇을 만나는가?

보이는 것과 보이지 않는 것

현재의 세종로 자리에 있던 광장이 길이 되고, 길이 인도와 차도로 구분되면서 사람들은 더 이상 주인이 아니라 단지 버스나 기다리는 과객과 같은 존재가 되어버렸다. 가끔 문을 여는 세종문화회관을 빼면 무엇이 보이는가? 무엇이 사람들에게 이곳이 서울 탄생의 근원지임을 알아볼 수 있게 하는가?

강남이 개발되면서 서울의 중심이 한강으로 옮겨간 이후, 이제 이곳은 저녁이면 죽은 곳이 되고 말았다. 말없이 너무 높이 서 있어서 해괴하기 짝이 없는 이순신 동상만이 있을 뿐이다. 화창하게 갠 날, 북악산과 그 뒤편으로 연이은 삼각산 줄기를 빼놓으면 무엇이 이곳을 서울의 근원지로, 시민의 광장으로 혹은 역사적인 얼굴로 볼 수 있게 할 것인가. 그나마 이곳에서 우리에게 위안을 주는 것은 단 두 가지, 즉 위에서 언급한 산과 철따라 색을 달리하는 은행나무들뿐이다. 그 외에는 뒤로 물러나 우뚝 서 있는 정부종합청사, 세종로 지하주차장 푯말, 존재의 후견인으로서의 미대사관 건물, 그리고 그 옆에 쌍둥이로 지은 문화체육부 건물, 제3공화국의 상징인 이순신 동상, 절벽과도 같은 교보빌딩, 추녀 부분이 너무 강조되어 무겁다 못해 바윗덩어리 같은 세종문화회관, 타일에 벌써 땟국이 흐르는 전신전화국, 이제 막 철거되기 시작한 파출소 건물, 국민당이 잠시 입주해 있다 쫓겨나간 현대 건물, 패스트푸드 체인점, 불쑥 길가로 튀어나와 있는 듯한 코리아나 호텔, 번들거리는 커튼월 빌딩, 조용히 서쪽을 응시하고 있는 옛 동아일보사, 휘장막에 둘러싸인 채 공사 중인 호텔 철골조, 프레스센터, 회색의 우중충한 시청사, 옛 국회의사당, 그리고 다시 초라한 파출소, 갑자기 나타난 시청 앞 광장, 낮은 키의 덕수궁 담장, 옆이 너무 엷어 위태로운 프라자 호텔, 철거 후의 빈 터. 그 사이사이에 5, 60년대에 지어진 고만고만한 건물들, 삼성공화국, 그리고 끝으로 우리는 남대문과 만난다. 가까이 갈 수도 없는, 공해에 찌들어 늙고 지친 숭례문을 본다.

그러나 물론 이것이 전부는 아니다. 자동차, 바로 음사기완한 자동차를 빼놓을 수 없다. 아니 자동차야말로 거리의 주인이고, 사람들은 도로 양편으로 밀려나거나 땅속으로 기어들어가야 한다.

그러면 다시 광화문으로 가보자. 시청이 광장에 나타나고, 그 뒤로 모던, 비모던, 포스트모던, 신모던 빌딩들이 여기저기 삐져나온다. 갑자기 양풍의 건물이 보인다. 성공회 교회 위로 너무나 급작스러워 끔찍할 정도의 조선일보 별관 전시동이 솟는다. 그리고 아! 북악산이 시야 가득히 들어온다. 그러나 점점 산이 다가오다가 갑자기 구리 이순신이 시야를 막아선다. 기념비각 위로 절벽이 나타난다. 세종문화회관 추녀가 북악산의 허리를 찌른다. 광화문이 보인다. 조선총독부가 보인다. 쌍둥이 성냥갑 같은 건물이 보인다. 빈 터가 보인다. 주변보다 높이 솟아 있으면서 수직선이 강조된 정부종합청사가 보인다. 그리고 박정희 대통령 친필의 '광화문' 현판이 보인다. 박물관으로 용도 변경된 총독부 석조 건물이 보인다. 광화문 추녀의 곡선과 총독부 돔이, 광화문의 아치와 총독부의 사각 창들이 중첩된다. 그리고 신호등이 있고, 아무것도 보이지 않는다.

그림 6. 1994년 세종로 일대 가로의 풍경

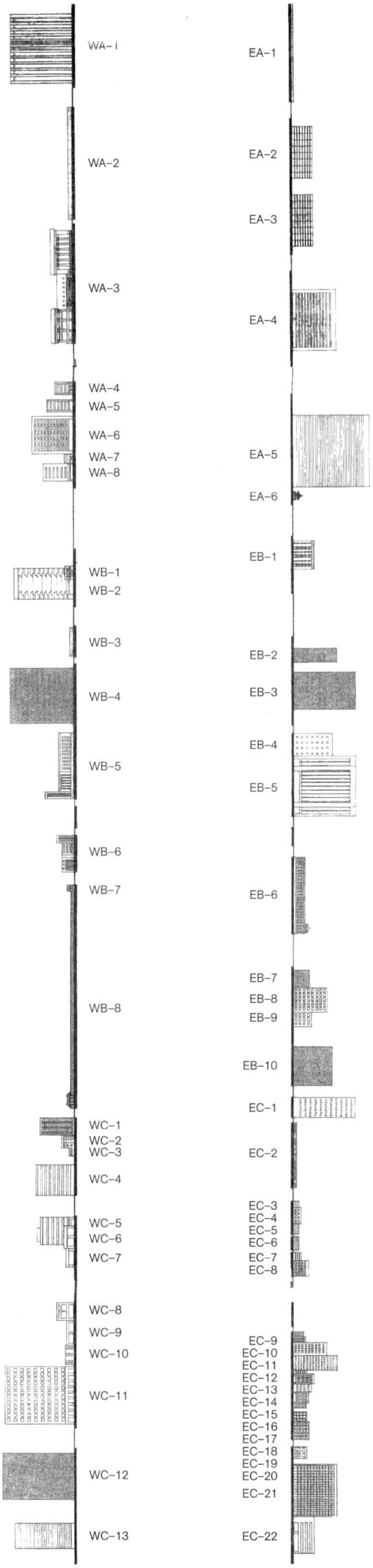
WA-1
WA-2
WA-3
WA-4
WA-5
WA-6
WA-7
WA-8
WB-1
WB-2
WB-3
WB-4
WB-5
WB-6
WB-7
WB-8
WC-1
WC-2
WC-3
WC-4
WC-5
WC-6
WC-7
WC-8
WC-9
WC-10
WC-11
WC-12
WC-13
EA-1
EA-2
EA-3
EA-4
EA-5
EA-6
EB-1
EB-2
EB-3
EB-4
EB-5
EB-6
EB-7
EB-8
EB-9
EB-10
EC-1
EC-2
EC-3
EC-4
EC-5
EC-6
EC-7
EC-8
EC-9
EC-10
EC-11
EC-12
EC-13
EC-14
EC-15
EC-16
EC-17
EC-18
EC-19
EC-20
EC-21
EC-22

　　이렇게 별로 볼거리도 없는 가운데 남대문과 조선총독부와 시청사 정도가 나름의 오랜 연륜을 쌓은 건물들이며, 나머지는 거의 전부가 3, 40년이 채 안 되는 젊은 것들뿐이다. 사람들의 스케일을 훨씬 벗어난 100미터 폭의 세종로 거리에서, 태평로에서 마주치는 이 건물들은 크기는 물론 양식상의 통일성도 없이 각기 제멋대로다. 관은 관대로, 개인은 개인대로 그때그때 형편에 따라, 땅의 크기에 맞추어 건축주의 필요에 따라 중구난방으로 건축되었던 것이다. 황토현 언덕이 지금의 세종로 네거리에 위치하여 경복궁 전면의 세종로를 아늑한 광장으로 만들어주었던 옛날 이 거리의 원형을 재생시키자는 원칙조차도 세워보지 못한 채 오직 자동차의 원활한 흐름을 위한 도로폭에만 신경을 썼던 것이다. '그림 2'의 1994년 현재 모습에서도 드러나듯이, 건물 사이의 빈 공간과 간헐적인 빈 터들, 그리고 가끔씩 도로선에서 일탈해 있는 건물들의 모습은 완전한 불연속을 보여준다. 도성의 중심은 사라지고 모든 것의 시작이었던 이곳은 단지 통과해버리는 곳이 되어버렸다.

　　중첩되는 불연속성의 이미지들 중에서도 아주 두드러진 세 가지의 불연속 짝이 있다. 그 중 누구나 식별 가능한 것이 앞서 잠시 언급한 광화문과 조선총독부 건물의 중첩이며, 그다음이 광화문 네거리 기념비각(EA-6)과 교보빌딩(EA-5)이며, 세 번째가 기념비각 대각선상에 있던 흰색의 네모난 파출소 건물(WB-1)과 완공된 지 얼마 되지 않는 면세점 빌딩(WB-2)이다. 특히 세종로 네거리를 중심으로 서로 마주 보고 있는 이 두 쌍이 오버랩되어 만들어내는 풍경이란 절묘한 대비를 이룬다. 즉 정교한 모듈로 질서를 잡은 그리드 위에 무수히 반복된 창들, 탁월한 기능주의적 절벽 밑에 나를 듯 기와를 인 조그만 기념비각은 서로 시대와 운명을 달리 하며 마주 보고 있다. 이처럼 이질적인 이 두 건물의 만남은 두 문화의 만남, 아니 만남이라기보다 합치될 수 없는 양극단에 있는 것들의 동거이다. 예를 들어 총독부 건물과 광화문이 동서양의 과거형 건축 언어라는 공통점을 갖고 있으면서 문화적인 이질성이 충돌하고 있는 양상이라면, 세련된 교보빌딩과 고종 황제 즉위 기념비각은 서로 만나서는 안 되는 두 개의 정반대되는 것들을 시간이 붙잡아둔 것이다. 서울은 이렇게 극단적인 대비를 여러 곳에서 보여주고 있으며, 이 극단의 공존이 벌거벗은 듯 뻔뻔스럽게 드러나 있는 곳이 바로 세종로 네거리다. 더욱이 구리 이순신의 잘못된 비례와 빈약한 형태는 옛 황토현 구릉의 자연스러움을 여지없이 박살내고 있다.

교보빌딩 대각선상에 있는 면세점 빌딩은 국제극장을 허문 터 위에 주변과는 전혀 어울리지 못한 채 평면 그래픽 작품처럼, 마치 독불장군처럼 서 있다. 색채나 유리가 갖는 애매한 성격 때문에 있는데도 없는 듯한 이 면세점 빌딩과 기막힌 대조를 이루던 건물이 바로 1993년 12월 6일 철거되어 이제는 사라져버린 파출소 건물이다. 조그만 건물이지만 안으로 접힌 면과 창문틀의 수직면을 이용하여 빛을 끌어들이고, 이를 통해 시간의 순환을 보여주던 살아 있는 건물이다. 그에 비해 외피를 유리와 알루미늄으로 씌운 면세점 빌딩은 마치 막 목욕을 끝낸 얼굴처럼 번들거리면서 자연의 빛을 거부하고 있는 것처럼 보인다. 햇볕 드는 아침 이 두 건물을 함께 보았던 사람이라면 조그마한 파출소 건물이 거대한 고층 빌딩을 압도하고 있음을 쉽사리 느낄 수 있었을 것이다. 그러나 이제 그 건물은 영원히 그 거리에서 사라져버렸다. 육조 건물들과 또 그 이후 지어졌던 무수한 건물들처럼. 우리들이 지금 목도하고 있는 교보빌딩이나 면세점 빌딩 또한 언젠가는 서울에서 사라질 것이다. 이런 의미에서 우리가 보는 것은 단지 보일 뿐 없는 것이다.

이렇게 소멸해가는 유한한 것들에 비해 경복궁 앞마당의 빈 터는 이 유한한 것들이 사라져버린 후에도 아주 오래도록 그 자리에 남아 있을 것이다. 생존이라는 명목 하에 우리들이 끊임없이 추종해온 서구 자본주의 문화의 허울을 벗겨내고 지금까지 그나마 힘겹게 버텨온 이 터를 더 이상 늦기 전에 본래의 정신으로 환원시켜야 할 것이다. 무작정 몸을 내맡겼던 근대화의 물결을 추스르고, 보이는 것들의 무질서와 무상함이 극복되어야 할 것이다. 그러기 위해 우리는 다시 한 번 이 거리에서 마주치는 것들의 감추어진 의미를 읽어내야 할 것이다.

불연속의 건물들이 지금 그곳에 존재하기 위해서 필요로 하는 것들 중 중요한 것은 이 건물들을 고안해낸 사람들이 있어야 한다는 점이다. 그러나 일반 시민들은 이 점을 그리 대수롭게 생각하지 않는다. 그러나 한 나라의 중심거리에 펼쳐져 있는 것들을 하나하나 살펴보면 또다시 놀라움을 금치 못할 것이다. 일본이 한반도에서 쫓겨 간지도 거의 반세기이다. 그러나 우리들은 아직도 우리 스스로를 문화적인 식민지라고 말하며, 또 그렇게 듣고 있다. 그것은 아마도 여러 차원에서 할 수 있는 이야기지만, 광화문에서 남대문까지의 건물들이 누구의 손과 머리에 의해 고안되었는지를 살펴보면 문화적인 후진국 혹은 식민지라는 말이 헛된 것이 아님을 다시 한 번 확인하게 된다.

일본 사람들이 의뢰하여 독일인이 설계한 건물이 바로 조선총독부 건물이다. 정부종합청사와 미대사관과 문화체육부 건물은 미국 건설공병단에서 시행했다고 한다. 곤궁했던 시절 미국으로부터 받은 원조는 밀가루나 전지분유 등만이 아니라 성냥갑 같은 건축 도면들이기도 했던 것이다. 도시의 맥락이나 특별한 장소성에 대한 아무런 고려 없이 광화문에서 가장 가까이에 있는 이 세 건물의 존재는 참으로 욕된 것이다. 그뿐인가. 교보빌딩이 주일 미국대사관의 확대판이며, 이것 또한 미국의 유명한 건축가인 시저 펠리Cesar Pelli의 작품이라는 것을 아는 사람은 알고 있다. 그나마 건축적으로 정교하게 잘 설계된 건물이지만 너무도 미국적이다. 또한 그 건물이 들어서면서 북악산 쪽으로의 투시가 긴장감을 얻게 된 것은 사실이지만, 그 스케일은 절벽을 이루고 있다. 그리고 동아일보사 건물과 시청 건물, 그리고 옛 국회의사당 건물 등이 모두 일본인의 손으로 건축되었으며, 시청 앞 프라자 호텔 또한 일본인의 설계로 건축되었다.

결국 중요한 지점의 핵심 건물들은 거의 모두가 외지인의 손을 거친 셈이다. 이는 우리나라의 신식 건축가들이 1920년대가 지나서야 한두 명 나타났던 역사적인 사실을 두고 생각해보면 불가피한 일이라고 할 수 있겠으나, 그럼에도 소위 한 나라의 중심거리가 이렇게 철저하게 남의 손에 맡겨져 있음은 통탄할 일이다. 그나마 화재로 인해 소실되어버린 옛 시민회관 자리에 들어선 세종문화회관이 그 건립 당시에 우리 건축가들에게 현대건축에 있어서 전통의 문제를 논란하게 만들기는 하였다. 그러나 너무나 무겁게 버티고 서 있으면서 도시의 맥락과 자연스럽게 호흡을 함께하지 못하고 있는 이 건물은 가까이에 있는 사람들을 부담스럽게 한다.

이처럼 모든 시민이 사랑할 만한 건물이 어디에도, 아직까지, 누구의 손에 의해서도 건축되지 않은 점 또한 부끄러워해야 할 일이다. 따라서 끊임없이 사라지는 건물 각각의 의미나 성격보다는 결국 어떤 공간감 하에서 키워나가야 할 것인가 하는 전략

수립이 훨씬 더 중요한지 모른다. 그리고 그 해법은 앞서 이야기한 본래의 공간 틀 속에 이미 내재되어 있을 것이다. 그러나 누구도 이 문제를 심각하게 받아들일 만한 준비가 되어 있지 않은 듯한데, 그것은 도시를 만들고 가꾸는 것보다 훨씬 더 빠른 속도로 생산되고 범람하는 정보야말로 더욱 직접적인 관심사이기 때문인지 모른다. 즉, 신문사 건물들마다 부착되어 있는 전광판은 밤이고 낮이고 무수한 영상 이미지와 문자들을 내보낸다. 건물은 사라지고 난데없는 속보들이 끊임없이 쏟아진다. 뉴스가 광고가 되고 광고가 뉴스가 되는 이 소용돌이 속에서 이제 도시는 실종되어버린 듯하다. 요컨대 이런 상황 속에서 옛것을 다시 생각하고 현재를 생각해보는 일 자체가 덧없는 일인지도 모른다. 그러나 적어도 도시 속에서 그 민족의 중심을 이루는 곳에 모조품이 아니라 진정한 자기 모습을 그려 넣어 도시에 사는 시민들에게 귀의할 뿌리를 안겨준다는 것은 그 얼마나 소중한 일인가. 적어도 우리가 살 만한 도시를 원한다면 말이다.

맺는말

이렇게 비판적인 시각으로 이 거리를 들여다볼 수밖에 없는 것은 아직도 거기에 애정이 있기 때문이다. 강남 어디를 뿌리내린 거리라고 말할 수 있겠는가? 끊임없이 변모하며 아직도 형성 중에 있는 그 땅, 그 어디에서 이 민족정신의 맥이 흐르고 있다 할 것인가?

어느 날, 만일 서울의 모든 산이 말끔히 사라져버린다면 사람들은 얼마나 놀랄 것인가? 한강이 말라버려 그 썩은 밑바닥을 드러낸다면 이 또한 얼마나 끔직한 일일 것인가? 후손들의 어리석음으로, 세계사의 막을 수 없는 흐름으로 서울이 온통 지옥의 열기가 가득하고 양陽의 건물들이 들어차 있으면서도 멸망하지 않고 있는 것은 산들의 보살핌과 한강이 굽이쳐 안아주고 있기 때문이다. 자연에 대한 겸허한 해석 속에서, 그것과의 어울림 속에서 잉태한 도시를 그 근원에서부터 차단하고서는 이 도시를 살 만한 땅으로 유지할 수가 없을 것이다. 광화문에서 남대문까지를 되돌아보면서 우리는 적어도 유적과 유물을 가꾸고 기리는 것보다 도시와 자연과의 상호 연관 혹은 도시 자체의 맥락 속에서 그 특유의 장소성의 의미를 되살려내고 계속 유지하고 발전시키는 것이 더 중요함을 알게 되었다. 600년 서울은 지금까지는 후손들의 오류와 파행을 잠자코 용서해왔다. 그러나 더 이상은 참아낼 수 없으리라는 것을 우리는 하루빨리 알아야 한다.

지금까지는 산천이 묵묵히 참아낸 보답을 한다면, 그것은 한 도시설계가가 제안했듯이 광화문 앞 세종로에서 자동차를 몰아내고 시민들에게 그 거리를 돌려주는 것일는지도 모른다. 광화문 앞이나 시청 앞 광장이 정말로 새롭게 보인 적이 있다면 구름같이 몰려든 데모 군중들이 넘실거렸을 때다. 그것은 정말로 감동적인 장면이었다. 군중집회의 이유가 무엇이었든 간에 사람들이 서 있어야 할 곳에 서 있다는 것이 너무나 감격적이었던 것이다. 아마도 민주 시민사회를 지향하는 나라라면 거리를 점령한다는 것을 가로막기는커녕 반가워해야 할 것이다. 과거의 세종로가 조선왕조의 통치력을 백성에게 전달시키는 매개 공간이었다면, 이제는 시민의 뜻이 통치자에게 전달되는 시민의 마당이 되어야 할 것이다. 권력의 뜻이 공간의 중심을 이루었으므로 권력의 소재지인 시민에게 그 중심을 새로 정한다는 것은 뜻 깊은 일이다.

서울을 광장이 없는 도시라고들 한다. 그러나 경복궁 앞마당이야말로 바로 작지만 훌륭한 광장이었음을 상기해야 할 것이다. 광화문보다는 조선총독부가 거기에 있어야 할 것처럼 보이고, 기념비각이 첨단의 교보빌딩에 붙은 장애물처럼 보일 수 있는 것은 비단 자라나는 세대들만이 가질 수 있는 느낌만은 아니다. 세월은 그렇게 옛것을 지워버릴 것이다.

그러나 지워지지 않는 것, 그것은 역사에 대한 기억일 것이며, 그것이 정신의 맥과 닿아 있을 때 더욱 그럴 것이다. 왜냐하면 보이는 것보다 더 중요한 힘을 갖는 것은 보이지 않는 것이기 때문이다. 사람들이 일상적으로 지나치는 이 거리에서 일반 시민들과 특별한 관계를 맺고 있지 않기 때문일 것이다. 다시 말해, 부분적으로 보이지 않는 내부에서 일어나는 건물의 용도와 관련된 행위만 있기 때문이다.

　　건물과 도로와의 관계가 오직 일과 교통의 흐름에만 국한되어버린다면 더 이상 우리가 이곳에서 기대할 것은 없다. 서구 자본주의 문화와 식민지 지배 물화의 퇴적층 속에서 서서히 그 정신이 소진되는 이 서울의 한 거리를 소생시키려는 노력은 서울을 살 만한 도시로 가꾸는 많은 일들 중 하나다. 이 짧은 글은 이러한 작업을 위한 단초로서 이 도시의 올바른 이해를 위한 하나의 시도에 불과하다.

그림 7. 이인재, 〈백악에서 목멱까지〉(1993).

마당에서 광장까지

그림 1. 전통적으로 한 집안의 중심적인 공간이 안마당이 되는 것은 바로 그 빈 공간을 중심으로 방들이 에워싸고 있고, 모든 방들이 마당으로 연결되어 있기 때문이다. 마당은 특정한 기능으로 한정된 공간이 아니라 모든 일이 일어날 수 있도록 비워지고 안팎으로 열려 있을 뿐 아니라 방들로 에워싸여 있기 때문에 중심이 되는 것이다.

광장의 귀환

2002 한·일 월드컵 경기는 우리나라 국민에게 많은 것을 남겨주었다. 그 중에서도 '서울시청' 앞 광장이나 세종로에 모여든 군중들은 잊을 수 없는 것이었다. 텔레비전 뉴스 때마다 시간별로 모여드는 군중을 촬영한 장면은 그것을 보고 있는 사람들에게 탄성을 자아나게 했다. 수십만 명의 붉은 물결은 응원의 함성과 함께 서울시청 앞 광장을 진동시켰다. 군부독재에 항거하던 6·10항쟁 때의 무겁고 엄숙했던 광장의 군중은 월드컵 경기로 모인 군중들과는 대조를 이루며 한국근대사의 새로운 장을 열었다. 해방 이후, 한 번도 자발적인 공동 축제를 체험하지 못했던 사람들이 최초로 겪은 기쁨과 즐거움의 기억은 이제 한국 사람들의 가슴속에 남아 자존의 씨앗이 되었다. 그리고 이제는 더 이상 현대인들을 개인주의에 고립되어 있다거나 이기적이고 배타적이라고 지탄하는 젊은이들을 게임기나 PC방에서만 노는 폐쇄적인 아이들이라고 간주할 수 없게 되었다.

그렇다면 그들 내면에 흐르고 있는 환희의 물줄기는 어디에서 연유한 것이었을까? 어디에 그런 결집된 힘이 숨어 있었던 것일까? 그 힘의 정체는 무엇이란 말인가? 물론 그것은 승리했기 때문에 표출된 일임에는 틀림없다. 16강은커녕 1승도 거두지 못했다면, 이런 현상은 벌어졌을 리 없다. 그러나 이러한 모든 현상을 감안하더라도 우리들이 주목해야 할 것은 다른 데 있다. 즉, 조금만 각도를 달리해서 보면 이런 현상들의 이면에 숨어 있는 또 다른 의미를 확인할 수 있기 때문이다. 그것은 바로 잃어버렸던 광장의 발견이고 잊고 살았던 공동성의 귀환이다. 그러면 광장이란 도대체 무엇이란 말인가? 사람들이 점유하는 공간이 광장이 되는 것인가, 아니면 광장이 미리 있어서 사람들을 불러들이는 것인가? 아마도 이런 질문들을 통해서 우리는 다시 한 번 도시에 산다는 것, 사람들이 함께 산다는 것의 공간적인 의미를 깊이 되새겨볼 수 있을 것이다. 그것이 절실히 요청되는 시점이기도 하다.

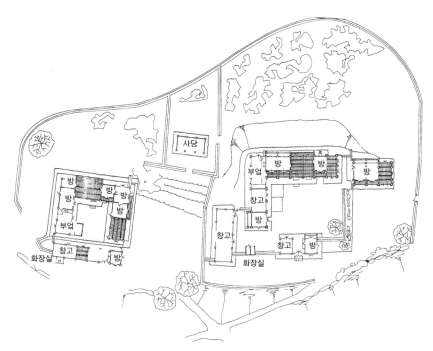

상춘고택(좌)과 근암고택(우) 평면도. 도면:
우리건축

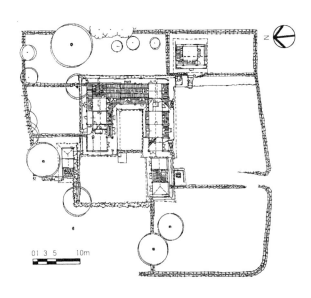

해남 윤도서 가옥. 도면: 전봉희

에워싸기, 에워싸임

사람들은 기쁜 일이 있을 때 가만히 있지 못한다. 정말로 기쁜 일이 생기면 벌떡 일어나고, 마당으로 내려가 덩실덩실 춤을 추고, 기쁨의 정도가 크면 클수록 집 밖으로 뛰쳐나간다. 그리고 사람들에게 그 기쁨을 단숨에 알려줄 수 있는 장소를 찾는다. 그곳은 흔히 한 마을의 중심이 되는 어느 영역이다. 미리 정해놓은 곳은 아니지만, 사람들은 그곳이 어느 곳인지 대체로 본능적으로 알고 있다. 그리고 그곳에 모인 마을 사람들에게 기쁨은 전염되고 확인된다. 그런데 그 기쁨이 개인적인 것이 아니라 마을 사람 전체의 공통적인 것이 될 때 사람들은 마을의 넓고 중심이 되는 터에 모여서 손에 손을 잡고 원을 그린다. 그렇게 해서 기쁨은 배가 된다. 역설적으로 기쁨을 나눌 때 기쁨은 배가 되고, 그것으로 텅 빈 공간은 채워진다. 이렇게 해서 공동체는 다시 확인되고 살아나는 것이다. 이것이 바로 광장의 원초적인 속성이다. 공동체를 확인시켜주는 장소는 늘 비워져 있고, 그곳은 단순히 텅 빈 공간이 아니라 마을 구성원들의 희로애락을 표출시키는 특별한 장으로 작동할 무대인 것이다. 그리고 그곳은 대체로 마을의 중심에 있게 마련이다. 물리적으로 중심이 되지는 않더라도 사람들의 인식 속에 중심이 되는 곳이다. 모듬살이 하는 사람들에게 중심은 중요한 공간적인 개념이다. 중심이 없을 때, 모든 공간은 흐트러지고 주변도 존재하지 않는다.

　　전통적으로 한 집안의 중심적인 공간이 안마당이 되는 것은 바로 그 빈 공간을 중심으로 방들이 에워싸고 있고, 모든 방들이 마당으로 연결되어 있기 때문이다. 마당은 특정한 기능으로 한정된 공간이 아니라 모든 일이 일어날 수 있도록 비워지고 안팎으로 열려 있을 뿐 아니라 방들로 에워싸여 있기 때문에 중심이 되는 것이다. 다시 말하자면 비워진 공간으로서의 마당이 없다면 방들은 존재하지 않으며, 비워진 공간을 통하지 않고서는 방으로 들어갈 수 없는 것이다. 즉 에워싸고 에워싸임의 관계없이 마당은 존재할 수 없으며, 따라서 중심은 홀로 존재하는 것이 아니라 에워싸는 요소로서의 방이 있을 때만 가능한 것임을 알 수 있다. 그러므로 한 마을의 중심이 되는 큰 마당은 마을 전체의 집들이 에워싸고 있다고 해도 과언이 아니다. 여기에서 우리는 앞서 말한

그림 2, 3. 전통적으로 한국의 민가는 채를 나누면서 마당을 중심으로 에워싼 형국으로 조성되었다. 따라서 텅 비워진 마당은 집의 중심이고 채워진 집은 마당과의 관계 속에서만 의미를 갖는다. 그리고 비워진 마당은 그 비워짐으로 인해 집안의 대소사 등 일상적인 모든 행위를 가능케 하였다. 즉, 마당은 각기 다른 채로 나누어진 방들의 집합을 조절하고 삶을 통합적으로 조직하는 기능을 담당하였다.

둥그렇게 원으로 둘러싸는 행위에 대해 다시 한 번 환기할 필요가 있다. 왜냐하면 중심이 있는 원의 형상을 심도 있게 살펴볼 때, 우리는 광장이나 마당의 본질적인 의미를 깊이 되새겨볼 수 있기 때문이다.

보통 마당이나 광장이 원으로 구성되어 있지는 않으나 그 본질적인 개념은 원의 형상과 흡사하다. 옛날에 장터에서 약장수가 약을 팔기 시작하면 사람들이 그 주변으로 하나둘 모이기 시작한다. 그러나 사람들이 빙 둘러서서 원을 그리는 형상으로 모여들지, 각을 이루는 사각형을 이루지는 않는다. 길거리에서 노래를 부르거나 연주하는 사람이 있을 때에도 사람들은 적절히 거리를 두며 원을 그린다. 따라서 '마당'이나 모든 광장은 본질적으로 원형圓形을 원형源形으로 삼고 있다. 그러면 우리들 내면에서 무의식적으로 작동하게 하는 원형으로의 움직임은 무엇을 뜻하는 것일까?

실존적 형태로서의 원圓

이미 사람들은 누군가의 지시를 받거나 학습되기 이전에 그들의 실존적 모습을 공간에 투영하고, 그 흔적을 기억 속에 공유하는 가치로 남긴다. 본래 실존은 원형의 모습으로 나타난다. 원형은 중심과 그것을 둘러싸는 원주圓周라는 두 가지 요소로 되어 있으며, 루돌프 슈바르츠Rudolf Schwarz는 이 두 가지 요소의 실존적 성격을 다음과 같이 설명하고 있다.

> 원주는 무한히 이어진 손의 사슬을 통하여 사람과 사람을 결합한다. 개인은 보다 우세한 형태에 의하여 흡수됨으로써 더욱 강력해진다. 사람들은 서로 동의할 때, 마치 신비스러운 법칙을 따르고 있는 듯이 원주를 형성한다. 이 원주에는 처음도 끝도 없다. 어느 곳이든지 처음이며 끝이다. 주위는 만곡彎曲되어져 있으므로 처음의 위치로 다시 돌아오며, 모든 도형 가운데서 가장 성실하고 잠재적이며, 가장 원만하다. 사람들은 손과 손을 잡고 원주에 의해 결합되어 있으나, 이런 결합을 이룬다고 완전히 흡수되는 것은 아니다. 그들의 시선은 자유롭다….

개체와 집단 간의 이상적인 관계를 지속시킬 수 있는 원형은 그 가시적인 형태에 중요성이 있는 것이 아니라 우리들 내면에 잠들어 있는 선험적인 움직임에 있다. 사람들이 모여서 에워쌀 수 있는 적절한 공간이 광장인 것이다. 그리고 그 중심에는 사람들이 집단적으로 동의하거나 공감할 대상이 있다. 사람들은 실없이 광장에 모여들지는 않는다. 한 도시 속에서 광장의 위치와 규모와 형상에 따라, 그리고 광장에 누적된 사적인 사건들의 무게에 따라 사람들의 행위는 달라지게 마련이다. 그러나 여기에 한 가지 공통된 특징이 있다면, 세월이 지나도 변치 않을 존재하는 비워짐의 양태가 있고, 모든 순간에 시민들에 의해 접근되고 채워질 공간의 영역으로 열려 있다는 점이다.

이런 관점에서 보자면, '서울시청' 앞 광장은 말만 광장이지 본래적 의미의 광장은 아니다. 지난 월드컵 때, 그것도 한국 대표팀의 경기가 있을 때만 한시적으로 개방되었고, 가끔 특별한 행사가 있을 때만 사용되는 공간일 뿐이다. 그리고 세종로 일대는 광장이 아니라 네거리일 뿐이다. 따라서 이 도시에는 그 중심에 명실상부한 광장이 없다고 해도 과언이 아니다. 다만 월드컵 경기를 통해서 시민들은 도시 광장의 실체를 체험했을 뿐이고, 도시 속에서 특별한 공간의 중요한 의미를 되새겼을 뿐이다. 그리고 광장의 중심에는 축구라는 일시적인 축제가 마련된 것이다. 모든 사람들이 동시에 똑같은 것을 바라보는 즐거움을 체험한 것이다.

사람들이 일시적으로 '서울시청' 앞을 광장으로 만들었고, 군중들이 떠난 자리에는 다시 자동차가 등장한다. 광장의 진정한 의미는 축제도 없고, 그래서 설사 사람들이 없다고 하여도 비워 있는 상태의 잠재적인 매력이다. 그리고 이보다 더 큰 의미가 있다면, 그것은 한 집단의 역사를 기억 속에 보관하는 장소성이다. 한 개인의 역사든 한 집단이나 국가의 역사든 모든 역사적인 사건들은 공간과 밀접한 관계를 맺고 있다. 특정한 공간에서 역사가 만들어진다고 해도 과언은 아니다. 19세기와 20세기에 모든 광장이 정치적인 사건과 연루되어 집회와 시위와 투쟁의 공간으로 사용되었다면, 이번 월드컵 경기의 '서울시청' 앞 응원 군중은 광장을 그 본래의 기능인 축제의 공간으로 귀환시킨 사건이다. 공간을 정치나 이데올로기에 복속시키는 것이 아니라 해방과 일탈로 탈주하게 하여 일상생활에서 누적된 억압과 구속과 단조로움을 벗어던지는 공동의 장소로 활용하는 것이야말로 도시 속에서 시민들이 향유해야 할 권리이기도 하다. 그러한 권리가 표현되는 공간이 도시(원)의 중심이 될 때, 그 힘은 그 주변으로 퍼져 도시적인 삶을 재조직한다. 그러나 주변은 중심을 위한 하부구조가 아니라 중심과 대등하고 상호 보완적일 뿐 아니라 필수적인 것이다. 이런 역동적인 관계의 열려 있음이 민주 시민사회의 즐거움이다.

　어쨌든 사람들은 도시의 중심에 빈 공간으로서의 광장을 요구하고, 다시 광장은 그 공간의 무한한 잠재력과 상상력으로 사람들을 위안해준다. 도시 속에서 텅 빈 것으로 위안을 주는 공간이란 광장뿐이지 않을까 한다. 시민들은 언젠가는 그곳을 중심으로 몰려들 준비를 하며 살고 있다. 그러나 그 공간은 늘 실재하는 물리적인 장소에서만이 아니라 온갖 의견과 대화의 교류가 가능한 사이버 광장과 병행할 때 또 다른 의미를 갖는다. 이것이 아마도 우리 이전 세대가 갖지 못하던 새로운 체험의 공간일 것이다. 그것은 개체가 원을 중심으로 모여드는 것이 아니라 수많은 개체가 독립된 원의 중심으로 존재하면서 네트워크를 구성하는 독특한 광장이다. 이 광장이 물리적 광장과 접속할 때 우리는 새로운 광장을 갖게 된다. 사이버 광장에서 물리적인 광장으로 내려와 흩어졌던 원의 중심이 하나의 중심에 모일 때 개체는 더욱 강력한 전체로부터 힘을 충전 받는다. 그곳이 바로 '서울시청' 앞 광장의 시민들이 체험하는 동시대적인 광장이다.

광장: 공공성의 부활

지난 시절, 평균적 한국인들은 동원된 군중이었다. 그들은 사실상 모스크바의 붉은 광장에서 벌이는 군대의 사열이나 천안문 광장의 비극과 북한 군대를 열광하고 환영하는 광장을 비판적으로 바라보며, 수출만이 살길이란 구호와 우리도 잘살 수 있다는 강력한 믿음을 국시처럼 떠받들고 이웃을 돌아볼 겨를도 없이 달려온 국민들이다. 바로 지금은 그러한 5, 60대의 기성세대들과는 질적으로 다른 환경에서 자라는 세대들이 한반도에 등장하고 있다. 이제 그들은 아버지 세대들이 단절시켜온 공적인 영역을 개척할 사람들이다. 진정으로 잘산다는 것이 무엇이며, 왜 사는 것인지에 대한 질문을 던지고 대답하는 여유를 가져야 하는 세대들이다. 지난 시절, 개인이나 가족이 잘살기 위해 수단과 방법을 가리지 않은 나머지 그들이 구축한 삶의 형식은 천민자본주의로 귀결되었다. 사람들은 만인을 상대로 장사할 줄만 알았고, 급기야 완벽한 개체로 분열되었다. 이제 분열된 개인, 불신하는 개인들을 새롭게 통합하고 믿음을 갖는 이웃들로 만들어내는 영토가 필요한 때이다. 국토 속에서, 도시 속에서, 한 마을 속에서 실종되거나 퇴색한 공공의 영역을 찾아내고, 활기를 주며, 궁극적으로 넓혀나가는 일이야말로 젊은 세대들의 과업이다.

사적인 영역과 더불어 향유하는 공적인 영역으로의 이행을 촉진하는 공간의 대표적인 사례가 바로 광장이다. 그래서 도심 속에 제대로 된 광장 하나 갖지 못한 시민은 시민이 아니고 주민일 뿐이다. 서울에도 이제 시청 앞만이 아니라 광화문 앞 세종로 일대에 역사적인 도시다운 면모를 갖춘 광장 하나쯤은 가질 만하다. '정부종합청사', '문화관광부', '미국대사관', '정보통신부' 등으로 에워싸인 정치적 거리 세종로를 '세종문화회관', '국립현대미술관', '국립정보도서관', 도쿄포럼과 같은 '서울포럼', 중규모의 극장 등 문화시설로 대체하여 정치적이고 권위주의적인 거리를 시민의 문화적인 광장으로 전환시켜 시민과 문화가 중심이 되는 역사도시로 가꾸어 나가는 것이 꿈만은 아니다. 그것은 당위이며 상식이다. 그렇게 해서 2006년 독일 월드컵 때, 경찰 저지선이라는 경계 없이 또 한 번 한국팀을 응원할 수 있다면, 그때 비로소 서울에는 세계인들의 가슴속에도 깊이 새길 세계인의 광장을 하나쯤 가질 수도 있을 것이다.

기쁨을 나눌 때 기쁨이 배가 되고, 슬픔을 나눌 때 슬픔이 반감되는 장소, 그곳이 광장이다. 그런 반듯한 공간을 염원하며 우리는 지금껏 살아왔고, 그것을 온전히 확신하는 날 적어도 우리는 자발적인 군중, 근대 시민사회의 당당한 주체가 될 것이다.

세종로, 왕조시대의 마당에서 민주사회의 광장으로

그림 1. 세종로의 가로변을 문화 공간으로
대체할 때 세종로 광장은 명실상부하게
역사도시 서울의 중심 공간의 될 것이다.

마당에서 도로로

세종로는 본래 도로라기보다는 경복궁 앞의 긴 마당이었다. 조선왕조의 중심이 되는 경복궁 앞마당은 한양의 안마당이기도 하였다. 마당 양쪽에는 관아가 줄지어 있었는데, 지금의 세종문화회관 쪽에 예조·병조·행조·공조가, 지금의 문화체육부 쪽에 이조와 호조가 자리 잡고 있었다. 광화문 앞에서 보았을 때 좌측에 백성을 다스리는 총무처(이조)와 내무부(호조)와 재무부(경조)가 있었다면, 우측에 국방부(병조)와 법무부(형조)와 산자부(공조)가 있었다고 말할 수 있다. 그 이외에 몇몇 관아들이 있었는데, 광화문 앞마당을 동시에 통칭하여 '육조거리'라고도 불렀다. 그리고 지금의 세종로 네거리 좌우에 혜정교와 송파교가 있었고, 북악산 줄기에서 흐르는 물들이 현 동아일보사 쪽으로 들어 청계천으로 흘렀다.

광화문 앞마당은 현재의 조선일보 사옥 일대에서 시작하는 황토현黄土峴과 앞쪽의 물길로 차단된 아늑한 장소로서 조선왕조의 중심 공간을 형성하고 있었다. 북쪽으로는 광화문, 좌우로는 관아, 남쪽으로는 물길과 작은 언덕이 자연스럽게 에워싼 광장으로서 손색이 없었다. 이곳에 들어선 조선의 백성들은 장엄한 광화문과 그 뒤에 안정감 있게 버티고 있는 북악산을 배경으로 중심 잡힌 조선왕조의 상징 공간을 만날 수 있었다.

광화문 앞마당은 하나의 독립된 영역으로 사람들이 들어오거나 나가는 것을 인식할 수 있었다. 남북으로 가로놓인 마당의 끝에서 한양의 동서를 잇는 종로를 만나는데, 여기에는 전방廛房(가게)들이 있어 한양 사람들의 일상생활에 필요한 생필품을 조달하였고, 관공서는 광화문 앞마당으로 분절되면서 종로와 평화로이 접속할 수 있었다. 광화문 앞마당(지금의 세종로)과 종로라는 두 요소는 한양을 남북과 동서로 구성하는 기본 축이자 도시 전체의 공간적인 중심을 형성하는 출발점이기도 하였다.

그러나 이 역사적인 공간은 일제의 침략과 더불어 약탈의 축으로 변모하게 되고, 광화문 앞마당의 평화로운 원형은 종말을 고한다. 일제는 현 미군기지인 용산에 주둔군 부대를 배치하였고, 서울역을 건설하였으며, 남대문 좌우의 성벽을 철거하였다. 또한 광화문을 이전시켜 경복궁 안뜰에 총독부를 건설하였다. 용산과 총독부를 잇는 직선이 바로 지금의 세종로에서 남대문에 이르는 길이며, 이 길은 침략의 길로서 경성과 일본을 최단거리로 이어주던 식민 지배의 길이 된다. 이 길은 조선왕조의 몰락을 도시 속에, 공간 속에 깊이 각인시킨 길이 되는 것이다. 그런데도 일본인들은 이 길을 조선 '근대화'의 길이며, 중국 침략과 만주 경영을 위한 지름길로 자랑하였다.

　　이제 조선 백성들의 마당이자 광장의 역할을 하던 공간은 침략과 수탈의 도로가 되었고, 조선왕조 시대의 한양을 본격적으로 재편하는 시발점이자 식민 지배의 상징 공간이 되었다. 그리고 지금까지 이 길은 크게 흔들림 없이 존속하고 있다. 결국 서울의 중심 공간인 세종로를 누가 차지하느냐 하는 것은 한반도의 영토와 백성과 주권을 차지하는 것이나 다름없는 땅이 된 셈이다. 한 나라를 상징하는 거리란 그만큼 중요한 의미를 가지고 있다. 그래서 이 길을 다시 광장으로 만든다는 것은 조선왕조 시대의 역사를 지속시키는 중요한 일이다. 그러나 그것만으로는 쉽사리 서울의 상징과 중심의 공간이 될 수 없다.

도로에서 광장으로

세종로 네거리 모퉁이에 모여 앉아 월드컵 응원을 하던 군중들을 생각해보면, 세종로를 반듯한 광장으로 만들고 싶은 충동을 느낀다. 그러나 이와 같은 생각은 이미 오래 전부터 제시되었다. 여러 학자들이나 서울의 공간적인 역사를 제대로 이해하고 있는 사람들은 누구나 세종로를 도로가 아니라 시민의 광장으로 만들려고 고민해왔다. 다소 이상적인 입장에서 본격적인 제안을 한 이도 있었으나, 어느 누구도 이를 심각하게 주목하는 사람들은 없었다. 왜냐하면 세종로가 교통의 요충지처럼 된데다 관공서나 미대사관이 들어서 있는 공간을 광장으로 만든다 해도 큰 의미를 갖지 못할 것이라고 생각했기 때문이다. 자동차의 원활한 흐름을 거역하는 모든 제안들은 서울을 불편하게 하는 '적'으로 간주하였기 때문이다. 그러나 그것은 의지의 문제이다. 장기적으로 이 도시의 중심을 재편할 각오가 서 있다면, 얼마든지 해결의 실마리를 찾을 수 있는 문제이지 절대로 불가능한 일이 아니다. 이보다 더 문제가 되는 것은 어떠한 광장을, 누구를 위해서, 어떻게 만드느냐 하는 것이다. 걷고 싶을 때 걸을 수 있고, 군중이 모이고 싶을 때 판을 벌일 수 있는 공간이란 차를 몰아내고 땅을 비워두면 된다. 그러나 빈 광장이 무엇으로 에워싸여 있느냐 하는 것은 광장의 성격을 규정짓는 것과 맞물려 있는 문제다.

지금 세종로는 세종문화회관과 광화문을 제외한다면 그야말로 정치와 권력의 중심 공간이나 다름이 없다. 사적 금융기관이라는 교보빌딩도 따지고 보면 많은 대사관들이 세 들어 있는 정치와 권력의 공간이다. 건물의 외관상으로도 교보빌딩 옆의 정보통신부 건물은 타일 외벽을 한 교보빌딩과 너무나 큰 대조를 보인다. 그리고 1년 내내 전경들에 의해 에워싸여 있는 미대사관 건물은 이 도시 전체가 매일매일 테러와 전쟁을 치르고 있는 전선과도 같은 이미지를 보여준다. 게다가 색깔만 약간 다른 문화체육부 건물은 문화의 향기라고는 전혀 나지 않는다. 가난하던 시절 미공병대가 설계해서 원조 받은 듯한 쌍둥이 건물은 이 나라가 가난하던 시절 미국의 식민지였음을 상징하는 기념비이기도 하다.

건너편의 정부종합청사는 경복궁이나 광화문과는 많은 대조를 이루며 너무나 높이 치솟아 있다. 문화재관련법에 의하면, 문화재로 지정된 건물과 300미터 이내에 이렇게 높은 건물을 지을 수 없게 되어 있다. 그러나 정부의 건물이기에 뉘라서 감히 그 높이에 대해 왈가왈부할 수 있을 것인가? 그 옆에 신축한 외교부청사 또한 기존 청사와 큰 대조를 보인다. 이미 오랜 세월을 지낸 세종문화회관만이 지난 시절 이 나라 건축문화의 단면을 보여준 채 너무나 육중하게 거리를 점유하고 있을 뿐이다. 어느 것 하나 역사도시, 문화도시의 중심이라고 하기에는 세종로를 에워싸고 있는 건물들은 하나같이 그 용도나 외관에서 큰 거리를 두고 있다. 더욱이 군사독재 시절의 상징인 이순신 장군의 동상은 초입에서부터 세종로를 동강내고 있다. 이제 이순신 장군을 그 높은 곳에서 내려와 쉬게 할 때가 된 듯도 하다.

　　한마디로 이제 세종로는 숨쉴 틈도 주지 않고 달려온 한국 근대사의 왜곡된 궤적을 수정하고 민주 시민사회로 거듭날 장소가 되어야 한다. 조선왕조 시대를 지나 일제의 흔적을 지우고, 정치와 권력의 거리에서 문화와 시민의 거리로 전환할 계기를 마련해야 한다. 세종로를 광장으로 다시 만드는 일이 조선왕조 시대 공간의 역사를 이어받는 일이라면, 그 주위에서 정치와 권력의 공간을 문화와 시민의 공간으로 교체하는 일은 이 시대를 사는 시민들의 일이다. 도시는 부단히 변모한다. 그러나 한 나라의 중심과 상징이 되는 거리는 지속되어야만 한다. 그래야 역사가 살고 정신이 살아난다. 이 거리는, 아니 이 광장은 정치권력이나 특정 계층의 이익에 의해서가 아니라 시민의 요청에 의해 시민을 위해 사용되어야 마땅하다. 세종로를 조선왕조 시대의 육조거리처럼 정치의 공간으로 남겨두자는 의견도 있다. 그러나 이러한 생각은 너무나 단편적인 것이다. 조선왕조 시대에는 왕권에 의해 도시를 창안해낼 원칙과 법칙이 있었다. 그 시대의 통치자들은 그 시대에 알맞은 도시의 구조와 얼굴을 가지고 있었다. 그리고 그들은 그 시대에 할일을 다한 것이다. 생태적이면서도 자연을 거스르지 않으면서 권위와 존엄을 지켰던 철학이 있었다.

그러면 우리가 살고 있는 지금 이 시대의 통치자들은 이 도시에 대해서 어떤 철학을 가지고 있는 것일까? 해방 이후 서울은 재개발이란 이름으로 있는 것을 온통 파괴해온 역사이다. 뚫리면 막고, 막히면 뚫고, 길이란 오직 자동차의 흐름만을 위해 존재하는 듯 길에서 사람을 몰아낸 역사이다. 이제 이 땅에도 도시 공간에 대해 시민들의 도시에 대한 권리가 실현되는 그런 철학이 필요하다.

광장에서 문화로

세종로의 가로변을 문화공간으로 대체할 때 세종로 광장은 명실상부하게 역사도시 서울의 중심 공간이 될 것이다. 도시의 중심을 문화적인 공간으로 재편하는 일은 단순히 건물의 기능과 용도를 바꾸는 일이 아니라 미래의 도시를 새로운 철학으로 정립하는 일이다. 미대사관과 문화관광부를 합쳐서 과천으로 유배 보낸 현대미술관의 기능을 수용하고, 정보통신부와 정부종합청사를 과천으로 이전해서 국립도서관 내지 정보도서관으로 전환하고, 기타 나머지 공간을 세종문화회관이 목말라하는 중규모 공연장으로 전환시킬 수 있다면, 세종로 광장은 되살아날 것이다. 그럴 때 세종로 광장은 조선왕조 시대의 역사적 유산인 경복궁과 함께 공화국 시절의 공공문화시설을 첨가하여 명실상부하게 역사와 문화가 파동 치는 중심 공간이 될 것이다.

이제 이 나라도 시민이 주체가 되고, 문화가 얼굴이 되는 광장 하나쯤 반듯하게 가질 때가 온 것이다. 그렇게 되면 주권 국가로서 처음으로 그들의 왜곡된 공간의 역사를 바로잡을 기회가 될 것이다. 이것은 이상적인 염원이 아니라 상식의 명령이다.

그림 2, 3, 4, 5. 1987년 6·10항쟁 때, 서울역에서부터 시청 앞에 이르는 광활한 영역이 데모 군중들로 가득 찼을 때 많은 시민들은 조금씩 물결치는 사람들의 모습을 보고 감격하였다. 이것은 눈물겨운 것으로 한 순간이나마 사람들이 도시의 주인이 되는 감동스러운 장면이었다. 본래 길은 사람의 것이었으나 지금은 자동차, 속도가 주인이 되고 있다. 1994년 4월 '지구의날' 몇 시간 동안이나마 세종로 거리가 시민들에게 개방되었을 때 세종로는 비로소 광장이 되었다.

오래된 미래: 북촌에 대하여

그림 1. 도시의 매력은 각기 다른 시간대에 각기 다른 의미로 생성된 건축물들이 공존하는 분위기에 있다. 북촌에서와 같이 60년 이상 시간이 축적된 도시형 한옥은 이제 서울을 역사문화 도시로 인식시켜 주는 주요한 징표가 되었다. 이를 어떻게 보존하고 지속 가능하게 하는가 하는 것은 지금을 살고 있는 사람들의 의무이다. 만일 북촌을 깡그리 밀어낸다면 다음 세대들은 이전 세대들의 사람들이 어떻게 살았는지 사진으로만 볼 수 있을 것이다. 도시형 한옥은 결과적으로 현대의 어떠한 건축가들이 제안한 설계보다도 우수하다. 최소한의 자연적 자재로 한국의 풍토에 맞으며, 에너지 소비를 절제한 한옥은 그 자체로 완결적이다. 그래서 한옥은 우리들이 끊임없이 참조해야 할 주거 형식의 고전이라고도 할 수 있다.

판단과 해석

북촌을 보존하고 살 만한 마을로 가꾸려는 이유는 무엇인가? 왜 보존해야 하며, 보존해서 지켜야 할 가치는 무엇인가? 이에 대한 적절한 해답을 모두가 공유하는 듯하지만 실상은 그렇지 못한 듯하다. '전통'의 이름으로 또는 과거 주생활의 '문화'라는 이름으로 그 가치를 규정하려 하지만 너무나 추상적이고 절실해 보이지 않는다. 따라서 보다 쉽게 이해되며 공감할 수 있는 판단과 해석이 요청된다. 북촌을 둘러싼 수많은 논의의 출발점은 바로 우리가 대상으로 삼는 북촌을 어떻게 바라보느냐 하는 데에 있다.

첫째로 북촌은 인사동 골동품 시장에서 거래되기에는 너무나 큰 규모의 오래된 가치를 지니고 있다. 자그마한 연적이나 문갑이 고가로 거래되는 것에 비한다면, 수공업의 집적체인 집은 값을 가늠하기조차 어렵다. 다만 오래된 집들이 골동품 시장에서 거래될 수 없는 것은 그것이 이 세상에서 하나밖에 없는 '땅'과 함께하고 있기 때문이다. 오래된 가치라면 땅보다 더 오래된 것이 세상에 어디 있단 말인가? 그것도 지구상에 단 하나뿐인 땅과 접해 있으니 말이다. 북촌의 한옥들은 오래된 가치와 함께 현재 바로 여기에 있을 뿐 아니라 사람이 거주한다는 현재적 가치를 동시에 공유하고 있으므로, '시장 가격'의 범주를 넘어서는 초월적인 가치를 지니고 있다고 말할 수밖에 없다. 이 세상 모든 사람들의 존재는 결국 장소에 거주하고, 모든 장소는 우리들의 기억 속에 존재한다. 따라서 북촌 한옥 밀집 지역은 서울의 '존재'이며 '장소'이고 '기억'이다. 그래서 우리는 집과 길을 따로 구분해서 생각할 수 없다. 모든 집은 길로 연결되어 있고, 모든 길은 집으로 구성되어 있다. 집은 길의 부분이며, 길은 또한 집의 연장이다. 서로가 서로의 존재이자 장소이며 기억이다.

둘째로 한옥은 한 시대를 살아간 사람들이 서울과 같은 풍토에서 만들어낸 보편적인 주거 형식이다. 전통적인 사회의 가치와 삶을 담아낸 공통의 형식이다. 규모의 차이를 제외한다면 계급을 넘어서는 건축이기도 하다. 그러나 이 시대는 그렇게 많은 자재와 기술이 넘쳐나는데도 이 땅에 적합한 보편적 주거 형식을 만들어내지 못하고 있다. 22세기 말쯤, 이 시대에 한창 지어지고 있는 다세대, 다가구 주택들을 보존하려 할 것인가?

북촌 한옥이 우리들에게 던져주는 또 다른 가치가 있다면 한옥이 갖는 끈질긴 생명력일 것이다. 기본적인 원형을 유지하되 변화하는 삶을 수용할 갖가지 적응력을 보여주고 있기 때문이다. 한옥은 본래 목구조의 조립식 주택이어서 해체 보수가 가능하며 불편한 점들의 개선을 거부하지 않는다. 지속적으로 보살펴만 준다면 앞으로도 몇 세대는 능히 살아갈 수 있을 것이다.

유산과 재산

그러나 아무리 보존의 가치를 부르짖어도 지난 20여 년간 북촌이 변화해온 참모습을 아는 사람이라면 어떠한 이야기도 우습게 들릴 뿐이다. 바로 그렇기 때문에 누구도 북촌에 거주해온 주민들에게 보존이란 고상한 말을 건넬 수 없다. 왜냐하면 주민들의 의견을 존중하면서 북촌을 보존하고 가꾸려는 서울시의 노력이 있긴 했지만, 과거 서울시의 행적은 모순투성이이기 때문이다. 북촌을 보존해야 할 만큼 근대 서울의 역사 또한 소중한데도 옛 창덕여고 자리에 헌법재판소의 건립을 허락해주었을 뿐 아니라 1906년에 개교한 휘문고등학교 터에 현대사옥을 짓게 하고, 가회동 길들을 도시계획 도로란 이름으로 무자비하게 확장한 것은 모두 파괴의 역사를 보여준다. 소 잃고 외양간 고치듯 서울시가 도심부 관리 기본 계획을 세우면서도 대기업이 한두 채씩 한옥을 사들여 밀어낸 다음 가회동 1번지 일대에 고급빌라를 짓는 행위를 재산권 행사의 자유로 용납하는 것은 납득할 수 없다. 작은 한옥의 소유주들에게는 서울의 '유산'임을 강조하고, 자본의 횡포 앞에서는 사유 '재산'권을 보장하는 이율배반적인 태도를 우리는 어떻게 이해해야 하는가! 오랫동안 재산권의 상대적 박탈감과 침해를 호소하는 주민들은 과연 얼마나 더 참을 수 있단 말인가?

지나간 것은 이미 지나간 것이니 덮어두는 것이 북촌을 가꾸는 데 유익한 것만은 아니다. 오히려 파괴의 역사를 보다 섬세하고 정확하게 기록하고, 현재 북촌의 현황을 소상하게 드러내어 자료화하면 할수록 우리가 모르는 '숨은 가치'들이 드러날 것이다.

반성적인 성찰 없이 제도로만 문제가 해결되는 것은 아니다. 사실상 북촌을 보존해야 겠다는 선언 이후 북촌의 역사는 파괴의 역사이며, 그 중심에 관의 힘과 자본의 힘이 자리 잡고 있음을 부인할 수 없다. 그러므로 이제부터의 문제는 어떻게 행정과 시민과 소위 전문가들이 서로간의 불신과 적대감을 척결하고 유산과 재산을 공존시키는가 하는 점이다. 그래서 북촌 가꾸기의 출발점은 공공 영역인 '북촌길' 가꾸기로부터 출발하는 것이 중요해 보인다.

현실

한마디로 길은 포장을 기다리는 도로가 아니다. 본래 북촌의 길은, 옛 길들이 다 그렇듯이 삶의 자연스런 흔적이다. 사람의 삶과 물줄기의 삶이 조우하는 경계면이다. 그러므로 길은 쉽게 설계되는 것이 아니라 시간을 두고 만들어지는 것이다. 건축가들이 길을 설계하기 어려운 것은 그들이 길을 계획하며 길에서 일어나는 모든 것을 해결하려는 욕심으로 가득 차 있기 때문이다.

그러나 정작 현실적인 문제는 길을 설계하는 어려움에 있다기보다는 상상을 초월할 정도로 '도로'를 관장하는 공공부서들이 많다는 것이다. 길에는 공중전화, 전신주, 가로수, 맨홀, 버스 정류장, 변전기, 신호등, 가로등, 포장재, 우체통, 도로 표지판, 주정차 표지판, 사적지 표시판 등 그 수를 헤아릴 수 없을 정도로 많은 시설물들이 있다. 더구나 지하 매설물까지 합친다면 도시의 길은 길만이 아니다. 길과 관련된 부서가 26곳이나 된다는 조사를 상기할 필요가 있다. 그러므로 지금 이 도시의 길은 정글이나 다름없다. 이러한 현실적인 어려움들을 생각한다면 가장 아름다운 길이란 가로수마저 없는 텅 빈 자그마한 골목길이다. 그 속에서만 사람들은 장애물 없이 주인이 될 수 있을 것이다.

그림 2, 3. 길은 포장을 기다리는 도로가
아니다. 본래 북촌의 길은, 옛 길들이 다
그렇듯이 삶의 자연스런 흔적이다. 사람의
삶과 물줄기의 삶이 조우하는 경계면이다.
그러므로 길은 쉽게 설계되는 것이 아니라
시간을 두고 만들어지는 것이다.

사회운동

북촌의 미래는 결국 시민들의 의식에 달려 있다. 바로 북촌 가꾸기를 관에서 제안했더라도 이를 사회운동으로 전환시킬 능력이 있는 시민을 일컫는다. 우선 그들은 '운동의 주체가 누구의 이름으로 정의'되는지에 대한 주체성을 물어야 하고, 둘째로 '운동 주체와 갈등 관계의 세력이 누구인지에 대한 정의'를 내려야만 한다. 누가, 무엇이 북촌 가꾸기에 적대적인지 다시 한 번 생각해보아야만 한다. 그것이 제도인지 사람인지, 혹시 나 스스로는 아닌지를 다각도로 탐색해야만 한다. 그리고 셋째로 '역사성의 수준에서 대안'을 제시해야만 한다.

이것들은 바로 알랭 투렌Alain Touraine이 말하는 사회운동의 3대 구성 요소이기도 하다. 행위자들이 자기 분석을 통해서 운동에 대한 지식을 생산하고, 운동에 참여하는 자들은 스스로 행위의 의미를 명확히 하고 재조정할 기회를 갖는다. 여기서 말하는 사회운동이란 문화운동을 말하며, 북촌포럼이 탄생해야 하는 분명한 의미이다. 크게 보자면 이 모든 것들은 사실상 우리들 내부에 있는 '현대성' 또는 '근대성'의 비판과 맞닿아 있으며, 이에 대한 북촌의 미래는 우리 모두의 회답이 될 것이다.

길에 대하여

길바닥에 널린 욕망을 거두어들인다는 것은 과잉된 디자인이나 불합리한 관행들까지 제거해야 함을 의미한다. 그렇게 하기 위해서는 어디까지가 과잉이며, 무엇이 욕심이며, 무엇이 불합리한 것인지 따져볼 일이다. 한쪽에서는 정말로 심혈을 기울이고 열심히 잘해보려고 하는데 왜 그렇게 말들이 많은지 모르겠다고 푸념을 하고, 또 다른 편에서는 비판의 시선을 누그러뜨리지 않기 때문에 결국은 조소와 힐난과 불신만 남는다. 특히 길을 다룰 때 그렇다. 길과 관련해서 '~길 조성사업'이라는 공무원식 이름이 붙여진 사업일수록 그렇다. 그러므로 우리는 다시 한 번 길과 관련된 탄생의 비밀들을 되새겨볼 필요가 있다. 애초에 모든 길들은 물길이었다고 하는 말의 그 깊은 의미를 생각해보자. 왜 사람들의 길은 물길을 따라서 생겨나는가? 물은 높은 곳에서 낮은 곳으로 흐르고, 흐르던 물은 수평면을 좇아가는 속성이 있다. 그것은 물의 미세한 분자들의 약속이며 속성이다. 수평면이 끝나는 곳에 땅과의 경계가 생기고, 그렇게 해서 이어진 점들은 사람들의 신체가 가장 편안하게 걸을 수 있는 좌표가 되는 것이다. 그래서 길은 물이다. 자연스러움이다.

그리고 또한 자연 속에는 나무가 있다. 위대한 나무가 있다. 나무는 걷지 못하나 자신의 길을 만든다. 나무는 뿌리에서부터 마지막 잎사귀에 이르기까지 수액을 나르며, 고속도로(줄기), 지방도로(큰가지), 골목(잔가지)에 이르기까지 나무마다 갖고 있는 생명의 구조에 따라 다양한 길을 만든다. 나무 한 그루 한 그루는 매순간의 성장 기록이다. 어떠한 은폐나 위선이 용납되지 않는 성장의 역사다. 뿌리는 늘 더 좋은 흙을 찾아 여행을 떠나고, 가지는 푸른 하늘 위로 길을 만든다. 나무는 가만히 서 있는 듯해도 끊임없이 걷는다. 아주 천천히 길을 만든다. 성장한다. 시간을 기록한다. 그래서 나무는 위대하다.

모든 것이 넘쳐나는 세상에서 길만큼이라도 그 본질로 회귀시키는 것은 불가능한 일인가? 차량 접근을 금하는 창덕궁 앞길 불바르boulevard(넓은 가로수 길)에는 왜 팔괘를 새겨놓아야 하는 것일까? 전통이 죽어야 전통이 살아나고, 욕망을 죽여야 본질이 살아난다. 사실상 중요한 것은 우리들 마음부터 비워내는 일인지도 모른다. 이제는 뒷걸음질치다 걸려 넘어지는 디자인 장애물들을 길 위에서 거두어버렸으면 좋겠다. 디자이너가 좋아하는 도면 위의 길이 아니라 말없이 편안하게 걷기 위한 길을 만들기 위해서 말이다.

선유도 공원:
잊혀진 땅의 귀환

몇 가지 질문들

선유도 정수장이 공원이 되어서 시민의 품으로 돌아왔다. 이것은 그 자체가 하나의 큰 사건이다. 선유도가 한강 위에 떠 있는 섬이라는 사실을 알게 된 것도 놀라움이고, 수 돗물을 만들던 정수장이 공원으로 바뀐 것도 일상적인 일은 아니다. 정수장이란 강물 을 가정용수로 만드는 식수공장이다. 한강 물을 끌어올리는 취수 펌프장, 불순물을 침 전시키는 침전지, 여과지, 정수실, 농축조, 조정조, 약품실 등 여러 과정을 거치면서 한 강 물을 식수로 만드는 곳이 정수장이다. 이렇게 다양한 시설들은 충분히 넓은 면적과 유기적인 공정을 요청하고, 선유도는 그에 적절한 입지 조건을 갖추고 있었다. 한마 디로 원자재인 한강 물로 가정용 식수를 만들어내는 공장이 선유도에 있었던 것이다.

정수장에서 일하던 소수의 공무원들만 알고 있던 선유도의 정수 공장이 공원으로 변신한다는 것이 어떻게 가능했던 것일까? 공장과 공원은 대척관계이다. 공장이 산업 시설이라면 공원은 산업혁명 이후 도시가 몰아낸 '자연'을 도시 속에 재현시키는 일이 다. 바로 그렇게 때문에 예사스런 일은 아니다. 그것은 학교를 사무실로 개조하거나, 사무실을 주택으로 용도 변경하는 일과는 다른 것이다. 그것은 마치 공원을 공장으로 바꾸는 일만큼 충격적인 사건이다. 그러나 즐거운 사건이며 의미 깊은 일이다.

서울에는, 아니 대한민국 전 국토에는 지난 십수 년 전부터 지금 이 순간에 이르 기까지 '건설'의 열기가 지속되고 있다. 건설의 제1법칙은 무조건 때려 부수고, 깡그 리 밀어내고, 새 것을 일으켜 세우는 데 있다. 그것이 역사적인 가치가 있든, 건물 속 에 내재하는 개인이나 집단의 기억이 있든 없든 상관하지 않고 재개발이나 재건축의 이름으로 삶의 흔적을 송두리째 도려내야만 직성이 풀리는 사람들의 법칙인 것이다.

그림 1. 선유도 공원 안내소 외부 전경.
사진: 김재경.

그림 2. 선유도 공원의 전경. 선유도는 서울
시민들의 식수를 공급하던 정수장이었던
것을 수생식물을 주제로 하는 테마공원으로
재생되었다. 공장이 공원으로 된 최초의
사건이다. 해방 이후 만들어진 공간 계획 중
최초의 걸작품이다. 멀리 보이는 쓰레기로
만든 난지도와 함께 선유도는 둘 다 모두
오직 자연의 치유 능력만이 인간의
파괴력을 잠재운다는 것을 보여준다.
사진: 김재경.

공간에 역사와 시간이 누적되는 것을 참아내지 못하는 병에 걸린 듯한 비문화적인 풍토에서 오히려 안도감을 느끼는 듯한 집단 병리현상을 생각한다면, 그리고 건설의 제1법칙대로라면 선유도 정수장을 완전히 밀어내고, 근사하게 새로이 토종 소나무를 무성하게 심고, 흔한 발상의 한국적인 정원을 만들어내는 것이 아마도 상식에 속할 것이다. 철거를 최소화한 선유도 공원 계획은 이 점에서 예외적이다.

도시에서 그까짓 용도 폐기된 공장 하나쯤 없애버리는 것은 식은 죽 먹기다. 그러나 그것을 재활용하여 공원을 만드는 일이 어떻게 가능하며, 그것이 말같이 쉬운 일일 것인가? 그리고 사적인 기업체의 공장도 아니고 시민들의 생명줄인 물을 공급하던 공장이 왜 20년도 못 버티고 폐기되었단 말인가? 한강이 그만큼 급속히 오염되고 있다는 말 아닌가? 그리고 지금 우리는 선유도 공원에서 무엇을 보고, 무엇을 체험할 것인가? 이 공원이 서울과 한강의 역사에서 의미하는 것은 무엇인가? 단순한 사건이 아니라 예외적인 사건이 있으면 그 전말이 있고 사회적인 의미가 있을 것이다. 그러나 이 모든 질문들에 대한 답을 하기 전에 사건의 장소가 된 현장을 알아야만 한다. 선유도 공원으로 발을 옮기기 전에 우리는 적어도 선유도의 역사를 살펴봄으로써 사건의 진실에 한 발 더 다가갈 필요가 있다.

선유도와 선유봉

강북과 영등포의 중심을 잇고 합정동과 양평동을 연결하는 양화대교를 강북에서 남으로 건너다 남단에 이르면 나타나는 길고 잘록한 섬이 선유도다. 지하철 당산역이나 합정역에서 걸어서 가거나 자동차로 갈 때 양화대교를 지나자마자 김포공항 쪽으로 빠지면 선유도 표지판이 나오고, 이 표지판을 좇아 한강 고수부지 쪽으로 내려가면 주차 공간이 나온다. 이곳에 서면 시야에 들어오는 것이 선유도다.

세월의 때가 낀 채 콘크리트 옹벽으로 에워싸인 볼품없는 섬. 선유도는 기구한 역사로 점철된 땅이다. 겸재 정선이 그린 한양 진경 중의 하나인 <선유봉仙遊峯>에서 보이

그림 3. 겸재 정선이 그린 한양진경 중의 하나인 〈선유봉〉. 선유도 공원은 본래 섬이 아니라 선유봉이라는 아름다운 작은 봉우리를 일제시대 이후 오랫동안 파괴하여 생성된, 섬 아닌 섬 위에 만들어진 공원이다. 겸재 정선의 선유봉 그림은 옛 한강변의 절경을 기록화처럼 보여준다. 모래톱도 보이고, 나룻배도 보이고, 배를 건너려는 사람들도 보인다. 그야말로 자연의 강이다.

듯 본래 섬이 아니었다. 선유봉이라 불리던 봉우리가 한강에 발을 담그고 있던 육지의 땅, 황포돛대를 단 배가 유유히 오가던 양화 나루터가 있던 곳, 풍광이 빼어나 한양의 한강 팔경 중 하나였던 것이다.

한 지역에서 특출하고 특이한 경관들을 대체로 여덟이란 숫자로 헤아리고 그럴듯한 이름으로 명명한 것은 팔괘에서 유래했을 것이다. 조선조 사람들에게 공원이라는 개념은 없었다. 경관과 경치에 대한 안목과 풍류를 즐기던 감성이 있어 자연의 한 부분을 '특별한 장소'로 여겼을 뿐이다. 이름을 붙이는 순간 절벽이나 노송 등은 각별한 대접을 받고 사람들은 그 위에 정자를 지어 공간적인 표식을 남기곤 했다. 조선조 때의 절경은 사유私有의 독점적인 공간이 아니라 공유하는 공간이었다. 풍수에서도 빼어난 절경에 개인 사가를 짓는 것은 금하였다. 절경은 '통곡애월형국痛哭哀月形局'이라 하여 그런 곳에 집을 지으면 애통해 하는 곡소리가 끊이지 않는다고 한 것이다. 선유봉이 바로 그런 곳이었다.

옛 조선 사람들에게 풍경이란 단순히 바라보는 객체 대상이 아니라 그 속에 거주하며 인격을 도야하는 도덕적인 의미가 깊게 배어 있는 공간이다. 가만히 관조하고 시만 읊던 곳이 아니라 자연의 경관이 만들어낸 조화의 내밀한 법칙에 다가가려는 주체적인 의지를 표현한 곳이기도 했다. 그런 선유봉이 참수형을 당한 것이 일제시대이다. 그것은 자연 파괴의 차원을 넘어서는 풍류의 학살이고 인격의 모독이었다.

1920년 을축년 대홍수[1]가 한강의 역사와 서울 사람들에게 끼친 충격은 이루 말할 수 없었다. 거의 남대문까지 치고 들어온 홍수의 물살은 경성 일원을 물바다로 만들었다. 당대에 보기 드문 천재지변이었고 큰 재앙이기도 하였다. 후속 조치로 한강 양안에 제방을 축조하기 시작하였는데, 한강은 그때부터 시민들과 격리되기 시작한다. 이른바 고수부지가 생겨났다. 그 뒤 세월이 흘러 여의도를 경비행장으로 조성하고 김포 땅을 매립해 나가면서 필요한 골재 채취를 위해 가까이 있던 선유봉이 지목되었으니, 결국 신선이 노닐 듯한 아름다운 봉우리는 자취를 감추게 된다. 여의도 바닥을 채우기 위해서 납작해진 선유봉은 길게 배처럼 떠 있는 섬 모습을 하게 되었고, 보잘것없는 퇴물처럼 한강에 버려졌다. 그러다 서울의 도시화가 급격해지면서 다시 변화를 겪게

1. 프랑스의 젊은 역사학자 알랭 델리상 Alain Delissen은 을축년 대홍수가 조선 사람들에게 미친 사회적, 도시적, 심리적인 영향에 대하여 관심을 갖고 연구 중이다.

된다. 1978년에 정수장이 들어서게 된 것이다. 정수장은 일반 사람들의 접근이 금지되는 곳이다. 그리하여 선유도는 완전히 서울 시민들에게 잊혀진 땅이 되었다.

조선시대의 절경이 일제시대에는 골재 채취장이 되고, 7, 80년대에는 정수장이 되었다가 이제는 시민을 위한 공원이 되었다. 선유도는 한강변 모든 땅들과는 달리 기구한 운명을 안고 태어난 듯하다. 개화기와 일제시대의 강요된 근대화와 지난 수십 년 동안의 산업화 역사를 고스란히 짊어진 근대사의 땅, 우리 근대의 유적이다. 선유도 공원은 이런 점에서 서울의 미래에 많은 점을 시사해준다. 땅의 변신(metamorphosis)을 통해 한강과 서울과 도시와 환경과 생태와 풍경을 다시 생각하게 한다.

파괴와 멸실滅失도 사람의 일이었다면 재생과 복원도 사람의 일이다. 극도로 오염된 물을 살려내고, 폐허화한 콘크리트 구조물들에 새로운 생명을 불어넣음으로써 선유도에는 이제 사람들이 상륙하기 시작한 것이다. 산업지상주의 정책에서 선회하여 뒤늦게나마 생태 회복의 가능성을 탐색한 가시적 성과물이 아닐는지. 한강에 떠 있던 섬들의 수난사는 이제 종말을 고한 것일까? 쓰레기 매립장 난지도도 식물의 생태복원 힘을 빌려 숲이 우거지게 되었고, 시민들의 사랑을 받는 '월드컵 공원'이 되었다. 선유봉도 정수장에서 '선유도 공원'으로 변신하여 산책하는 사람들을 부르고 있다.

선유도 공원 산책

앞서 말한 대로 선유도는 외곽에서 바라보면 볼품이 없다. 이제는 절경도 아니다. 섬이라는 것도 알기 어렵다. 양화대교에서 진입하거나 양평동에서 무지개다리를 건너가 봐야 섬이라는 사실을 알 수 있다. 마음먹고 가지 않는 한 도심에서 쉽게 접근할 수 있는 곳은 아니다. 그래서 선유도는 평일에는 인근 영등포 주민들의 근린공원일 뿐이고, 주말이 되어서야 서울 시민들의 시민공원이 된다.

그러나 선유도에는 특별한 점이 있다. 물을 지나야만 공원에 다다를 수 있기 때문에 선유도 가는 길은 사람들에게 각별한 경험을 하게 한다. 특히 남쪽에서 아치로 된 선유교를 건널 때 무엇인지 모를 새로운 세계로 진입하는 의식을 치르는 듯하다. 수평으로 곧게 뻗은 다리가 두 지점의 기계적인 연결을 의미한다면, 오르고 내려가야 하는 아치형 다리는 이쪽과 저쪽이라는 두 장소를 기대감으로 맺어준다. 아치의 반지름이 클수록 이쪽에서 다리를 건너는 사람은 건너편을 보기가 더 어렵다. 알아볼 수 없는 미지의 땅을 향해 서서히 올라 정점에 이르면 비로소 모든 전경이 시야에 들어온다. 걸으면서 풍경을 발견하게 된다.

선유교는 다리이면서 남단의 주택 지역과 연결되는 육교와 맞닿아 있다. 육교는 장폭의 도로들을 횡단해야 하므로 소음을 피할 수 없다. 그래서 육교 양측에 경량의 목재로 일정한 패턴을 갖는 벽면이 세워졌고, 내부에는 넝쿨 식물들이 배열되어 다른 육교에서 체험하지 못하는 아늑함이 주어졌다. 특히 육교가 강으로 진입하면서 상판 중앙 부위를 40센티미터 정도 높여서 육교나 다리 난간 때문에 주변으로 열리는 시선이 차단되는 것도 방지하고 있다.

선유교를 넘어서면 곧바로 공원으로 진입하는 것이 아니라 강 중심을 향해 넓은 마당이 펼쳐진다. 이곳에서 강 건너 난지도, 월드컵경기장, 북한산 자락과 남산으로 펼쳐지는 파노라마를 마주하게 된다. 선유도 공원이 어떤 위치에 있는지를 되돌아보게 하는 장소이다. 답답했던 일상을 떠나 확 트인 풍경을 조망한다는 것은 그 자체가 시원한 일이기도 하지만, 또한 다시 자신으로 되돌아오는 것을 의미한다. 내가 세상을

그림 4. 양화대교 중간에 배처럼 떠 있는 선유도는 선유봉을 허물면서 생겨난 섬이다. 옛 나루터가 섬이 된 것은 한강 주변의 역사에서 주목할 만한 변화이다. 선유봉은 골재로 채취되어 여의도 경비행장을 짓거나 그 주변의 도로 포장을 하는 데 사용되어 사라져버렸다. 사진: 한겨레신문.

바라보고만 있는 것이 아니라, 풍경이 나를 역으로 쳐다봐주는 거울 효과가 있다. 그런 관계 속에서 사람들은 세계 내 존재를 체험한다. 대중의 신체는 비로소 감각적인 인식의 단계로 빠져든다. 그것은 자신이 만드는 영화다.

　　그리고 전망 광장 가운데쯤에는 사람들의 눈길을 사로잡는 미루나무가 있다. 목재 상판을 뚫고 올라온 미루나무 쪽으로 다가가서 밑을 내려다보는 순간 아찔할 정도로 멀리 땅이 내려다보인다. 보통 때 미루나무 끝은 올려다보게 되고, 하늘과 구름 사이에서 팔랑거리는 이파리는 아득하게만 보였으나, 바로 손을 만질 듯 곁에 있는 사실을 아는 순간 사람들은 하늘 위에 떠 있음을 실감한다. 미루나무의 존재는 다리 공사를 쉽게 하는 데는 장애물이다. 장애물은 잘라버리면 그만이다. 그러나 공원을 만든 사람들은 다리도 살리고 나무도 살리는 방법을 선택했다. 사실상 미루나무는 다리를 건조하기 전부터 선유도 둔치의 주인이었기 때문에 그를 배려하고 보살피는 것은 당연해 보인다. 보살핌, 즉 보행자를 보살피고, 어린아이들을 보살피고, 긴 다리에서 산책하는 사람들의 심성을 보살피는 것은 사람을 사람으로 대접하고, 나무를 나무로 대접하는 일이다.

　　같이 답사에 나섰던 동료가 다리를 건너고, 선유도 공원에 들어서는 순간 "이제 우리도 사람 대접 받는 것 같다"고 흐뭇해했다. 그리고 곧바로 "어딘지 외국에 온 것 같다"는 말을 내뱉은 순간 그것이 얼마나 스스로를 왜소하게 하며 낯 뜨거운 표현인지 즉각 수습하려 했지만 잘 되지 않았다. 그러나 그런 표현은 한국 근대사의 여정 도처에서 흔히 만나는 것이요, 우리들 내면에 보편화되어 있는 콤플렉스다. 잘된 것은 모두 남의 것 같고, 못된 것은 당연히 우리로부터 유래한다는 확신은 우리를 슬프게 한다. 그래서 역설적으로 선유도는 우리를 슬프게 한다. 왜냐하면 선유도 공원의 모든 것은 일반 대중들이 보아오던 것과는 너무나 다르거나 반대이기 때문이다.

　　양화대교를 통해 들어오는 방문자 안내소 앞에는 녹슨 색의 내구성 강판이 길을 안내한다. 공원의 기본 바탕을 이루는 구조물들은 모든 정수장의 콘크리트 수조들로부터 유래하였고, 그것들은 하나같이 페인트칠도 하지 않은 시멘트의 본래 모습 그대로다. 공원 조성 과정에서 수조의 덮개가 뜯어졌거나 절단된 모습, 때로는 물때 묻은 흔적이 고스란히 남아 있는 녹색기둥의 정원에서와 같이 콘크리트 기둥들이 잘린 채 서 있기 때문이다. 한마디로 철거 중인 콘크리트 구조물의 양상이라서 아직 공사가 채 끝나지 않았다고 여기거나 예산이 없어서 마감공사를 못한 것으로 착각하기 쉽다. 이 공원이 정수공장을 개조하여 만든 것이라는 내력을 모르는 사람들에게는 더욱더 이 상하게 보일 것 같다. 그러나 눈살 찌푸리는 사람들은 별로 없다. 녹색 풀과 나무로 넘 쳐나는 풍경에 사로잡혀 회색의 콘크리트를 저주하지 않는다.

일반 사람들, 특히 신문기자들이 도시를 지칭할 때 즐겨 쓰는 표현에 '회색빛 죽 은 도시, 회색빛 콘크리트로 뒤덮인 도시'라는 말이 있다. 무표정하고 아름답지 못한 한국의 도시를 저주할 때 쓰는 말이다. 그러나 건축가라면 시멘트나 콘크리트라는 물 성을 도시를 비판하는 용어의 대명사로 등장시키는 무식함을 용납할 수 없다. 콘크리 트는 회색으로 분류될 수는 있지만 모든 콘크리트가 같은 회색은 아니다. 콘크리트는 거푸집의 형상과 재질에 따라 표면이 상이하고, 세월이 지나면서 시간의 흔적을 머금 을 줄도 안다. 그러나 무엇보다도 철근 콘크리트는 20세기와 21세기의 대다수 건축, 정수장이나 다리와 같은 대형 구조물은 물론 도로포장에 이르기까지 우리들의 일상 과 문명을 가능하게 하는 가장 중요한 건축, 토목 자재이다. 만일 시멘트나 콘크리트 가 발명되지 않았다면 현대문명의 행진이 가능했을까? 대다수 주민들이 거주하는 아 파트도 겉에 페인트칠만 했을 뿐 모두가 콘크리트 집이다. 이처럼 모든 것이 콘크리트 인 것은 구조적으로나 경제적으로 철근 콘크리트를 대체할 만한 것을 발견하지 못했 기 때문이다. 선유도 공원은 바로 콘크리트의 물성에 내재하는 내구성과 구조적인 장 점, 거기에다 물을 담았던 기억과 흔적을 시간으로 붙잡아둘 수 있는 화학적, 물리적 인 반응들을 최대로 재활용하여 그 자신의 존재만이 아니라 생명의 풀들을 키워내는 그릇으로 작동하고 있다.

기존의 침전지는 수공장 시절 물을 담아두었던 성질들을 이용해 수질 정화원으로 변신하여 그 안에 미나리, 부들, 부레옥잠, 줄 등 수생식물들을 키우고 있다. 이것들이 물을 오염시키는 유기물과 질소나 인을 뿌리를 통해 흡수, 흡착하는 덕분에 물은 맑아 진다. 이 물은 공원 전체로 차례로 공급되어 물놀이터에서 아이들이 놀 수 있게 되고,

그림 5. 생산된 수돗물을 저장하던 제1정수
시설의 뚜껑을 열고 물때 묻은 기둥이
녹색의 기둥으로 변환되었다. 지금 녹색
기둥의 정원은 선유도 공원에서 가장 사랑
받는 휴식과 사색의 장소가 되었다.
사진: 김재경.

수생식물원에서는 온갖 종류의 수생식물들이 자라난다. 물을 저장할 수 있는 기능을 가진 콘크리트와 물과 식물들의 합작품이 사람들의 경탄을 자아낸다.

여과지의 지붕을 철거하고 개조하여 자연유하식으로 물을 공급해서 자라게 한 가래보풀, 구절초, 백련, 궁궁이, 마름, 연꽃, 금불초, 왜나리아재비, 버들, 조팝나무, 물억새, 물옥잠, 부들, 꽃창포, 구릿대, 매자기, 쇠뜨기, 골풀 등 40여 종의 식물들이 발걸음을 멈추게 한다.

정수장 시설을 변조하여 수생식물을 키우려는 생각은 그럴듯하다. 그보다 더 그럴듯한 것은 장식이 찬란하고 격식을 갖춘 화분에서가 아니라 세월의 때가 묻은 거친 콘크리트 그릇에서 자라나고 있는 정경이다. 수생식물 옆 시간의 정원에도 풀과 꽃과 나무가 자란다. 자귀나무, 분꽃나무, 구상나무, 말발도리, 찔레나무, 산수유, 왕대, 돌배나무, 구상나무, 물푸레나무, 서어나무, 수수꽃다리, 목련 등 38종과 개미취, 강아지풀, 두메부추, 수크령, 억새, 능소화, 담쟁이덩굴, 백리향, 오미자, 칡, 인동덩굴, 쑥부쟁이, 하늘매발톱, 좀씀바귀, 맥문동, 인동 등등 수많은 식물들이 계절에 따라, 시간에 따라 변한다.

남측 벽면에는 교목을 밀도 있게 식재하여 그늘지고 습한 환경을 만들었고, 북쪽에는 관목과 소교목들을 심어 햇볕이 잘 드는 곳과 건조한 곳을 만들었다. 침전지의 수로와 구조물을 살려 만든 통로와 전망대는 시간의 정원을 각기 다른 시선에서 바라보게 하였고, 좁은 길들은 숲 속으로 거니는 인상을 심어주었다. 간간히 목재 벤치가 있어 잠시 앉는 순간 우리는 공원에 있는지, 정말 다른 시간대 다른 세계에 와 있는지 착각하게 된다. 벌써 돗자리를 깔고 퍼질러 앉아 좋은 장소를 독점하려는 사람들은 아직 이 공원의 깊은 맛과 거리를 두려 하고 있다.

서쪽의 무지개다리와 동측의 양화대교로 진입하는 두 길을 연결하면 주요 동선이 생기고 그 좌우로, 또 남북으로 교차하는 다양한 길들은 새로운 공간, 새로운 식물들을 만나게 한다. 녹색기둥의 정원은 정수지의 상부 덮개를 걷어내고, 담쟁이를 심어 장차 녹색기둥이 될 것이다. 기둥들엔 물때가 선명하고 잘라낸 상부에서는 철근의 속살도 보인다. 수조의 지붕을 견뎌내던 기둥은 이제 본래의 기능이 소멸되고, 물질 자

그림 6. 제1여과지는 수생식물원으로
변신하여 선유도 공원에서 가장 아름다운
풍경을 선사한다. 하천이나 늪지 등에서
볼 수 있는 습지식물이 생활형에 따라
분류되고 식재되어 있는 모습은
어린아이들의 생태 학습에 좋은 표본이
되고 있다. 사진: 김재경.

그림 7. 침전지의 상부 수로는 모든 수생식물
정원으로 물을 실어 나르는 물길로 사용되고
있다. 사진: 김재경.

체의 존재가 '기능'이 되는 시간을 살게 되었다. 그리고 송수 펌프실을 개조한 한강 전시관이나 급속 여과지를 변모시켜 만든 방문자 안내소와 같은 건축은 공원의 배경으로 존재한다. 선유도 공원은 구축하는 것만이 건축이 아니라 제거하는 것도 건축이라는 교훈을 던져준다.

한 가지 흠이 있다면, 한강전시관의 전시 내용과 프로그램이다. 공원의 다른 모습에서 보여주는 섬세한 배려도 없고, 친절한 설명도 부재하며, 내용도 빈약하다. 그것은 참으로 안타까운 일이다. 그러나 정수 과정에서 나온 찌꺼기를 재처리하던 농축조와 조정조는 지붕이 없던 거대한 원형구조물이었으며, 이를 그대로 활용하여 만든 원형극장, 환경놀이 마당, 화장실과 사무실들은 재활용의 묘미를 새삼 느끼게 해 준다.

우리는 산책이 끝난 뒤 한강 물을 직접 끌어올리던 취수 펌프장으로 이동해서 다리를 쉬고 차를 마신다. 이곳은 카페테리아 '나루'다. 기존의 펌프장 구조물의 역사를 존중한 채 안으로 접어든 공간은 한강을 조망하는 정자이며, 다시 한 번 서울 북쪽의 경관을 음미하게 만든다. 펌프장이 정자가 된 것을 보면 선유봉 시절의 정자를 떠올리게 한다. '나루'는 한강변에서 생태적인 회복을 위한 징표로서 현대판 팔경의 으뜸인 듯싶다.

선유도 공원에서 직접 한강 물로 가까이 다가가게 할 수 없게 한 것은 둔치의 자연 식생을 보호하기 위한 것이긴 하지만 아쉬움으로 남는다. 선유도의 북측은 한강의 퇴적물이 쌓이는 곳으로 조경설계가는 호안 블록을 걷어내어 완만하게 하고, 야자섬유로 만든 망과 자연석을 이용하여 갯버들과 갈대를 심어 둔치 생태계의 복원을 기대하고 있다.

물의 흐름을 따라 전개되는 환경과 생태를 주제로 한 정원, 놀이 및 휴식, 문화 공간과 교육 기능을 갖춘 선유도 공원은 한강의 생태회복을 위한 하나의 시도이다. 이렇게 해서 잊혀졌던 땅 선유도는 시민들에게 귀환하였다. 선유도 공원에는 풀과 나무와 벤치만 있는 곳이 아니다. 거기에는 공공의 공간에 대한 새로운 해석의 의지가 있고, 창조적 파괴인 재활용이 있으며, 다양한 문화적인 프로그램을 수용한 공간도 있고, 무엇보다도 우리가 그렇게 잊고자 하던 시간과 세월이 있다. 해방 이후 관(서울시)에 의해

그림 8. 정수 과정에서 나온 찌꺼기를
처리하던 농축조는 4개의 원형 공간으로서
환경놀이마당, 원형극장, 환경교실,
화장실로 탈바꿈하였다. 기존의 콘크리트
시설물을 지혜롭게 활용하여 적정하고
근사한 공간으로 거듭났다. 사진: 김재경.

그림 9. 선유도 공원의 모든 물들은
정화되어 환경 물놀이터를 거쳐 모든
수생식물 정원으로 공급된다. 이곳은 어린
아이들에게 가장 사랑받는 놀이터이다.
사진: 김재경.

그림 10. 원형극장. 사진: 김재경.

이루어진 공공의 공간에 대한 공공의 프로젝트 가운데 이렇게 모범적으로 수행한 사례는 흔치 않다. 이것은 우리가 기억해야 할 사건이다. 그것은 주체와 이성이 결합할 때 생겨나는 사회운동이기도 하다.

사람의 일

이 모든 일들은 사람들에 의해 만들어졌다. 설계경기에 의해 조경설계자(정영선)와 건축가(조성룡)가 선정되었고, 그들의 헌신적인 노력과 제안들은 강홍빈 서울시 전 부시장의 이해와 후원 없이는 불가능했을 것이다. 물론 어려운 시공을 맡았던 수많은 노동자들, 그리고 이 프로젝트에 직간접적으로 기여한 사람들은 한둘이 아닐 것이다. 특히 콘크리트 표면에 페인트라도 칠해야 된다는 '상식적인 무식'을 막아내기 위해 건축가가 어떤 투쟁을 치렀는지 아는 사람은 그렇게 많지 않을 것이다.

　정수장에서 선유도 공원으로의 변신, 이런 일은 서울에서만 일어나는 것이 아니다. 70년대 이후 유럽에서는 폐기된 산업시설들과 공간들에 대한 보존 논쟁이 일어났으며, 산업시설들의 재활용이 이미 활발히 진행되고 있다. 그 중에는 이미 성공을 거두어 시민들에게 좋은 호응을 받은 사례도 있다. 독일 루르 지방의 폐산업 기지 중 뒤스부르크Duisburg의 거대한 제철소를 그대로 둔 채 공원으로 만든 것이 한 예이다. 거대한 제철소를 철거하기 위해 천문학적 비용을 지불하는 것보다 조각 작품처럼 변신시키고, 녹슬어가는 철 구조물 사이로 풀과 나무가 자라는 모습을 건축가가 제안하자

그림 11. 카페가 된 펌프장. 한강에서 물을 퍼올리던 취수장은 카페테리어로 변신되었고, 또한 서울의 파노라믹한 풍경을 조망하는 전망대로 되살아났다. 사진: 김재경.

그림 12. 한강박물관과 수생식물원을
연결하는 중앙 통로는 콘크리트의 오래된
시간과 함께 푸른 생명을 대비시켜 바라볼
수 있는 특별한 길이다. 사진: 김재경.

이를 시市가 받아들였다. 시민들도 근대 산업의 폐허들을 '유적'으로 격상시키는 데 이의를 제기하지 않고 동의했다. 이런 사례는 농경시대나 전통사회의 유산들만이 기념비나 유적이 되는 것이 아니라 현대인들이 만든 산업의 '쓰레기'도 '기억'과 '유적'으로 변신할 수 있음을 입증해준다. 이제 건축을 정의하는 목록에는 '창조적인 철거'를 포함시켜야 할 것 같다. 모든 물질로 된 구조물이나 건축은 그 자체로 말하지 않는다. 그것은 오직 위임된 주체일 뿐이다. 문제는 사람들이 누구를 위해 위임하느냐에 달려 있다.

공원은 근대적인 발명품이다. 그러나 적어도 그곳에서만은 어슬렁거리고 천천히 경관을 바라보며, 식물에 눈길을 주고, 잠시 앉았다 다시 일어나 걷기 시작할 수 있다는 것은 도시에 사는 사람들에게는 위안이다. 도시 속의 모든 장소가 상품 소비의 전략적인 공간으로 확장되고, 신자유주의 경제 체제의 쟁탈의 대상이 되고 있는 시점에 공공 영역을 넓혀나가는 일 또한 의미심장한 사회운동이다. 이것이 바로 잊혀진 땅의 귀환이 우리들에게 보여주는 메시지다. 그리고 나무를 심는다는 것은 시간을 심는 것이고, 정신을 자연에 저장시키는 일임을 알려주고 있다.

선유도 공원이 한강에 정박한 큰 유람선처럼 떠 있다. 5년 또는 10년, 아니 100년 후 이 유람선은 어디서 항해하고 있을 것인가?

겸재의 그림에서 영감을!

그림 1. 중국화풍의 영향으로 형식화되었던 동양화 수법은 겸재에 이르러 실재하는 경관을 화폭에 담기 시작하였다. 진경산수의 대가로 불리는 겸재 정선은 서울 주변은 물론 금강산에 이르기까지 옛 풍경을 시간을 초월하여 생생하게 우리들에게 전한다. 〈양화환도楊花喚渡〉를 응시해보자. 조금 있으면 건너편 강가에서 기다리던 사람들이 나룻배를 탈 것이다. 겸재는 시간을 표현하는 단편영화를 이 그림 속에 삽입하였다. 정지된 진경산수이면서 동시에 움직이는 영화라고 하는 새로운 장르를 개척한 겸재는 평범한 화가가 아니라 멀티미디어 아방가르드라고 불려도 과장된 표현은 아니지 않을까?

아는 사람들은 알겠지만 서울 시민의 대다수는 선유도가 어떤 땅이었는지, 선유도가 어떻게 해서 생태 테마공원이 되었는지 잘 알지 못하는 듯하다.

　　나는 건축환경문화의 홍보대상으로 선유도 공원을 추천한 적이 있다. 선유도 공원만들기는 자연친화적일 뿐만 아니라 지속 가능한 환경을 실제로 만들어낸 사례로서 대단히 중요한 의미를 지니고 있기 때문이다. 지금 이 시대는 무슨 일을 하든지 기존의 것을 깡그리 쓸어버리고 늘 새것을 세우려는 관성 속에 이끌려가고 있다. 선유도 공원은 그런 점에서 그릇된 개발지상주의를 다시금 성찰적으로 바라보게 한다. 아직도 선유도 공원을 가보지 않은 사람이 있다면 이 글을 읽는 대로 짬을 내어 방문하기를 권유한다.

　　선유도 공원은 1978~2000년까지 20여 년간 서울 시민에게 수돗물을 공급하던 정수장을 재활용해 물을 테마로 조성한 생태공원이다. 도심에서는 보기 드문 생태 테마공원으로 현재 서울 시민들의 깊은 사랑을 받고 있으며, 초·중·고 학생들의 체험학습장으로 널리 활용되고 있다. 한마디로 공장을 공원으로 만든 소중한 사례이다.

중지도(노들섬)는 오페라하우스가 되고 싶을까

선유도 공원의 역사를 살펴보면서 겸재謙齋 정선鄭敾(1676~1759)의 그림 <선유봉仙遊峯>[1]을 접하게 되었다. 원래 선유도는 신선이 노닐 만큼 아름다운 한강의 절경이었다. 그러나 일제시대 이후 한강 주변의 개발계획들은 선유도를 그대로 두지 않았다. 선유도를 풍경의 대상으로 보지 않고, 개발을 위한 골재의 원산지 정도로 생각했던 것이다. 그렇게 해서 개발의 광풍은 선유도뿐만 아니라 한강 주변의 절경들을 가차 없이 휩쓸어버렸다. 그리고 남은 상처에 호안 블록을 덧씌워 '고수부지'라는 수변 공간을 마련했다. 이는 물을 합리적으로 다스리는 토목공사처럼 보이지만, 실은 한강의 생태를 철저하게 파괴하는 학살 행위나 다름없다. 선유봉의 덩어리는 파괴되고 분쇄되어 평평한 섬같이 되었고, 모래톱 사이로 드나들던 나룻배도 사라져버렸다. 이 얼마나 짧은 세월 동안 이루어진 급격한 변화인지 놀라지 않을 수 없다.

---

1. 《양천팔경첩陽川八景帖》, 1742, 김충현 소장.

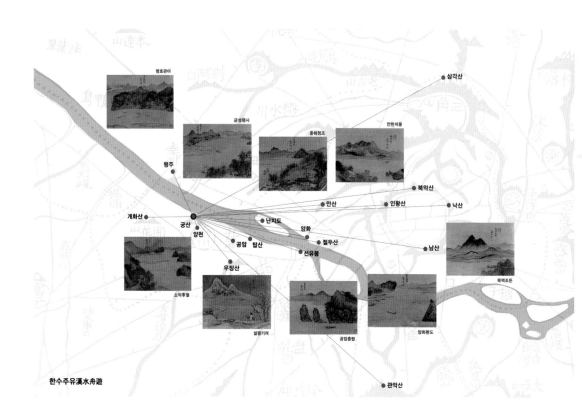

그림 2. 겸재는 한때 양천현감으로
재직하며 궁산 주변에서 바라보이는
한강변의 수많은 풍경을 그렸다.
그의 그림을 바라보고 있으면 지금의
한강이 얼마나 초라한 모습으로
변모하였는지 놀랍기만 하다.

따라서 나의 관심사는 조선시대 진경산수의 대가인 겸재 정선의 그림으로 옮겨 갔다. «경교명승첩京郊名勝帖»에 나타난 한강의 풍경들은 보면 볼수록 한강의 옛 경관을 그리워하게 만들었다.

2006년 5월의 서울시장 선거를 앞두고 후보자들마다 한강을 어떻게 되살리는지에 대해 많은 제안들을 했는데, 겸재 정선의 <선유봉>이나 <양화진>, <동작진>, <행호관어> 등을 보면 참으로 격세지감을 느낀다. 겸재는 단순히 한강을 그린 것이 아니라 18세기 한강의 생태적 모습을 고스란히 간직해 우리에게 전해주고 있는 것이다. 한강에 대한 정책을 구상하기 이전에 한 번쯤 진지하게 한강 주변을 그린 겸재 정선의 그림을 차근차근 들여다본다면, 그 안에서 우리가 나아가야 할 방향과 정책, 그리고 정신을 발견할 수 있다. 왜냐하면 겸재 정선은 당대의 경관을 사실적으로 묘사하는 것을 넘어서 당시의 소리와 빛깔과 공기와 삶의 모습을 재구성했기 때문이다.

우리가 설사 후기 산업화 시대를 산다고 해도 강은 여전히 강이고 물은 여전히 물이다. 물은 늘 자연스럽게 흐르기를 바라고, 그 속에 수많은 생명들을 거느리며 모래도 실어 나른다. 한강과 같이 거대한 물은 메마른 도시를 적셔주는 찬란한 빛이요, 세월을 느리게 가게 하는 자연의 시간이며 한민족의 숨결이기도 하다. 한강을 위해 어떤 정책을 펼치기 전에, 무엇보다도 먼저 물에게 물어보아야 한다. 노들섬이 감당해내기 어려운 오페라하우스를 짓는 계획에 앞서 노들섬에게 물어보아야 한다.

"너는 모래톱이 되기를 원하는가, 아니면 오페라하우스가 되기를 원하는가?"

자연은 인간이 손을 대지 않을수록 더 많은 아름다움을 인간에게 선사한다. 수도 서울 한강변은 한 가지의 유일한 목표인 치수治水에만 전념했을 뿐, 물을 품는 삶에 대해서는 제대로 고려한 적이 없는 듯하다. 이를테면 겸재의 또 다른 그림 <행호관어杏湖觀漁>[2]를 보면 화창한 초여름 개화산에 올라가 덕양산 아래 물가에서 선단을 이루며 고기잡이하는 풍경을 볼 수 있다. 덕양산(행주) 부근은 모래톱과 갈대들이 우거져 바다에서 민물로 오는 고기들의 산란지였고, 그 중에서도 웅어, 복어는 정말로 감칠맛 나는 생선이다. 보통 바닷물에서 민물로 넘나드는 생선들은 육질이 좋고, 그 맛이 일품이다. 그래서 웅어는 임금에게 올리는 진상품이었으며, 지금의 고양시에 사용원(조선시대 궁중

2. «경교명승첩», 1741, 간송미술관 소장.

그림 3. 겸재 정선의 〈행호관어도杏湖
觀漁圖〉(1741). 정선은 웅어를 잡던
행주산성 아래의 선단의 정경을 가벼운
필치로 보여주고 있다. 이 그림을 가만히
들여다보면 지금 이 순간에도 당시
어부들의 고기 잡는 노랫소리가 들리는
듯하다. 겸재는 우리들에게 풍경만
보여주는 것이 아니라 소리와 빛과
냄새까지도 전해주고 있는 것은 아닐까?

의 음식을 맡아본 관청)을 두고 행주산성에는 석빙고를 두어 임금에게 차질 없이 진상하게 하였다고 한다. 덕양산 산자락의 벼랑을 이루는 곳에 한양 세도가들의 별서(별장) 지대로 이름난 곳이 있었고, 겸재는 당시의 아름다웠던 한강의 모습을 붓으로 그려 우리에게 전하고 있다. 그것은 한 폭의 그림이면서 동시에 잃어버린 자연의 삶이다.

감칠맛 나는 웅어와 복어를 아십니까?

지금은 행주대교가 지나가고 주변에 수중보가 설치되어 웅어나 복어가 거의 사라졌고, 잡을 수도 볼 수도 없어졌고, 한강 하류의 또 다른 장관은 사라져버렸다.

겸재 정선의 평생의 친구인 진경시의 대가 사천 이병연李秉淵(1671-1751)은 <행호관어>의 시를 다음과 같이 읊었다.

> 늦봄이니 복어국이요
> 초여름이니 웅어회라
> 복사꽃 가득 떠내려 오면
> 어망을 행호 밖에서 잃겠구나

사천 이병연이 읊은 <행호관어>의 시는 우리에게 당대의 고기잡이 풍경에 흥취를 더하게 한다. 겸재 정선의 그림을 볼 때마다 우리는 정지된 영화를 보는 듯하다.

한강의 풍경과 시민

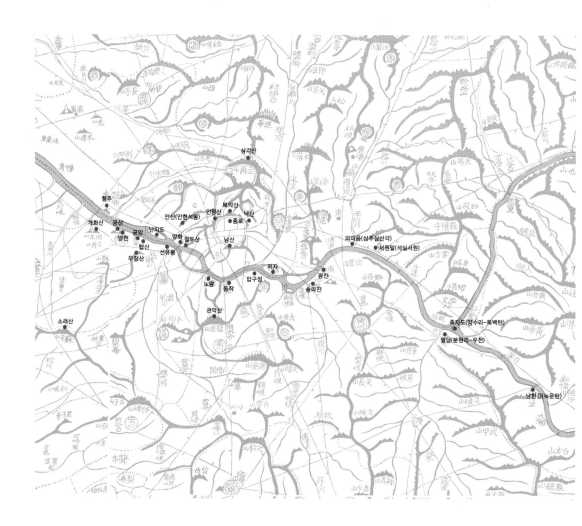

그림 1. 한강 주변.

한강: 분단의 풍경

강은 본래 '땅 위의 하늘'이다. 물이 생성될 때 강의 역할을 조물주가 물에게 위임한 것이다. 그러나 지금 한강은 땅 위의 온전한 하늘을 반영하고 있지 못하다. 지금 서울을 지나는 한강은 사람이 시켜서, 사람이 원하는 강이 된 것이지 강이 그 스스로가 되고자 하는 그런 강은 아니다. 관리되고 조절되고 오염된 강 양안의 콘크리트 구조물들은 강변의 생명을 죽이고 흐르는 호수가 되었다.

그래서 우리가 오늘 보는 한강은 한강의 모조품이다. 이런 모조품에게 어떻게 다시 진품으로 돌아가라고 말할 수 있을까? 그렇게 요구하기에 이 세상은 너무나 많이 변해버렸다. 한강의 풍경은 지금 분단의 풍경이다. 강북과 강남을 분리시키고, 자연과 인공을 분리시키며, 사람과 강을 격리시키는 소외된 풍경이다. 상징적으로 말하자면 남북 분단의 풍경이다. 분단되고, 소외되고, 금지된 한강의 통일은 반짝이는 '아이디어'로서가 아니라 새로운 관점과 비전을 상식적으로 회복하는 것으로부터 출발해야 되는 것이 아니겠는가? 우리가 한강에 대해서 무엇인가 해야 된다면, 그것은 상처투성이의 강을 치유하는 것이다. 이제 물에게 모든 것을 물어보자.

세계의 대도시들에는 강이 흐른다

런던에는 템스 강이, 파리에는 센 강이, 상트페테르스부르크에는 네바 강이, 이집트 카이로에는 나일 강이, 그리고 서울에는 한강이 흐른다. 넓고 큰 강이. 그리고 세상 사람들에게 모든 강들은 각별한 이미지로 머릿속에 저장되어 흐른다.

도시의 집들은 변해도 변치 않고, 흐르는 큰 물줄기인 강들은 그 자체가 역사이고 문명이며 생명의 은유다. 흐르면서도 지속 가능한 것은 도시에서 강뿐이다. 지난 20세기 내내 서울은 천지가 개벽할 만큼의 변화를 겪었다. 10만이 채 안 되던 도시의 인구가 1000만을 넘었고, 메트로폴리스에서 메가폴리스로 급성장한 도시인들에게 한강

그림 2. 1925년 을축년 대홍수.

은 이제 가장 큰 위안이 된다. 서울을 에워싼 산들과 함께 한강은 이제 '개발'이라는 이름의 광폭한 이빨이 물어뜯을 수 없는 마지막 보루이자 땅에 의존해서 사는 사람들의 존재 이유이기도 하다. 대도시의 문명에 대립되면서 보완하는 최후의 영역인 강과 산은 서울을 서울이게 하는 정체성이기도 하다. 그 한강에게 본래의 물줄기가 원하는 원시적인 한강으로 되돌려줄 수만 있다면, 원형의 모습으로 환원시킬 수만 있다면 한강이 그동안 베푼 은혜에 보답하는 것이 되리라.

　　강을 에워싼 그 어떠한 계획도 이 명제에 어긋나는 것이라면 1925년의 을축년 대홍수와 같은 재앙이 내릴 것이다. 지금은 역사 속으로 사라져버려 아무도 기억하지 못하는 을축년 대홍수 때 바다와 같이 넓게, 도도하게 흐르며 모든 것을 집어 삼킨 천재지변에 사람들은 경외심으로 한강을 바라보았고, 이를 계기로 역설적으로 한강은 강력한 치수의 대상으로 전락하였다.

　　그리고는 급기야 지금과 같이 양안에 '고수부지'란 안전지대를 구축하면서 강이면서 강이 아닌 '관리된 물'로 전락하여 흐르고 있다. 사람들이 바꿀 수 없는 것은 물이 높은 곳에서 낮은 곳으로 '흐른다'는 사실뿐이다.

풍경의 원형

산속의 작은 계곡은 풍경이라기보다 소리다. 한강과 같이 넓고 도도하게 흐르는 긴 강은 풍경이 된다. 풍경이란 움직이는 경관이다. 고정되고 정지된 대상이 아니라 대상마저도 흔들리게 하면서 변화시키는 경관이다. 도시 속에서 강처럼 시시각각 변화하는 풍경은 없다. 작고 큰 모든 빛에 반응하면서 아주 미세한 미풍에서부터 온갖 종류의 바람에 일렁이면서 빛은 반사되고 하늘을 빠트린다. 저녁노을 붉게 물든 강과 하늘은 맞닿아 긴 밤을 준비하고 자동차의 행렬에 길을 내준다. 새벽 아침 무렵 강은 그 누구보다 먼저 일어나 그날의 기후를 예고한다. 그 누구도 알아보기 힘든 작은 말을 건넨다. 새벽녘 강에 흐르는 빛은 강만이 회상할 수 있는 근원의 빛이다. 강은 기억한다. 큰물이 되기 전 약속한 물의 유전자를. 그들이 변치 않고 실어 나를 태고의 약속을.

이런 빛을 알아차린 서울 시민들 중 일부는 강이 바라다 보이는 곳에 안식처를 마련한다. 강가에 도열한 아파트들은 바로 한강의 이런 풍경을 독점하려는 욕망의 또 다른 풍경이기도 하다. 남보다 오랫동안, 그리고 먼저, 어떠한 말로도 형언할 수 없는 한강의 순간들을 포착하려는 저 눈빛들의 탐욕스러움, 그 탐욕들을 모두 녹인다고 강이 되진 않는다. 그들은 다만 강을 바라볼 뿐이지 물이 되진 못한다.

잔잔히 흐르면서 수평면으로 퍼지려는 속성을 가진 물은 도시에서 발견할 수 있는 가장 넓고 평평한 면이다. 이어지는 수평면들은 도시의 배경이 되어주고 하늘과 산과 함께 주변의 도시를 차별 없이 끌어안는다.

강은 어느 한 순간도 배경으로서의 역할을 포기한 적이 없다. 사물의 배경이 되고, 빛을 존재하게 하며, 그러면서도 빛과 형상을 끊임없이 이동시키는 강은 결코 완성될 수 없는 수채화다. 서울 시민들은 바로 그 한강의 물을 먹고 산다. 풍경이면서 생명을 이어주는 물, 그 물을 먹고 사는 사람들을 우리는 풍경을 마시는 사람들이라고도 말할 수 있다. 신체에 저장된 풍경 때문에라도 우리는 강을 잊을 수 없다. 그래서 한강은 이미지이면서 실체이고, 실체이면서 개념이 된다. 그러나 이런 한강의 원형적인 풍경은 서서히 그 막을 내리고 한강에 대한 집단기억의 창고는 비워지고 있다. 작은 물줄기들이 모여 샛강을 이루고, 샛강들이 모여 큰 물줄기를 이루는 큰 강은 물만 흐르는 것이 아니라 흙과 모래와 온갖 기억의 퇴적물들을 실어 나른다. 그리하여 모래톱도 만들고, 삼각주의 평야도 만든다. 섬을 자라나게 하고 섬을 실어간다. 그러던 자연 하천인 한강이 인공적으로 다스려지면서 집단기억의 창고에는 시뮬라크르만 쌓여간다. 모조품의 창고가 되어간다.

잃어버린 풍경들

이제, 우리는 더 이상 겸재 정선이 보던 한강의 진경을 볼 수 없다. 행호杏湖에서 황복어 고기잡이를 하던 선단의 배들도 볼 수 없고, 잠두봉이나 용두봉으로 부르던 절두산 밑

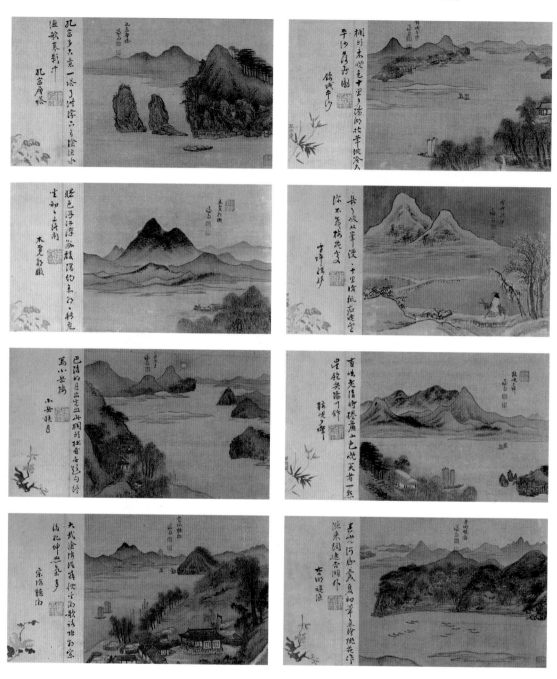

그림 3~10. 겸재 정선의 한강 진경,
윗줄 좌에서 우로: 공암층탑 / 금성평사 /
목멱조돈 / 설평기려 / 소악후월 /
안현석봉 / 종해청조 / 행호관어

의 양화진 풍경도 볼 수 없으며, 꽁꽁 얼어붙은 강변에서 나뭇짐을 지고 가는 겨울 나무꾼을 볼 수도 없다. 지금은 선유공원이 자리 잡은 터의 선유봉, 신선이 놀던 산도 자취를 감추었다. 겸재 정선의 시야에 들어오던 한강 주변의 절경들은 다 사라지고 양천구의 옛 향교와 절벽만 아슬아슬하게 남아 한강변의 옛 풍경의 한 자락을 전할 뿐이다. 뚝섬 부근의 미루나무 숲도 더 이상 보이지 않고, 목재를 한양에 공급하기 위해 떠내려 오던 뗏목도 사라졌다.

아주 오래전에 사라진 풍경들 대신 한강 주변에는 인공적인 풍경들이 늘어나고 있다. 질서정연한 호안석축, 조금은 어색하고 볼 것도 없이 배회하는 유람선, 운동장으로 연결된 고수부지, 경망스런 텐션 구조물들 등등. 그래도 강이 흐르는 넓은 면이 그리워 찾아오는 수많은 시민들, 물가에 왔으나 발을 물에 담글 수 없는 사람들, 물은 있으나 바라만 보는 사람들만 있다. 그리고 물 밑에는 물을 가두는 수중보(물길을 막아 수위를 일정하게 유지하기 위하여 만든 보)가 숨어 있다. 한강은 이제 강이 아니라 흐르는 큰 호수인 셈이다. 강의 아름다움은 강물에만 있는 것이 아니라 땅과 경계를 이루는 불규칙한 강변에 있다. 한강의 모래사장은 얼마나 눈부신 휴식처였던가! 모래를 쌓고 어루만지며 흐르던 강가에서 사람들은 물을 보고 만지고 헤엄을 쳤다. 그런 강에 이제 사람들은 목숨을 던진다. 자살을 한다. 자연 속에 사람들은 목숨을 던진다. 자살을 한다. 자연과 생명의 강은 죽음의 강이 되고, 매일매일 산소 요구량을 측정하는 건강 검진을 받아야 될 만큼 죽어가고 있다.

물도 죽고 사람도 죽는 강이 된 셈이다. 강은 사라지고 강의 시뮬라크르만 남았다. 강의 생태를 회복해야 된다는 말은 무성하지만, 생태는 말로 회복되지 않는다. 한강에 대해 사람이 결정할 일은 많지 않은 것 같다. 이제 물에게 물어보자. 한강, 너는 진정으로 무엇이 되고 싶은가라고! 예전에 바다로 돌아갔던 물이 다시 돌아올 때 그 물에게 물어보자. 물의 조상의 조상에게 물어보자.

풍경의 변증법

강을 죽인 것이 사람이므로 강을 살리는 것도 사람의 몫이다. 이제 만일 한강을 새롭게 바라보고자 한다면 매일매일 스치듯 지나가는 낭만적인 풍경만은 아닌 듯싶다. 가상적이고 인위적인 것으로 충만한 집단기억의 창고에 새로운 상징의 의미를 채우는 일이 남아 있다. 강처럼 상징적인 것이 또 어디 있단 말인가! 백두대간으로 인해 연원하고, 그 지형에 의해 황해로 흘러드는 한강에게 우리가 염원해서 흐르게 할 숙제는 이제 평화가 아니겠는가! 한강이 임진강과 만나 바다로 흘러드는 장관을 남북 대다수 한국인들은 그리워한 적이 없다. 그 정경을 제대로 본 적이 없기 때문에. 그리고 한강은 경제의 기적을 이룬 남한 사람들의 강만이 아니라 한강과 임진강이 만나고 섞여서 통합된 상생의 강이다. 평화의 강이다. 통일의 강이다. 상징의 강이다. 만일 지금 우리가 한강에 대해 말을 걸 것이 있다면 평화의 메시지 말고 또 무엇이 있을 수 있는가? 강이 강답게 흐르고, 그래서 강과 사람들이 다시 더 친숙해지고, 모래톱에 새들이 내려앉는 풍경 속에 진정으로 온전한 평화가 있음을 다같이 다시 한 번 생각해볼 일이다. 강은 자연이다. 자연은 손대지 않고 가만 내버려둘수록 강다워진다. 생태적으로 회복된다. 그동안 사람들이 손 댄 부분이 사람만을 위한 것인지, 도시만을 위한 것인지, 강을 위한 것인지 제대로 묻고 답할 때 한강은 시민들에게 잊혀진 풍경을 되돌려줄 것이다. 참으로 오랜만에 이 땅에 평화를 흐르게 할 것이다. 이런 것만이 시민들이 강을 대접해야 할 최소한의 예의이다.

기억의 소멸이 미덕인 도시여:
서울역

그림 1. 도시의 영혼이라 할 장소성에 대한
의미를 깊이 인식했더라면, 지금 서울역은
전혀 다른 얼굴을 하고 있었을 것이라는
상상을 해본다.

오늘 오후 건축과 대학원 과정 세미나의 주제는 '집단기억'이었다. 한 학생이 '기억의 회복, 근대 건축물의 재생'이라는 테마로 발표를 했는데, 그 대상 건물이 바로 서울역이었다. 발표 내용은 흥미로웠고, 그냥 스치고 지나가기에는 많은 문제를 내포하고 있었다. 이를테면 도시의 정체성에 대한 본질적인 질문을 다루는 이야기야말로 앞으로 우리가 지속적으로, 그리고 진지하게 논의해야 할 주제가 아닌가 싶다. 청계천이 긴 '콘크리트 분수'로 변환되면서 사람들이 흥미를 갖고 많이 찾는다는 이유 하나로 진정한 평가와 논의가 유보된 채, 최근 새롭게 지어진 서울역사와 지금 고안 중인 서울 시청사를 '집단기억'이라는 주제 속에서 생각해볼 만한 적절한 시점인 듯하다.

아들과 아버지에게 완전히 다른 서울역

학생의 요지는 다음과 같다. 서울역이나 동아일보사 같은 근대 건물과 북촌 같은 도시형 한옥군은 특별한 장소성을 갖는데, 장소성이야말로 서울의 역사이자 정체성을 이루는 요소이며, 이것들은 바로 서울에 사는 사람들의 '집단기억'으로 자리잡고 있다. 집단기억은 우리가 다시 인위적으로 만들어낼 수 없는 문화적인 가치이고, 바로 그렇기 때문에 이를 수선하거나 유지하는 모든 행위 이전에는 깊은 연구가 필요하다는 것이다.

특히 서울역의 경우 새 역사가 옛 서울역 건축물 옆에 덧붙여 신축되면서 옛 서울역사의 이미지가 바뀌어 세대간 기억의 단절이라는 결과를 초래했다고 한다. 즉, 어린 아들에게 서울역은 신축된 역사를 지칭한다면 옛 서울역 건물은 박물관으로 인식되며, 그의 아버지에겐 옛 서울역사가 진짜 서울역이고 새로 지은 것은 증축된 대합실 정도의 의미밖에 없다는 것이다. 작은 일이지만 부자지간에는 좁혀질 수 없는 근본적인 대화의 어려움이 있다. 만일 옛 서울역 건물을 어떠한 방법으로든지 잘 활용해 설계할 것을 주문했다면, 아마 지금과 같은 대화의 혼선은 예방했을지 모른다. 도시의 영혼이라 할 장소성에 대한 의미를 깊이 인식했더라면, 지금 서울역은 전혀 다른 얼굴을 하고 있었을 것이라는 상상을 해본다.

다만 모든 역사들이 재정적 이유로 '민자역사'로 전환되면서 공공 영역이 축소되고, 역세권 중의 역세권이라는 상업 공간의 최대 확보야말로 밑지는 장사를 할 리 없는 투자자의 권한이자 욕심임은 두말할 나위 없다. 옛 건물을 목숨을 다한 주검으로 간주하고 그에 걸맞은 '박물관'이라는 이름으로 사후를 지속하게 된 것을 그나마 다행으로 여길 수밖에 없는 게 안타까울 뿐이다. 그러나 무엇보다 우선해야 했던 것은 사적 자본의 이익 보전 이전에 공공의 이익을 먼저 생각하는 것 아닌가?

최근 한 시민단체에서 수행한 모든 민자 역사의 사적 영역과 공공 영역의 정밀조사 결과가 발표되었는지 모르지만, 그보다 더 중요한 문제는 기존의 역사적인 건물들을 대하는 태도이다. 폐기 처분하면 가장 간단하나 여론이 무섭고, 그냥 두자니 애물단지 같아 철거하기보다는 명맥을 유지해주는 것만으로도 만족하라고 명령하는 듯하다. 학생의 말대로 수많은 사람들을 토해내고 받아들이던 옛 서울역 앞은 노숙자들의 아지트가 되었고, 그냥 그렇게 쓸쓸하게 서 있다.

그렇게 언제까지 서 있을지 모르는 옛 서울역사는 그래도 격동기를 살아온 많은 사람들에게 '서울의 관문'이라는 상징적인 의미를 지니며 한 집단의 기억 속에 보존될 것이다. 그것은 일제의 잔재라는 오명보다 근대 유산이라는 또 다른 가치를 부여받고 서울에 흔치 않은 영혼의 한 조각으로 소임을 다할 것이다. 알로이스 리글Alois Riegl이라는 미학자는 19세기에 현대 유적 또는 기념물들의 가치를 세 가지로 분류한 적이 있다. '오래된 가치'와 '역사적인 가치'와 '현재적인 가치'로 말이다. 서울역사가 이 세 가지 중 어디에 더 속하는지를 따져 묻기보다 오히려 '집단기억'으로서의 가치를 말하는 것이 지금은 더 시급해 보인다.

전문가 말고 시민에게 먼저 물어라

지금 여기 한국 땅은 어떻게 해서든 기억을 소멸시키는 것을 미덕으로 알고 있다. 옛 것은 다 낡은 것이고, 낡은 것은 가차 없이 쓸어버려야 직성이 풀리도록 관습화된 백성들에게 '역사'와 '문화', '기억'은 거추장스럽고 부담스런 존재다. 특히 도시 속에서 건설은 무조건 깡그리 밀어버리고 새롭게 짓는 것이어야 하고, 바로 그럴 때만 아름다운 것이라고 인식하기에 이르렀다. 그래서 우리는 해방 이후 일제가 소멸시킨 것보다 더 많은 양의 것들을 파괴하고 지워버렸다. 역사의 흔적을 지우고 기억을 망각으로 대치하는 사람들을 우리는 야만족이라고 부른다. 가족끼리 오순도순 살던 집을 때려 부수는 것을 '경축'하는 나라는 세계에서 우리밖에 없을 것이다.

이제 우리가 만일 진정으로 문화입국을 원한다면, 우리가 야만족으로 살기보다 집단기억이 보존되는 문명인으로 살기를 원한다면, 유럽의 도시는 근사한데 왜 우리나라는 이 모양이냐고 투덜대는 사람들이 있다면, 삶과 삶의 기억이 보존되는 의미 있는 건축물들에 대해 돈으로 환산할 수 없는 사용'가치'를 인정하는 것으로부터 출발해야 할 것이다. 그것은 단순히 '건물' 그 자체만을 의미하는 것이 아니라 나아가서는 건물을 에워싼 일정한 영역의 풍경까지를 고려해야만 한다. 이는 우리가 건축물이 형성하는 장소성으로까지 확장해 해석하는 것까지를 포함하는 것이다.

최근 기존의 서울 시청사 일부를 허물고 지으려는 계획안이 진행 중이다. 가끔 신문에 계획안이 그림으로 등장하는 것을 보고서야 시민들은 무엇인가 새로운 시청사가 지어지는가 보다 할 뿐 왜 그 자리에 그렇게 큰 규모로 이상한 형태를 하고 서 있어야 하는지 묻는 사람들이 없다. 기존 시청사의 얼굴은 보존했으니 근대 유적에 대한 예는 갖추었다는 식이다. 그러나 이런 질문은 남는다. 덕수궁과 같은 역사문화재를 보호하려는 문화재 보호 규정인 앙각 27도는 유지했으니 나머지는 건축법대로 하면 된다는 해석이 과연 넓은 의미에서의 경관적인 해석으로도 옳은 것인지 말이다. 현대 유적으로 보존하려는 옛 시청사를 서울역사처럼 죽이는 일은 아닌가 하고 말이다. 시 스

그림 2, 3. 옛 서울역과 현재의 서울역.

스로가 '집단기억'의 장소성을 말살하기 전에 이제는 시청의 주인인 시민들에게 물어볼 일이다. 해당 전문가들에게만이 아니라 서울에 사는 다수의 집단에게.

　서울역은 단순한 기차역이 아니라 한국 사람들의 집단기억을 되살려주는 뜻 깊은 장소이다. 본래의 서울역사는 한국 근대사의 수많은 사건들을 증언하고 있으며, 또한 수많은 개인들의 기억 속에 생생하게 남아 있는 사건의 장소이다. 따라서 서울역과 같은 중요한 건물의 용도를 바꾸거나 새롭게 계획할 때 중요한 쟁점이 되는 것은 우리가 집단기억이라고 하는 공동의 가치를 어떻게 생각하느냐에 있다. 새로 지은 서울역 유리건물은 기능만 있고 장소성이 소멸된 듯 보인다.

문화도시 서울, 어떻게 만들 것인가

문화도시의 개념과 관점

문화도시의 개념을 규정하기 위해서는 우선 일반적으로 도시란 어떠해야 하는지에 대한 전제적인 논의가 필요하며, 이는 무엇보다도 '바람직한 도시'를 지향하는 것이어야 한다. 이러한 관점에서 우리는 우선 '기본이 바로 선 도시'를 상정한다. 이것은 '시민들이 쾌적한 일상생활을 영위할 수 있도록 기초가 바로 선 도시'를 뜻한다. 다시 말해서 이것은 구조적인 측면에서 적정하고, 기능적인 측면에서 원활히 작동되며, 형태적인 측면에서도 아름다운 도시를 뜻한다.

이렇게 '기본이 바로 선 도시'를 바탕으로, 또는 이를 지향하면서 삶의 질을 더 고양시킬 수 있는 상태로 옮아가는 도시를 우리는 문화도시라고 말할 수 있다. 그러므로 문화도시란 문화시설이 잘 갖추어져 있고, 문화예술에 대한 정책 지원이 풍부한 도시만을 뜻하는 것은 아니다.

다시 말해서 문화도시를 이루기 위해서는 문화적인 지표에 앞서서 기초적인 생활의 측면을 충실히 고려하는 관점이 절실히 요구된다. 요컨대 문화도시란 '살기 좋은 도시' 또는 '살고 싶은 도시'의 다른 이름이라고 할 수 있다. 문화란 특별한 어떤 것이기에 앞서서 삶의 다른 이름이기 때문이다. 문화는 삶의 총체적인 상황으로서 어떤 상태에 머물지 않고 끊임없이 살아 움직이는 것이다. 따라서 문화도시를 말할 때 우리는 문화와 도시가 결합된 상태를 떠올리는 것이 아니라 도시 자체가 문화의 복잡한 집적체라는 사실을 깨달아야 한다. '문화의 복잡한 집적체로서의 도시'라는 개념은 도시가 만들어낸 공간적인 조직, 도시가 작동하는 구조, 그리고 그 도시 속에서 체험하는 경

그림 1. 문화도시란 '살기 좋은 도시' 또는 '살고 싶은 도시'의 다른 이름이라고 할 수 있다. 문화는 삶의 총체적인 상황으로서 끊임없이 살아 움직이는 것이기에, 문화도시를 말할 때 우리는 도시 자체가 문화의 복잡한 집적체라는 사실을 깨달아야 한다.

관과 매일매일 일상 속에서 시민들이 도시를 살고 이용하는 방식들을 섬세하게 연관 지워 바라볼 것을 요청한다. 그러므로 문화도시란 이러저러한 것이라고 설정한 뒤 외국의 사례를 무작정 반영하여 정책을 입안하고 제도를 세운다고 문화도시가 만들어지지 않는다. 중요한 것은 어떤 관점에서 도시를 바라보고 무엇을 위해서 문화를 생각하는가 하는 점이다.

외국의 좋은 사례를 반영한 문화정책이 문화를 파괴할 수도 있음을 우리는 직시해야 한다. 외국의 사례들을 적용한다고 해서 좋은 결과가 보장되지 않는다는 것은, 도시에 대한 인식과 도시가 자리 잡고 있는 자연환경과 도시를 운영하고 살아가는 방식이 서로 크게 다르기 때문이며, 문화정책들이 문화를 저해한다는 것은 문화를 현실적인 상황과 일상적인 삶 속에서 바라보지 않고 추상적인 개념과 지표로만 사고하기 때문이다. 또한 이러한 잘못된 관점 속에서 문화는 도시에서 살아가는 사람들이 삶을 통해 생산하는 것이기보다는 경제적으로 생산된 것을 소비하는 것으로 여겨지기 십상이다.

대신에 여기에서는 문화도시를 바라보는 관점의 준거로 시간성, 역사성, 현실성, 일상성, 신뢰성, 생산성, 그리고 궁극적으로 공공성의 개념을 제시하고자 한다. 그리하여 문화도시란 궁극적으로 다음과 같이 요약될 수 있다.

> — 기본이 바로 선 도시
> — 고유한 자기 정체성을 가진 도시
> — 공공성이 확장되고 보장되는 도시
> — 삶이 문화가 되는 도시
> — 문화도시를 위한 접근이 문화적인 도시

왜 문화도시인가?

21세기를 특히 문화의 세기하고 말하는 것은 그 동안에 정치와 경제의 논리에 의해 장악되었던 사회가 바야흐로 '문화사회'로 옮아가야 할 필요성이 커지고 있기 때문이다. 물론 그렇다고 해서 그간에 문화가 전적으로 부재하였다고 말할 수는 없다. 그러나 지금까지 우리가 문화라고 부른 것의 실체는 대체로 정치와 경제의 논리가 만들어낸 것이지 문화 자체의 힘에 의해 만들어진 것이 아니었다. 도시의 발전과 확장도 결국은 정치와 경제의 힘이 만들어낸 것이지 시민들이 주체가 되고 그들이 원하는 삶이 표현된 것은 아니었다.

사실 그 동안 이 나라에서 도시를 만들어온 힘은 오직 개발독재의 폭력이라고 해도 크게 지나치지는 않을 것이다. 개발독재의 힘으로 만들어진 도심 속에서 사는 사람들이 체험할 수 있는 것은 오직 개발의 폭력적인 힘밖에 없다. 시민들도 결과적으로 개발독재의 힘으로 만들어진 힘밖에 없다. 시민들도 결과적으로 개발독재가 추구한 '파괴적인 개발'에 동참하거나 소외되는 것밖에 다른 선택의 여지가 없는 삶을 살게 되는 것이다. 이런 상황에서 문화란 가끔씩 소비할 수도 있는 상품으로 전락해버렸다. 이러한 개발독재의 폐해를 바로잡기 위해 우리는 문화에 대한 오해들을 바로잡고, 삶의 질을 또 다른 차원으로 이동시킬 필요가 있다고 생각한다.

결국 문화도시란 완전히 새로운 무엇을 만들어가는 것이 아니라, 이미 있어온 삶속에서 문화적인 맥락들을 짚어내어 그 길을 열어주고 가치를 부여하는 일에서부터 출발해야만 한다. 비록 겉으로 그럴듯해 보이는 문화도시를 만들 수 있을지는 모르겠지만, 그 속에 사는 사람들이 동의하지 않는 도시란 문화도시라고 할 수 없다. 지금 우리가 마주하고 있는 문제는 문화도시를 지정하고, 문화벨트를 만들고, 문화산업을 육성해서 세계적인 문화경쟁력을 갖춘 도시를 만들자는 식의 논리가 아니라 문화에 대한 인식을 바로 세워 이를 통해 문화도시가 만들어지고 문화산업도 자생하도록 순서를 정하는 일이다. 즉, 문화도시에서 문화산업으로 가는 것이 올바른 순서이지 그 역은 아니다. 문화산업을 일으키면 자동적으로 문화도시가 나타나서 그 속에서 문화적인 삶을 이어가고 가끔씩 문화를 경제적으로 소비하는 것이 아니라 삶 속에서 문화적인 풍요를 느끼고 살아갈 수 있는 도시를 만들자는 것이다.

문화도시와 문화공간

문화도시를 만들기 위해서는 문화시설을 곳곳에 자리 잡게 하는 것만으로는 부족하다. 더욱 중요한 것은 도시 공간의 문화적인 재편에 바탕을 둔 문화 공간 만들기이다.

일상성/비일상성, 역사성, 제도성 등의 기준으로 살펴보았을 때 문화의 내용은 예술처럼 고도로 형식화되고 제도화된 형태로부터 분방하기 이를 데 없는 일상적인 삶의 형태에 이르기까지 다양하게 나타난다. 문화 공간에 대한 개념과 관점은 문화의 내용이 안고 있는 이러한 복잡성을 충분히 반영해야 한다.

이런 점에서 문화공간은, 일반적으로 또는 관습적으로 문화공간이라고 일컬어지는 '협의의 문화공간', 즉 흔히 문화시설, 문화지구, 문화거리로 구분되는 문화공간과 함께 수많은 시민의 일상적인 삶이 이어지는 다양한 '일상 공간'을 포함하게 된다.

도시의 대표적인 공간에는 오랜 역사를 거치면서 시민 대다수의 삶과 문화를 축적하고 생성해가는 국지적인 장소성과 독특성에 기반을 둔 공간들이 있다. 도시 마케팅에서는 이러한 공간들을 '문화공간'으로 파악하는데, 이것은 문화시설을 중심으로 문화거리, 문화지구, 문화벨트로 나뉜다. 이러한 '협의의 문화공간'은 물론 시민이 삶에서 중요한 구실을 하며 큰 가치를 지닌다. 특히 이러한 공간들은 도시문화적인 상징성이라는 점에서 대단히 중요한 의미를 지닌다. 예컨대 종로가 없는 서울이나 한강이 없는 서울을 상상하기 힘든 것은 이 때문이다. 그런데 서울에서는 이러한 '협의의 문화공간'도 일상공간과 마찬가지로 크게 파괴되고 훼손되어 있기 때문에 이에 대한 기획과 실천들이 깊이 있게 추진되어야 한다. 그러나 문화도시의 개념에서 잘 알 수 있듯이 문화도시의 완성을 위해서는 일상 공간에 대한 문화적인 접근과 재창조가 충분히 강조되어야 한다. 시민의 삶은 서울의 어느 곳에서나 볼 수 있는 이러한 일상 공간에서 이루어지는 것이다. 나아가 삶이 곧 문화라는 관점에서 볼 때 이러한 일상 공간들의 문제를 해결하는 것이 서울에서는 무엇보다 중요하다. 이제까지 서울의 문화공간 정책이 일상 문화와 일상 공간에 대해 매우 소홀히 한 것이 오늘날 서울의 일상적인 도시 경관을 반문화적인 상태로 빠져들게 한 큰 원인이다.

서울에는 문화적으로 새롭게 만들어내야 할 공간도 있고, 문화적으로 없애고 고쳐야 할 공간도 있다. 이 두 가지 공간을 생산하는 과정은 공간을 문화적인 시각으로 바라보는 계기를 마련할 것이며, 나아가 삶과 문화와 공간이 결합된다는 것의 의미를 몸으로 깨닫는 계기가 될 것이다. 이러한 복합적인 생성을 통해 서울은 문화도시로 옮아가게 될 것이다.

상징과

우 상

서울의 상징 이미지:
도시의 상징물은 보물찾기가 아니다

'서울을 대표하는 상징물은 무엇인가?'라는 질문에 대해서는 모두가 한 번씩 생각해봄 직하다. 그러나 그 질문의 이면에는 감춰진 두 가지 질문이 있다. 그것이 존재한다면 누가 왜 정한 것이며, 그것이 만약 명쾌하게 드러나지 않는다면 무엇인가 상징이 되 는 것을 '의도적으로' 만들어내야 하는가 하는 의구심이다. 상징성에 대한 모순은 바 로 여기에서부터 시작된다. 왜냐하면 한 도시를 대표하는 상징은 대체로 의도적으로 조작되거나 투표로 정해질 성질의 것이 아니기 때문이다.

지구상의 여러 역사 도시들의 상징물을 생각해보면 이러한 논리는 자명해진다. 로마는 '콜로세움Colosseum'이나 '포룸 로마눔Forum Romanum'과 같은 고대 로마의 폐허 로도 상징되고, 또한 로마의 탄생 신화에 등장하는 늑대가 로마의 문장紋章으로 표현 되어 상징물이 되기도 했다. 파리의 에펠탑Eiffel Tower은 1889년 만국박람회의 단순 한 기념탑으로 세워졌던 것이 세월이 지나면서 자타가 공인하는 파리의 상징이 되었 다. 베이징의 톈안먼天安門 광장은 역사적인 유적 앞에 중화인민공화국이 들어서면서 공식적인 행사 장소로 활용되어 자연스럽게 상징이 되었다. 그러한 배경은 모스크바 의 크렘린Kremlin 광장도 마찬가지다. 뉴욕을 상징하는 자유여신상Statue of Liberty은 프 랑스 정부가 미국의 독립을 기념하는 선물로 뉴욕에 기증하여 앞바다에 건립되면서 뉴욕의 상징일 뿐 아니라 미국의 상징물이 되었다. 리우데자네이루의 예수상Christ the Redeemer도 도시를 굽어보는 위치에 극적으로 자리 잡으면서 세월이 흐르고 반복되는 이미지 학습을 통해 세계인들에게 그 도시의 상징물이 된 것이다.

이 상징물들은 모두 세 가지 공통점이 있다. 하나는 한 도시를 상징할 목적으로 제 작된 것이 아니라 '역사적인' 필연처럼 공유되는 가치로 인해 수용한 것이라는 점이

그림 1, 2. 많은 사람들은 서울을 상징하는 상징 이미지가 없다고 말하는데, 그 말뜻 속에는 무엇인가 인공적으로 만들어진 그 무엇이 없다는 말과 같다. 또한 서구의 대도시들이 전 세계인들에게 학습시킨 수직적인 구조물이나 시드니 오페라 극장과 같은 건축물에 필적할 만한 그 무엇을 찾고 있는 듯하다. 그러나 서울의 상징 이미지는 이미 아주 오래전에 생성되었다. 그것은 산과 강이라고 하는 자연의 풍경이다.

고, 또 다른 하나는 그것이 모두 건조물이거나 그와 관련된 장소성을 통해 한 시대의 기억을 불러일으키는 것이며, 끝으로 대내외적으로 인정되는 '상징물'로서 적어도 오랜 시간에 걸쳐 객관적인 가치를 획득했다는 점이다.

그러나 서울은 어떠한가? 지금 정도定都 600주년을 맞이하여 갑자기 서울을 상징하는 '대표적인 이미지'를 찾아내야만 하는 것인가? 문제는 누가 그 어떤 것을 서울의 상징이라고 지명하더라도 하루아침에 서울을 상징하는 상징물이 되는 것이 아니라는 점이다. 그것은 흐르는 역사 속에서 자연스럽게 다수의 내국인들에게 여러 세대를 두고 공유되는 것이어야 하며, 그렇더라도 그것만으로 필요조건은 충족시킬 수 있으나 충분한 조건은 되지 못하기 때문이다. 상징의 필요성은 대내용이기보다는 대외적인 것이므로, 외국인이나 외국 도시들의 입장에서 보았을 때 서울을 대표하는 '역사성'을 획득해야 비로소 국제적으로 통용될 명분을 갖기 때문이다.

세계의 다른 도시들에 비해 서울의 특징을 이루는 것은 큰 산과 넓은 강이다. 그러나 자연환경을 '역사성'으로 인정할 수는 없다. 내사산內四山에 외사산外四山, 그리고 한강을 물줄기로 하여 서울이 탄생하였다 하나, 바로 그런 곳에 도읍을 건설한 '선택

한 행위'와 그 결과물인 산과 강을 상징물로 삼기에는 부적절하다. 풍수설과 같은 동양철학을 상징으로 여기기에는 너무나 추상적이다. 또한 서울의 강이나 산은 우리들에게나 남다른 의미가 있을 뿐이지, 일반적으로 강은 강이고 산은 산일 뿐 그 이상의 부가가치를 세계인이 공유하기에는 너무나 보편적이다. 바로 누구나 쉽게 알아차릴수 있되 남다른 '특수성'을 표상하는 것이어야 더 설득력을 갖기 때문이기도 하다. 그러면 그 대안으로서 남대문이나 광화문 같은 유적 또는 '동양의 파르테논'이라 일컫는 종묘를 떠올릴 수는 있다. 그러나 그것들 또한 동아시아권에서 흔히 보아온 목구조 양식으로서 객관적인 대표성과 특수성을 갖기에는 미흡하다. 일반적으로 건축물이 한도시를 상징하는 것은 장소성의 환기라는 측면에서 설득력을 갖기는 하나 정말로 위에 열거한 건축물들이 서울을 상징한다고 하기에는 충분치 못하다.

설사 이들 중 하나를 '상징물로 하자'고 결정했다고 해서, 그리고 그것을 전 세계에 선전한다고 해서 곧 상징성이 획득되는 것은 아니다. 세계 여러 도시들의 상징물들이 갖는 공통된 특질은 어느 날 갑자기 결정해서 강요한 것들이 아니라, 자타가 공인하여 시간이 흐르면서 자연스럽게 태어난다는 것이다. 결국 한 도시의 대표성을 갖는 상징물의 탄생은 '언어(랑그langue)'의 발상과 같다. 누가 어느 날 무슨 목적으로 만들었는지 알 수가 없는 것이다. 그러나 많은 사람들에게 오르내리는 '말(파롤parole)'이 되면서 구체성을 띠는 것이다. 그 구체성은 필요에 의해 현현된다. 지금 우리들이 정도 600년을 기리기 위해 상징물을 찾기 시작한다면, 그 필요성은 인정된다. 하지만 그것이 구체성을 띠기 위해서는 시간을 필요로 하는 것이지 번뜩이는 '아이디어'가 요구되는 것은 아니다. 다만 지금까지 거론된 것으로 타당성을 갖는 장소는 서울을 남북으로 관통하는 산경山景 축과 동서를 달리는 수경水景 축이 만나는 곳으로 그 지점에 그 무엇이 있을 수 있다는 가정은 해봄직하다. 그러나 그 이전에 왜 상징물을 필요로 하는지에 대한 진지한 논의도 있어야 할 것이다.

지금까지 특별한 상징물을 거론하지 않으며 거대도시로 탈바꿈한 서울은, 누군가가 지적한 대로 하나의 도시가 아니라 여러 개의 지역이 보자기에 싸이듯 그때그때의 필요에 따라 확장되었을 뿐이다. 여기에 구심점을 주고, 시민들로 하여금 긍지를

그림 3, 4. 세계의 상징 이미지들을 대표하는 파리의 에펠 탑과 리우데자네이루의 예수상.

심어주며, 대외적으로 서울의 뿌리 깊은 이미지를 전달할 상징적인 요소를 찾아본다는 것은 한편으로는 무의미하다는 생각도 들며, 또 한편으로는 그럴듯하기도 하다. 문제는 불쑥 내민 '필요성의 강조'가 동인이 되어 이미 있는 것으로부터 상징성을 찾아내는 것이 아니라 이를 여러 방식을 통해 '제조'했을 때다. 그때에 당연히 검토되어야 하는 부분이 바로 올바른 필요성에 대한 정립이다. 뚜렷한 것이 없으니까 하나를 만들어보자는 식의 사고로는 그 어떠한 것도 공감을 얻어내지 못할 것이다. 이를테면 적어도 동아시아권에서 서울이라는 도시가 갖는—가지려 하는—역할과, 또 나아가서 세계 속의 서울이 가지려는 이미지가 미래의 시점에 어떤 모습으로 되기를 바라는가 하는 의지와 연관될 것이기 때문이다.

지금 이 시점에서 가령 남대문이나 종묘를 서울의 상징물로 부상시켰다고 했을 때 21세기에 가서도 여전히 그 이미지의 힘이 약화되지 않고 버텨낼 수 있을 것인가? 그것이 의문이다. 역사의 자취만 있으면 깡그리 밀어붙여 기억상실증에 걸리게 해놓고, 조그만 남대문 하나에 이 거대도시의 상징의 무게를 싣는다는 것은 시대착오적이다. 차라리 뚜렷한 상징물이 없는 채로 지나는 것이 바람직한 것인지도 모른다. 상징물이 한 시대의 역사를 담지하고, 시민들에게 그 시대의 기억을 환기시키는 역할을 한다고 했을 때, 지금 이 시대가 과연 일반 시민들에게 특별한 '장소성'에 대한 역사적인 인식을 줄 수 있기나 한 것인가? 전자정보 시대에 인류의 기억은 컴퓨터 칩 속에 내장되어 있고, 사람들은 장소를 기리고 뜻있어 하기보다는 텔레비전이나 비디오를 통해 보는 서울의 과거 사진에 더 큰 감동을 얻고 있다. 다시 말해서 '영상·정보화 시대의 모뉴먼트'는 과연 가능한가 하는 것에 대한 질문이다.

더욱이 모더니즘의 건축 언어로는 '기념비적인 건축'을 아무리 좋은 의도로 만든다 하여도 전통건축에 미치지 못한다. 전통적인 사회에서와는 달리 현대 건축운동의 핵심 속에는 건축의 도구적 의미가 너무 확장된 나머지 권력이라든가 이념과 같은 추상적인 이미지, 나아가서는 '공동의 기억'을 수행해내기에는 역부족인 듯하다. 특히 사람들의 심성이 그들의 건조 환경에 대하여 부여하는 가치가 일치하지 않으며, 파편화되어 있는 지금 소박한 생각으로 떠올리는 것들이 쉽사리 상징 대열 속에 끼어들기는 어렵다.

따라서 우리들이 진정으로 상징을 필요로 한다면 그 필요성에 대하여 논의해보는 것이 우선이다. 이를테면 그 상징이 미래의 도시 서울을 위한 것이라면, 그쪽에 초점을 맞추어야 할 것이다. 물론 그것이 반드시 첨단기술(high tech)을 통한 상징물일 필요는 없다. 그것이 서울의 뿌리 깊은 역사성에 맞닿아 있을 수 있다면 하는 막연한 기대를 해보지만 쉽사리 떠오르지는 않는다. 우리나라를 상징하는 태극기가 동양철학의 상징을 압축하고 있다면, 서울을 상징하는 그 무엇도 동양의 도시 정신을 상징하면서 새로운 시대를 표현해내는 것, 즉 동아시아의 중심으로서의 서울을 드러내는 길잡이 같은 것일 수도 있다.

그러나 지금부터 상징물 제작에 열을 올리고 계획을 하고 야단을 떨 일은 아닌 듯하다. 적어도 필요성이 합의되도록 분위기를 조절하며 지켜볼 일이다. 이를테면 서울과 같은 거대도시의 상징물이 기업의 CIP 제작과 같이 진행될 수는 없는 노릇이다. 도시 상징물의 필요성은 그것을 소비하고 '우리도 남들처럼 가지고 있다'는 광고용이 아니라 도시와 그 속에서 사는 시민들 및 세계인들에게 역사적 '근원으로서 회귀'를 불러일으키고, '도시혹성'의 좌표를 만들어주는 것이다. 그런 의미에서 서울의 상징물은 찾아질 성질의 것이지 고안되는 것은 아니다. 다만 그것이 보물찾기 같은 우연에서가 아니라 그것을 필요로 하는 타당성 논의의 출발로부터 가능할 것이다. 사실상 상징의 신화는 그 자체가 낡은 것이기 때문에.

새로운 공간 문화를 위하여: 서대문 형무소, 사형당한 역사적 유산

도시 속에는 실제로 사용되지 않으면서도 보존되는 공간이나 건물들이 있다. 그것은 역사적인 유산으로서 과거의 가치와 정신을 현재의 시간에 중첩시킴으로써 도시를 살아 있게 하는 중요한 역할을 담당하고 있다. 만일 우리가 도시 속에서 일체의 역사적인 유산들을 제거해버린다면, 도시는 마치 기억상실증에 걸린 사람처럼 낯선 얼굴을 하고 허망하게 자살을 기도할지도 모른다.

옛 서대문형무소를 독립공원으로 조성한 사례는 우리들에게 위와 같은 교훈을 일깨워줄 뿐 아니라 큰 충격을 안겨주고 있다. 조국의 독립을 위해 몸 바친 수많은 선열들의 한이 서리고, 사상범과 정치범이라는 이름 아래 투옥된 사람들의 민족적인 울분이 가득한 이 역사적인 장소를 잔인할 정도로 해체해버려 재개발을 기다리는 '빈터처럼', 아니면 잘못 들어선 골목에서 마주친 '중국집'처럼 보이는 것은 나만의 잘못된 느낌 때문만은 아닌 듯하다.

단추는 처음부터 잘못 채워졌다. 독립문이 고가도로 밑에 버림받듯 내동댕이쳐지면서 일은 그르쳐지기 시작했던 것 같다. 이름하여 독립공원이라고 하나 끝없는 소음과 자동차 홍수를 옆으로 하고 들어가면 불쑥 나타나는 것은 붉은 벽돌의 옥사 몇 채와 수감자들을 취조하고 고문하던 보안과 청사를 백색 타일로 치장한 전시실이다. 마치 동사무소나 동네 목욕탕 같은 전시관 옆으로 여죄수들의 감방이 일본식 건물로 재현되어 있고, 이어서 망루와 담의 일부가 형무소의 상징처럼 초라하게 서 있을 뿐이다. 원형이 그대로 보존된 사형장과 몇 채의 옥사들만이 옛 모습을 전할 뿐 새롭게 손을 댄 곳은 모두 심각할 정도로 우리를 허탈하게 한다. 상투적인 추념탑은 물론이거니

그림 1. 서대문 형무소는 근대의 발명품이다. 정신병원, 학교, 형무소는 감시와 처벌을 위해 격리된 공간으로 만들어낸 근대의 중요한 발명품이다. 그러나 서대문 형무소는 그러한 의미를 넘어서는 또 다른 역사적 의미를 갖는다. 일제 식민지의 억압과 민주항쟁을 탄압하는 장소로서의 의미가 첨가되었다. 이런 형무소의 원형을 많이 훼손한 이유가 무엇인지 알 길이 없다.

와 유관순 열사가 순국했다는 여감방을 동물원 구경하듯 밖에서 기웃거려야 하는 것도 서글픈 노릇이다.

도시 속에서 옛 형무소를 공원과 연계시켜 개발한다는 것이 쉬운 일은 아니다. 더욱이 준엄한 역사적인 공간으로 남아야 할 장소를 유유히 산보하며 흘깃거리는 구경거리로 만들어서는 안 될 일이었다. 그곳은 역사적인 체험의 장이며, 우리들에게 도시 속에서 '해방'의 의미를 되새겨주는 유일한 공간이기도 하다.

형무소의 본질인 담을 부숴버리고 어떻게 형무소를 보존할 수 있겠는가? 새롭게 짓는 행위보다 더 중요한 것은 '보존할 가치가 있는 것을 없애지 않는 것'이다. 다시 이런 과오를 범하여 '가치 있는 도시 공간'을 사형시키지 않기 위해서는 보다 많은 사람들이 서대문 독립공원을 둘러보고 증언해야 한다.

그림 2. 공원으로 조성된 서대문 형무소   그림 3, 4. 망루와 담의 일부가 형무소의
정문 전경.   상징처럼 초라하게 서 있다.

기표: 천년의 문, 기의: 천년의 후회

수신: 새천년준비위원회 위원장 이어령
참조: 김대중 대통령
회람: 대한민국 국민

지금 건축계 일각에서는 천년의 문 설계경기 결과를 두고 표절 시비가 벌어지고 있다. 그 진위를 둘러싼 입씨름을 바라보는 우리들의 심정은 여러모로 착잡할 따름이다. 건축에 있어서 표절 시비란 낡은 논쟁일 뿐만 아니라 생산적이지도 않다. 정말로 문제가 되는 것은 표절의 심증이 있느냐, 아니면 우연의 일치냐 하는 식의 강 건너 불보기식 입씨름이 아니라 누가 왜 어떤 과정을 거쳐 설계경기란 미끼를 던졌고, 건축계는 순진하게도 또다시 정치적인 놀음에 휘말렸는지 자성해보는 것이다. 관이 주도하는 설계경기가 모두 참다운 공공성에 기여하지도 않았을 뿐 아니라 설계경기를 통한 모든 공공건물들이나 기념비의 건립이 항상 성공적이지도 못한 것을 우리는 너무나 많이 목격해왔다. 이번 천년의 문 설계경기의 결과는 또 한 번 우리들의 한계를 느끼게 한다.

지난 수십여 년 동안 관이 주도해서 건립한 공공건축이나 시설물들 중 어느 것 하나 우리를 감동시키는 것을 보지 못했을 뿐 아니라 적어도 한두 작품이라도 한국 건축 문화에 희망을 걸어볼 위안이 되지 못한 까닭은 도대체 무엇이란 말인가! 참으로 한탄스러운 일이다. 천년의 문 또한 똑같은 전철을 밟고 태어날 운명에 처해 있다. 이를 건축계는 물론 이 땅의 주권을 쥐고 있는 국민 모두가 관심을 갖고 질문해야만 할 때이다. 왜냐하면 공공건물과 시설물의 주인은 국민이기 때문이고, 거대한 공적인 시설물일수록 막대한 혈세가 소진되기 때문이며, 그 결과 우리들이 사는 국토와 도시의 환경

그림 1. 20세기에서 21세기로 전환되는 시점을 사람들은 어떻게 해서든 기념하려고 한다. 한국에서도 '천년의 문'이라고 하는 거대한 구조물(200미터)을 공모하여 세우려 한 적이 있다. 한 세기에서 다른 세기로 넘어간다는 문학적인 상상력을 직설적으로 공간에 투영한다고 하는데, 그것 자체가 무리한 일이다. 문학적인 상상력이 아무리 위대하여도 그것이 곧 근사한 건축이 되는 것은 아니다. 서울이 진정으로 필요로 하는 것은 거대하고 인위적인 조형물이 아니라 강을 맑게, 산을 푸르게, 그리고 공기를 맑게 하는 일이 우선이 아닌가? 그래도 구조물을 해야 한다면 땅과 한 지점으로 만나는 불안정한 원형구조물보다는 두 지점 이상을 갖는 편안한 것이 더 상식적인 것으로 보인다.

천년머신 : Korea Times 에 기고를 뒤로.

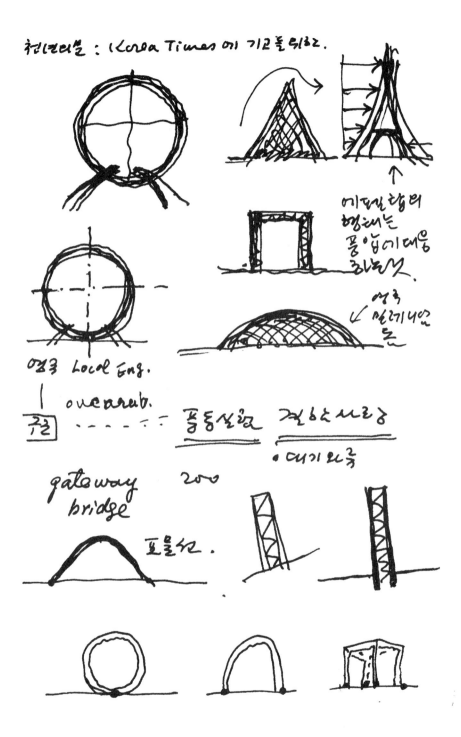

이떨 탑의
형태는
풍압에 대응
하여야.

영구 머리기억 능

영국 Local Eng.

onearab.

풍동실험 정황토 사람

대기 오염

gateway bridge   200

포물선.

을 만들고, 우리는 또한 그 밖에서 존재할 수 없기 때문이다. 국가가 그 막강한 권력을 갖고 어마어마한 예산을 투입하면서도 개인이나 개인 기업들이 만들어내는 그럴듯한 건축에 못 미치는 까닭은 도대체 무엇이란 말인가! 그것은 한마디로 잘못된 관행을 정당한 것으로 믿고 답습해왔기 때문이다. 주인 같은 주인 없이 관료주의만 있고, 그럴듯한 절차는 있는데 늘 형식적이고, 전문가들이 동원되는 데 전력을 다하지 못하거나 못하게 하고, 엉뚱한 곳에 결정권자들의 취향을 개입시키고, 창의적이고 진취적인 쪽보다는 무사안일한 쪽으로 결정해버리는 관행들 때문이다.

그리고 건축계 내적으로 보자면 어떤 공모안이 제안되었을 때, 건축가 스스로 그것이 사회를 위해 진정으로 요청되는 것인지 아닌지 되묻는 일을 게을리 하기 때문이다. 적어도 천년의 문이란 표제가 주는 매혹적인 이미지의 함정을 알아차렸더라면, 건축가들은 설계경기에 참여하기 전에 먼저 그 당위를 논의하고 궁극적으로는 불참을 선언했어야만 하는 것이다. 그러나 모든 일은 이미 저질러졌고, 악순환이 재현되려 하고 있다.

결론적으로 말하자면 지금이라도 늦지 않았다. 천년의 문의 건립을 중단시키면 된다. 만일 그렇게만 된다면 새천년준비위원회는 반세기 만에 이 나라를 위하여 큰 업적을 남기게 될 것이다. 천년의 문 추진 주최자들이 어설픈 상징 조작의 실체를 뼈저리게 느끼고, 일으켜 세우는 것보다 비워두는 것이 현명함을 알며, 이 땅 이 나라에는 상징보다 우선되어야 할 것들이 너무나 많기 때문에 천년의 문 건립을 중단하고 발상의 초기부터 설계경기 결과까지 온갖 사실들을 백서로 발간하기로 결정되었음을 제안한다면 얼마나 근사한 일일 것인가! 만일 그렇다면 우리는 그 새천년에 희망을 가져도 좋을 것이다. 새천년준비위원회가 원하던 결과를 실현하게 될 것이기 때문이다. 상징이 조작되는 결과가 아니라 해묵은 이 나라의 병폐를 치유해야 하는 과제를 실현할 것이기 때문이다.

관은 늘 중대한 사안에 접해서 국민들의 의식이 문제라고 생각하여 그들을 치유의 대상으로 몰고 가고, 그러기 위해서 상징 조작과 캠페인이라는 양면 작전을 실시한다. 그러나 진실로, 진실로 치유되어야 할 쪽은 국민이 아니라 관이며, 그 중에서도 핵심부의 작동 관행이다. 좋은 뜻도 잘못된 제도와 관행의 기계에만 들어가 불량품이 되어 나오기를 50여 년 동안 지속했음을 알아야 한다. 전문가로 상징되는 교수들에게만 맡기면 모든 것이 전문성을 갖고 성취될 것이라는 환상도 버려야 하며, 그들을 방패막이로 온갖 결정들을 정당화하려는 속셈도 끝내야 한다.

여기에서 우리들은 왜 천년의 문을 중단시켜야 하는지 그 이유들을 논의해야 할 것이다. 우선 발상의 문제다. 발상 자체를 문제 삼자는 것이 아니라 발상에 숨어 있는 왜곡의 함정들이 문제이다. 문학적인 상상력의 힘을 공간화하려는 모순이다. 새로운 세기가 도래하니 우리는 모두 그리로 들어가야 한다는 것이다. 그래서 들어가는 행위를 기념하고 상징해야 할 문이 있어야 한다. 문은 경계의 상징이며, 우리들을 또 다른 천년의 미래로 인도할 희망의 문이 될 것이다. 아주 유아적인 문학의 상상력이다. 그럼에도 그것이 언어에 머물고 있는 한 설득력도 있고 무리가 없다. 문제는 상상적인 것을 현실 공간으로 이행시키는 데 있다. 문학에서의 문의 개념과 달리 공간에서, 도시 속에서 문은 우리가 상상하는 문이 아니라 점일 수도 있고 보이지 않는 선일 수도 있는 것이다. 문을 사전적인 의미로 가시화할 때 그것은 이미 문이 아니다. 그것은 동어반복일 뿐이다. 건축에는 건축 나름의 상상력이 있는 것이다. 그러나 불행하게도 천년의 문이라는 표제는 개념과 형상을 다 만들어놓고 건축가에게 모양만 주문하는 꼴이 되었다. 그리고 그런 함정을 문제 삼지 않은 건축인들은 그에 기꺼이 동참하였다. 사각형과 네모는 기념비로 많이 있었으니 원으로 기념비적인 문을 만들어보자는 발상은 바로 이런 언어의 함정에 빠져든 건축 외적 상상력의 발동인 것이다.

다시 말해서 새천년준비위원회가 만들어낸 기호 놀이에 국가가 지원하고 건축계가 놀아나는 꼴이 되었다. 이런 지경에 표절이냐 아니냐 하는 것이 도대체 무슨 의미가 있겠는가! 우리가 그래도 문에 거는 기대가 있다면 문이 가지고 있는 이미지이지 실체가 아니다. 이 고루하고 관습적이고 요지부동한 의미 게임에 우리 모두가 너무나 쉽게 동승하고 있는 것이다.

그래도 문을 만들어야 한다면 우리가 잊고 있는 것이 있다. 그것은 문도 스케일이 있다는 것이다. 기념비적인 문이라도 문이 너무 커지면 문이 아니라 허공이며 밖이

그림 2, 3. 그랑다르슈(위)와 개선문(아래).
프랑스 파리 라 데팡스에 있는
그랑다르슈는 파리의 동서 방향 중심축에
있는 개선문의 연장선상에 위치하면서
'미래로 열린 창'이라는 개념으로
건축되었다. 거의 평지와 다름이 없는 파리
시는 공간적으로 분절할 수직적 구조물들을
필요로 한다.

다. 이런 거대한 문 앞에서는 조촐한 기념사진조차 찍을 수도 없다. 그리고 문은 아무데나 놓이는 것이 아니라 안팎이 의미 있는 지점에 연결고리로서 위치한다. 그러나 이천년의 문을 들어서면 무엇이 보이는가? 월드컵경기장이 보인다. 그것이 천년을 상징할 만큼 이 나라 국민에게 그렇게 중요하다는 말인가? 나오면서 또한 무엇이 보이는가? 설사 한강과 아파트가 보여 한강에 큰 의미를 부여한다 해도 그 자리는 이렇게 거대한 문이 들어설 자리는 아니다.

건축이나 도시에서 축이 중요한 것은 그것이 주변과의 적극적인 관계를 만들면서 유발하는 의미 생산 때문이다. 그러나 천년의 문이 설정한 축은 극히 제한된 영역의 내적 논리로만 조절될 한계를 지니고 있다. 파리 그랑다르슈Grande Arche(1989년 프랑스대혁명 200주년 기념으로 건립된 112미터 높이의 새로운 개선문)는 전통적인 도시의 축이 라 데팡스La Defense에서 종결하고 다시 미래로 열린다는 의미에서 중심축에서 다소 틀어져 있다. 물론 지하 구조물들의 문제 때문에 결과적으로 얻어진 것이지만 그럴듯하다. 그러나 천년의 문의 자리는 그럴듯하지도 않은 데 문제가 있다.

그러나 이런 논의는 또 다른 진실을 가릴 위험이 있다. 그것은 문의 문제가 아니라 현대인에게 있어서 불가능한 기념비의 문제이며 돈의 문제이다. 결론적으로 현대인들은 그럴듯한 기념비를 만들 줄 모른다. 전 세계에서 산업화 이전 수천 년간 전통적인 사회에서 만들어낸 역사적인 기념비에 필적할 만한 것을 현대인은 만들 수가 없다. 그것은 능력이나 수단이 부족해서가 아니라 기념비를 건립하려는 의도가 늘 자기합리화 이상을 소화해낼 수 없는 모순을 안고 있기 때문이다. 또한 현대인들의 기념비는 전자메모리 칩 속에 내장되기 때문이며, 기념비의 허구와 허세를 잘 알고 있기 때문이다. 그래서 소위 선진국들은 그런 의지를 세우는 기념비가 아니라 건축으로 표현한다. 앞서 언급한 그랑다르슈가 그렇고, 파리 국립도서관이나 루브르 박물관의 피라미드가 그렇다. 연초에 개관한 런던의 밀레니엄 돔New Millennium Experience이 그렇다. 공공의 필요성을 기반으로 땅의 의미를 되새겨 건축이 종합된 좋은 사례들이다. 물론 천년의 문의 하부에 여러 시설들이 있기는 하다. 심지어 사람을 모으게 한다는 할인매장까지 끼워 넣었다. 이 모두가 급조된 건축 프로그램의 영향이다. 대강의 공간만 설

그림 4. 공공의 필요성을 기반으로 땅의
의미를 되새겨 건축이 종합된 좋은 사례
중의 하나인 영국의 밀레니엄 돔.

정하고 정작 의미 있어야 할 세부 지침은 참가자가 알아서 하라는 프로그램 아닌 프로그램에 기초하고 있다. 동료 건축가 중 한 사람은 진정한 의미의 프로그램 없이 소위 설계지침서에 가득한 허황된 내용 때문에 참가를 포기했다고 한다.

이 모두가 늘 그렇듯이 급히 서둘러 진행한 탓이다. 2000년은 몇 년 전부터 올 것이었다. 그러나 대통령자문기구가 지난해(1999) 4월에서야 결성되었고, 지침서 작성도 2개월 만에, 설계경기 기간도 2개월 만에 빨리빨리 후딱 해치웠다. 공사 기간도 짧아 월드컵 경기 전에 완공하려는 이 조급증은 100년 동안 열두 대문을 만들어야 한다는 본래의 의미를 철저히 뒤엎은 꼴이 되었다. 본래 열두 대문이란 발상의 밑바탕에는 '한국병'을 치유하려는 목적이 있었던 것 같다. 한국인의 '빨리빨리' 병을 치유하려면 우리도 장구한 세월 천천히 진행할 줄도 안다는 것을 보여줄 실체가 필요했던 것이다. 이 얼마나 거대한 기만인가! 누가 이 나라 백성들을 이런 심성으로 몰아갔단 말인가! 이 지점에서 되돌아볼 필요가 있다. 그것은 상징의 문제도 아니고, 따라서 문의 문제는 더욱 아니며, 정말로 관이 민을 치유해야 한다는 발상의 문제다.

천년을 기념하든 안 하든 사업이란 것을 꼭 해야 한다면 우리에게 지금 필요한 것은 너무나 많다. 300억 원이라는 예산으로 긴급히 써야 할 용처는 도처에 있다. 상징 조작의 부가가치를 웃도는 중대한 사업들의 리스트는 끝이 없다. 국민들의 마음을 사로잡을 정치적인 목적이든, 희망을 주고 미래의 뜻을 일으켜 세우려는 목적이든, 적어도 이 나라의 근대화를 종결지을 일부터 해야 한다. 그것은 시민혁명이요, 국민의 자율권과 이 나라의 자주권을 공간적으로 되찾는 일이다.

서울 한복판에 미군기지를 그대로 두고 200미터의 문을 쓰레기 매립장 옆에 세운다는 것은 소가 웃을 일이다. 광화문에서 남대문에 이르는 거리를 조금만 신경 쓰고 보자. 시민의 광장이 없을 뿐 아니라 천박한 미 대사관과 관공서 건물들, 경복궁과 완벽한 부조화를 이루는 정부청사 건물들, 자동차의 홍수로 얼룩진 시청 앞 광장 등이 보인다. 어느 것 하나 독립된 자주국가로서의 호흡도 없고 역사도 없고 문화의 깊이도 없다. 냉전체제 민족의 비극과 천민자본주의의 얼굴로 얼룩진 거리를 그냥 두고 무슨 새천년 사업을 한단 말인가! 공간을 건드릴 심산이면 여기 이 광화문에서 남대문까지의 거리를 역사도시로서의 자존을 지킬 수 있게 해 주길 바란다. 문화와 국민의 삶을 문제 삼으려거든 빈한하기 짝이 없는 전국의 도서관을 현대화하면 어떤가!

이러한 공간들뿐만 아니라 냉전 현장인 비무장지대를 기념비로 남겨두는 것도 생각해볼 수 있다. 비무장지대를 현 상태로 보존하여 천 년 동안 일체의 건설이나 건축을 금지하는 것을 세계에 공표하는 사업도 있을 수 있다. 다시 말해서 냉전의 흔적을 손대지 않고 자연에 내맡기는 것만으로도 훌륭한 기념비가 될 수 있다. 최근 의결된 비무장지대 건설허용법 또한 폐지해야 한다. 아무것도 짓지 않고 역사의 비극의 현장을 고스란히 보존하는 것만으로도 수십 년 후 그 자체가 세계의 명소가 될 것이다.

정말로 이 사회, 이 나라가 요청하는 사업은 너무나 많다. 천년의 문 사업을 추진하는 사람들은 이렇게 반문할 것이다. '나라와 국민을 위해 좋은 일을 하려는데 왜 그리 반대만 하고 잔소리가 많은가'라고. '에펠탑을 건립할 때도 반대가 많았지만 결국 파리의 명물이자 세계의 명물이 되지 않았느냐'고 그럴싸한 예도 들 것이다. 그러나 에펠탑의 건립 논쟁이 있었던 당시는 적어도 파리코뮌이란 시민혁명의 역사가 있었고, 산업혁명이라는 급격한 사회변혁의 한가운데에서 탄생한 에밀 졸라나 빅토르 위고와 같은 문호들의 저작이 가져온 문화적·사회적인 분위기가 있었던 시절의 이야기다. 그 시대에는 성숙한 시민과 문인들이 도시를 사랑하여 벌인 논쟁의 즐거움이 있었다. 교전의 상징인 노트르담 사원의 첨탑을 고수하여 전통적·역사적인 도시를 지키려는 사람들과 그보다 더 높고 불필요하다고 하지만 새로운 기술시대의 징표를 세우려는 엔지니어들의 치열한 논쟁의 역동성이 그들에게는 있었다.

그러나 그보다 1세기가 훨씬 지난 지금 서울에 세우려는 천년의 문은 시민들의 열띤 논쟁의 결과도 아니고, 새로운 기술과 사회에 대한 비전도 아니며, 오직 상징을 가장한 정치적인 쇼에 불과한 것이 아닌가? 그러나 꼭 문을 세우려거든 직경 10미터 정도만 세우고 난지도의 옛 기억을 되살릴 습지나 갈대밭을 주변에 만들면 어떠할 것인가? 문화로 돈을 버는 게 목적이라면 그 자리에 100만원×10,000그루의 소나무를 심으면 100억원으로 30년 후에는 1,000억 원 이상의 가치를 얻을 것이다. 일으켜 세우는 것보다 비우거나 소멸시켜야 할 것들이 이 땅에는 너무나 많다. 또한 보존하고 기려야 할 것들이 한옥처럼 사라지는 것도 많다.

문제는 상징 조작에 있지 않고 어떤 가치에 기반하여 어떠한 사회로 이행할 것인가이다. 특히 새천년준비위원회가 뜻있는 많은 일을 할 것을 기대한다. 그러나 도시와 공간에 대한 개입을 새천년사업의 들러리로 삼지 말기를 당부한다. 어느 일간지에서 김화영(고려대 불문과) 교수는 이런 말을 했다. "정치·경제를 거론하는 자리에서 문화란 늘 차마 모른 체할 수 없어서 초대한 가난한 친척이나 장식으로 간주되는데, 오히려 문화란 삶에 존재 이유를 부여하는 뿌리이자 주인이다"라고 말이다. 공간에 세워지는 기념비나 건축은 단순히 가시적인 오브제가 아니라 삶의 뿌리이며 시대의 정신이다. 올바른 뿌리에서 올바른 정신이 자라나기 위해서 우리는 우리들의 상상력을 다시 문제 삼아야 한다.

바슐라르가 어떤 책에서 이런 시구를 인용한 적이 있다. "오 거대한 정사각형이여, 각角이 없는 정사각형이여!"라고. 얼마나 큰 사각형이면 각이 없단 말인가! 지금 천년의 문을 이 시에 비유하자면 마치 어떤 사람이 실제로 사각형을 온전히 그려놓고 그려진 사각형 모서리에다 '각이 없음'이라고 쓰는 것과 같다. 가시적인 상징물이 부재해서 국민들 정신세계에 결함이 있는 것이 아니다. 보이지 않는 상상력의 힘을 담은 한 구절의 시구가 아쉬울 따름이다. 제발 우리들을 문으로 몰아넣지 말고, 우리들의 노래를 부르게 하라. 천년의 문이 '천년의 후회'로 읽혀지지 않게 하기 위해서 말이다.

권력과

공공
건축

도시·건축의 정치학:
그 폐허의 이미지

그림 1. 건축은 늘 폐허와의 싸움이며,
도시는 늘 자신의 몸의 일부를 절단해야만
존재하는 속성이 있다. 따라서
뒤집어보자면 우리는 늘 한 가닥의 폐허와
맞닿아 있는 풍경 속에서 살고 있다.
폐허 위에 늘 자본의 꽃이 핀다. 그리고 또
다른 폐허가 중첩된다.

날마다 새로운 역사

해방이 되었다고 하였다. 일본군이 사라지고 뒤이어 미군들이 이 땅에 들어왔다. 곧이어 좌우익이 나뉘어 격렬한 대결을 벌이다 동강 난 남한 땅 위에 대한민국이 수립되었다고 했다. 민주주의 나라를 세운다고 했으며, 미군정 시절에는 적의 재산을 부자들에게 나누어주었다는 소문도 들렸다. 어쨌든 남쪽 땅에 살던 사람들은 대한민국 국민이 되었다. 국민과 영토와 주권이 있는 근대국가로 탄생했다고는 하나 모두들 가난했고, 일제의 잔재 밑에서 남북의 분단 속에서 다소 혼란스럽다 했더니 급기야 6·25전쟁이 터졌다.

모든 전쟁이 그렇듯 인간의 탈을 쓰고 살기 어려운 극한을 체험할 수밖에 없었다. 일제가 이 땅에 가져온 전통 사회와의 급격한 단절과 식민지 경영이 몰고 온 야릇한 근대화의 풍경들과는 비교도 안 되는 동족상잔의 비극은 한민족에게 깊은 상처와 치유할 수 없는 병을 주었다. 그리고 급기야는 신생국가 대한민국의 생존전략이 생산되었다. 무엇인가를 반대하고 부정하는 것이 한 나라의 이데올로기가 된 것이다. 이것이 6·25전쟁 이후의 또 다른 비극의 탄생임을 아는 사람은 드물었다. 왜냐하면 매일매일 이 땅 위에 사는 사람들은 언제 떨어질지 모르는 날벼락 속에서 숨죽이며 살아남기 위한 안간힘도 버거웠기 때문이다. 원조, 협상이라는 말과 구호물자의 배급, UN의 여러 기구 이름들, 언커크UNCURK(국제연합한국통일부흥위원회: United Nations Commission for the Unification Rehabilitation of Korea), 운쿠라UNKRA(국제연합한국재건단: United Nations Korean Reconstruction Agency)란 말이 들리더니 문화주택이란 말도 지상에 보도되곤 하였다. 그리고 몇 차례의 선거가 치러지고 급기야 부정선거 규탄 데모는 이승만 정권을 무너뜨렸다.

비로소 정권, 권력, 데모, 군중의 말뜻을 헤아리기 시작했고, 내각제라는 정치제도를 듣기 시작했다. 정권을 얻은 새 공화국은 할일이 태산 같았으나 갈피를 잡지 못하고 군사 쿠데타의 빌미를 내주었다. 그렇게 해서 무려 30년이란 긴 세월 동안 군부독재에게 문을 열어주게 되었다. 36년간의 일제 치하를 경험한 사람들은 15년간의 혼란과 정체의 시기를 지나 한 세대를 넘는 동안 이 땅과 그 위의 사람들은 전대미문의 역사를 감당해야 했다. '조국근대화'란 기치 아래 전 국민은 수출과 건설에 동원되었고, 경제 제일주의를 위해 모든 것의 희생이 강요되었다. 급한 대로 서둘러 대일청구권협약을 체결하면서 소위 세계 자본주의 체제에 발을 들여놓기 시작한 것이다.

'하면 된다', '우리도 잘살아보세', '싸우면서 건설하자', '수출만이 살길이다'라는 어떠한 구호도 저항감 없이 국민들 마음속에 아로새겨졌다. 공장이 건설되고 경부고속도로가 뚫리면서 수천 년을 지탱하던 자연이 만들어내던 경관과 경계들이 허물어지기 시작했다. 그것은 결국 강력한 권력이 만들어낸 입지전적인 기념비가 되었다. 사람들 가슴속에 정말로 뜻이 있는 곳에 길이 있음을 알리는 징표가 되었다. 그 후로 지금까지 전국에는 아직도 고속도로 공사가 끝나지 않았다. 그러면서 가난을 물리치자는 새마을운동은 전국의 농촌 환경개선 사업을 벌였다. 몇 년 사이 수백 만 호의 농가들은 슬레이트나 함석지붕 또는 개량기와로 바뀌었다. 그것은 지구 역사에 유래가 없는 희귀한 사건이기도 하였다. 지붕만 개량한 것이 아니라 농민들의 심성을 개조한 것이었다. 농민들에게 남아 있던 전통의 가치들이 와해되는 순간이기도 하였다. 또한 그들은 산업사회의 이행을 위해 많은 희생을 감내해야 했고, 그들의 아들딸들은 도시와 공장의 임금노동자로 내몰렸다. 조국을 위해 노동착취는 정당화되었고, 재벌경제가 시작되었다.

한편으로 독재정권의 폭압 속에서 끊임없이 민주화투쟁이 진행되었고, 광주학살은 아직도 해결되지 않은 채 그 누구도 책임을 지지 않고 역사 속으로 사라지려 하고 있다. 그러면서도 경제는 '성장'이란 지표를 내세워 국민들에게 허황된 꿈을 심어주기 시작했다. 80년대는 바로 군부독재를 마감하는 6·10항쟁이란 결정적인 민주화투쟁사를 쓰면서 동시에 소위 대량생산, 대량소비, 중산층의 부상, 자동차 시대의 개막이라는 현대사회의 일상성을 구축해가고 있었다. 아파트의 당첨을 위해 줄을 섰고, 올림픽이란 국제적인 행사를 치르기도 하였다.

김영삼 정권이 들어서고 금방 선진국 대열에 들어서기라도 할 것 같이 세계화 운운하더니 모든 것이 무너지기 시작했다. 삼풍백화점도 무너지고, 성수대교도 무너지고, 대구 지하철도 폭발하고, 마포에서도 가스가 터지고, 급기야 IMF시대라는 생경한 이름의 시대가 닥쳐왔다. 또다시 사람들은 믿을 것이라고는 돈밖에 없음을 깨닫게 되었다. 은행도 믿을 수 없게 되었음은 물론 정부가 하는 꿈의 말들을 믿을 수가 없게 된 것이다. 이제 더 이상 정경유착이니 부정부패 척결이니 구조조정만이 살길이란 말에 반신반의할 수밖에 없게 되었다. 그리고 신자유주의란 경제 논리가 판을 치기 시작했다. 무한경쟁 시대란 말도 난무하고, 신지식인이란 말도 나돌고 있다.

그러면 해방 이후 모든 것을 매일 새롭게 체험하게 하는 이 역사는 이 땅에 어떤 건조 환경을 만들어왔는가? 경제와 정치, 민주화투쟁에 골몰해오는 동안 이 땅 위에는 뿌리 없는 건축과 혼돈의 도시가 만들어졌다. 늘 그 막대한 건설의 다이너미즘을 이 나라의 역동성으로 보고 있는 동안 어떠한 도시계획가에게도 묘책이 없고, 어떤 사람도 대안이 없는 무방비의 도시가 되었다.

간혹 몇몇 소설가들이 숨 가쁘게 달려온 도시의 풍경을 묘사해오긴 했어도 그것의 온전한 정체를 들춰낸 적은 없는 듯하다. 한마디로 지금 우리가 마주하는 이 도시, 이 건축물들이란 일견 혼돈스러워 보이지만 사실은 아주 정교한 자본주의 체제의 공간적인 역사의 기록이며, 그것도 다분히 방임된 천민자본주의와 결탁한 정치권력의 합작품이다. 온 국민의 꿈과 시선을 아파트 당첨과 연속극 속에 묶어놓고, 세계와 대항해서는 민족주의 감성을 자극해서 눈물 흘리게 하고, 대내적으로는 남침을 경계해야 된다는 경각심을 고취시키면서 야금야금 전 국토를 공사장으로 만들었다. 모든 토목·건설 공사는 철거나 파괴를 불러오고 철거나 파괴는 다시 부동산의 가격을 자극하거나 사람들을 이주시키면서 끊임없이 공간의 재편을 가져왔다. 전 국토의 부동산화는 건축보다는 땅의 경제적인 가치를 전 국민에게 몸소 체험하게 하였고, 그곳으로부터 유래하는 잉여가치의 신화는 부존자원이 없는 이 나라의 중요한 부의 원천이 된 것이다. 산업 생산품과 마찬가지로 노동력과 자본의 결합 없이도 창출해내는 부의 생산은 천민자본주의의 달콤한 토대이다.

따라서 날마다 새롭게 쓰인 이 땅의 역사란 결국 그 많은 민주화투쟁이나 조국건설이라는 소명감 속에 불태운 에너지와는 무관하게 저항감 없이 사유재산권의 실현이라는 신성불가침의 권리를 근거로 이 땅 위에 자본주의란 글자를 아로새기게 된 것이다. 실상은 매순간마다 50년을 지나오면서 자본주의란 것이 이런 환경을 만들 수 있을지 모르고 있었다. 만일 해방되던 즈음, 또는 6·25전쟁으로 초토화된 국토를 돌아보며 50년 후에 이렇게 될 것을 알았다면 그때에도 우리는 여전히 조국 근대화의 대열에 서 있었을 것인가? 민주화라는 것이 해낸 일이 결국 만인이 만인을 상대로 한 땅장사나 특정 공간의 독점을 무한정 용인하는 것이라면 무엇 때문에 우리는 그것을 이루려 하는가? 그러나 사실상 땅을 투기의 대상으로 만들고 부추긴 것은 애초에 도시화를 가속화시킨 관이지 민은 아니었다. 따라서 결국 중요한 것은 쓰인 역사적인 건조 환경보다 오히려 이것을 끊임없이 재생산해낸 메커니즘인지도 모른다.

목록 만들기

메커니즘은 바로 관이 주도하는 하부구조의 사회적인 관계의 정착을 의미한다. 시민은 없고 국민만 있는 나라에서 시키는 대로 이끌려온 국민들은 사실상 자본주의가 무엇인지 모른 채 '자유'라는 미명하에 좁게 열어놓은 어느 범위 안에서 각자의 욕망과 동원 가능한 금전적인 실력으로 너나 할 것 없이 건물을 짓기 시작했다. 국가와 국민은 한 덩어리가 되어 지구 역사상 유래가 없는 건설의 열기로, 그것도 아주 압축된 시간 속에서 이 땅을 뒤흔들어놓았다. 최소한의 비용으로 최대의 면적을 법이 허용하는 한도 내에서 짓되, 그 형식과 외관은 늘 이미 있어온 대중적인 건축언어의 관습을 벗어나려 하지 않았다. 그래서 그것은 대단히 토속적인 현대건축의 변모를 보여주고 있다. 다만 각 시기마다 재료와 특징적인 부위에 기호론적인 첨부를 잊지 않으려 했을 뿐이다.

한편 자본의 능력에 비례하여 보다 큰 토지를 소유한 자본가들은 건축가를 동원하여 시류에 맞는 카탈로그식 건축을 하였다. 거기에는 늘 기성건축물에 대한 적극적인 참조, 그리고 그에 따른 변용과 모방의 조합을 이루고 있다. 특히 대자본가들, 소위

재벌들은 그저 그렇고 그런 건축보다는 그들의 지불 능력에 걸맞은 건축을 찾아 나선다. 제일 쉬운 방법은 세계 시장으로 눈을 돌리는 일이다. 이미 확인된 모델을 선정하여 외국 건축회사를 선정하거나 세계적인 명성을 획득한 건축가를 고용하는 일이다. 그리고 사람들을 향하여 크게 자만하는 일이다. 그러나 결과는 항상 성공적이기만 하지 않는다. 왜냐하면 외국 건축사나 건축가들은 심혈을 기울여 참여하기보다는 한국 건축 환경에 대하여 조롱하듯 이미 낡은 기성 프로젝트를 서랍에서 꺼내어 거래하고 있기 때문이다. 그들은 정말로 세계적인 작품을 이 땅에 선사하는 것이 아니라 적절한 수준의 수출업을 하는 셈이다. 한마디로 그것은 거대한 오만함과 빈정거림의 표상일 경우가 많다. 건축가들이 가장 화려하게 자본에 종사하는 웅변이기도 하다. 때로는 걷잡을 수 없는 폭력의 이미지를 띠고 있기도 하다. 그러나 일반 대중들에게는 입이 딱 벌어지는 스펙터클이다. 국민들이 제일 많이 기억하는 건물이 63빌딩이라는 여론조사는 이를 잘 증명하고도 남음이 있다.

민간 부분을 제외한 관의 건축은 한마디로 충격적이다. 국민의 세금을 공정하게 쓴다는 구실 하에 건설된 많은 건축들은 '한국형 공무원 건축'을 만들어냈다. 공모와 입찰이란 엄정한 절차에도 불구하고, 아니 바로 그런 절차로 인해 어느 것 하나 국민을 위한, 시민을 위한 건물다운 건물의 모습을 찾기 어렵다. 하나같이 기관장의 차가 내리는 중심이 강조되는 대칭형에다 수위실을 지나고 주차장을 지나 저 멀리에 있다. 어느 것이나 모두 일제시대의 보통학교 배치법이다. 감시하고 통제하는 전범을 좇는 이 권위주의적인 건축물들은 비현실적인 행정 우선주의의 산물들이다. 그것들은 이제 건축이 아님은 물론 건물도 아니고 수신과 발신 도장이 찍힌 '공문서' 같은 존재로 보인다. 건축의 민주주의는 관이 생산하는 건축으로부터 출발해야 함에도 불구하고 아직도 이 나라는 정치권력의 무지함과 그 천편일률적인 상상력의 빈곤에 의해 근대를 전근대적으로 만들고 있다. 누가 보아도 '관공서 같다'는 말은 들어야 하고, 별 탈 없이 건물이 준공되어 테이프를 끊으며 환히 웃는 VIP들의 모습 속에 이 땅의 또 다른 비극이 있다.

7, 80년대는 그렇다 해도 이제 관에서조차도 유행에 눈을 돌리는 데 문제가 있다. 번쩍거리는 유행을 좇아 관의 건물도 권위주의의 때를 벗어야 한다는 미명하에 불필요한 열주와 근거 없는 곡선, 불필요한 간이지붕, 에너지 낭비를 부추기는 커튼월 등을 선호하기 시작한다. 관을 민영화하는 방법은 없는지 생각해볼 일이다. 남한 땅에 그렇게 많이 지은 학교들을 포함한 관공서의 건물 중에 정말로 이 시대를 대변할 만한 감동적인 건축의 탄생을 보지 못하는 이유는 관료주의 탓인가, 아니면 그에 의해 선택된 건축가들의 탓인가? 아니면 이것이 우리들이 만들어낼 수 있는 이 시대의 최고 수준인가?

일반 시민, 소자본가, 대자본가, 관이 생산해내는 건물들 속에는 간혹 훌륭한 건축가들의 작품들도 있다. 그러나 그 수는 너무나 미미한 나머지 탁류에 휩싸여 보이지 않는다. 몇몇 사람들과 건축가들만 알고 있을 뿐이다. 이들의 건축은 관과 민이 합세해 만들어놓은 건조 환경의 리스트 속에서 제외되어 있다. 그것은 다행한 일인지도 모른다. 어쨌든 이 땅에는 지난 30년 동안 무수한 건축의 목록이 만들어진 셈이다. 그 엄청난 양은 그 수량의 무게로 인해 드디어 질을 형성하기에 이르렀다. 양이 질을 형성할 만큼 빈틈이 없어진 셈이다. 이제는 한반도의 남쪽이 감당해낼 건축의 무게를 초과하였다. 문제는 이러한 현상을 비관적으로만 보는 데 있지 않다. 이 많은 건축물과 그 조합인 도시를 만드는 주체는 과연 누구이며, 그들이 만들어낸 삶의 모습은 무엇인가 하는 데 있다. 일차로 완결된 이 목록은 비판의 대상이기보다는 이제 참조의 풍요로움을 제공하는 의미의 창고로 남게 되었다. 이제 이 정도의 물량은 서로가 서로를 모방하고 당분간 지속적으로 창조할 가능성을 보장할 만큼 되었다. 해방 후 긴 격동의 기간을 지나온 우리는 이제야 그 역사의 종착점의 풍경을 보게 된 것이다. 날마다 새로운 역사의 놀라움과 경이로움 속에서 삶의 형식과 내용을 끊임없이 경신해야 할 숙명을 안고 만들어낸 우리들의 모습은 과연 어떠한가? 그것은 어떤 이미지로 우리들에게 다가오고 있는가?

반복과 차이

알랭 콜쿤의 건축비평 모음집의 내용을 보자. 건축이론은 지난 10년 동안 결정론의 형태나 대중적인 형태로 지배되었다. 즉, 건축 그 자체를 문화의 총체적인 것으로 생각하지 않은 것이다. 그러나 건축의 원자재는 그 대부분이 역사의 한순간에 만들어진 건축문화이다. 바로 존재했던 문화의 변형이라는 면을 이해하지 않고 건축 창조를 말하는 한 건축을 문화적인 의미로 파악하는 것은 불가능하게 될 것이다.

오늘날 건축의 가장 커다란 문제는 전체 속에서의 사회적인 문화와의 관계일 것이다. 우리는 건축을 그 자체에서만 참조되는 체계라고 간주할 수 있는가. 아니면 결정적인 창작의 힘은 오히려 외부로부터 오는 사회적인 산물이 아닌가.

도시는 이제 건설하는 것이 아니라 발견하고 탐험해야 할 대상이 되었다. 서울이란 대도시는 더욱 그렇다. 따라서 도시 속에서 현대적인 삶을 영위하기 위해선 부단한 학습이 요구된다. 학습의 교과서는 매체가 대행하고, 가장 효율적인 요점 요약은 반복되는 광고의 파트가 맡고 있다. 광고는 도처에서, 아파트의 방에서 마주친다. 아파트는 방들의 단순 집합이고, 내가 사는 아파트는 방 속에 있는 방이다. 대도시와 그 속에서 파괴되는 신체는 방 속에 있는 가득한 공포로부터 비롯된다. 광고는 늘 공포로부터의 위안이 된다. 사는 연습을 배울 수 있는 교과서는 텔레비전이다. 거기에서 우리는 침대가 과학이라는 것을 배우고, 온 가족이 다 들고 있는 핸드폰을 만나게 된다. 불가능한 것도 없고, 모두가 아름다운 천상낙원이다.

그리고 길로 나서면 자동차들이 있다. 그것은 르페브르의 말대로 모험과 영웅이 사라진 현대사회에서 감각적인 쾌락이고 게임이며 에로티즘의 알리바이다. 그리고 그것은 움직이는 방이다. 도시 유목민의 집이다. 그리고 자동차는 도로 위를 달린다. 가장 공적인 공간인 도로 위로 가장 사적인 공간을 실은 차들이 달린다. 정체된 도로 위의 차들 속에는 많은 개인들이 앉아 있다. 그들은 도로를 자기 영토화하고 신경질을 내며 앉아 있는 것이다. 원칙적으로 건축 생산의 주체는 사람이지만 대도시 속에서는 자동차도 한몫을 한다. 사람의 집을 지으면 자동차의 집도 지어야 건축을 할 수 있기 때문이다. 주차 법규는 건축 면적의 증가에 따라 자동차의 자리를 확보할 면적을 지시한다. 자동차 시대에 아주 합리적인 법규처럼 보인다. 그러나 주차 법규는 도처에서 건축을 불구로 만든다. 이것은 아무도 예측하지 못한 이 도시의 불행이다. 도쿄에는 건축에 적용하는 주차법이 없다. 건축주의 자율에 맡겨져 있는 것이다.

도시공간에서 흐름은 중요하다. 그러나 모든 것을 희생한 흐름은 느림만도 못하다. 그리고 도로 표면에는 사고를 환기시키기 위한 스프레이 표시들이 있다. 사고 자동차들의 차량번호도 있다. 도시공간에서 자동차가 차지하는 비중은 사람보다 더 큰지도 모른다. 왜냐하면 그 속에는 개별적인 사람이 타고 있기 때문이다. 그러나 공적인 공간을 가장 많이 차지하는 것은 자동차. 도로가 가장 훌륭하게 사용될 때는 바로 데모 군중들로 가득할 때이며, 그 감동은 이루 말할 수 없다. 도시민의 3분의 1은 건축 건설 관련 직업에 종사하고, 3분의 1은 자동차 관련 직업에 종사하며, 그리고 그 나머지의 직업이 있다고 말해도 그렇게 과장되어 보이지 않는다. 모든 사람들에게 중산층으로 이행되는 꿈을 실현하는 징표로서의 자동차는 현대적인 삶의 일상성으로 때로는 집보다 중요하다.

이동하는 공간으로서 자동차는 농촌의 옛 민가의 마당에 들어서는 순간 그 부조화에 놀라게 된다. 번들거리는 차량의 색과 형태는 너무나 주변과 어울리지 않는다. 그러나 그것은 농촌에서만은 아니다. 도시 한가운데서도 자동차가 불러일으키는 시각적인 충격은 너무나 크다. 깔끔하고 번들거리는, 가장 인공적이면서도 완벽한 물체와 너덜거리고 무표정한 우리들 삶의 한구석과 마주칠 때 더욱 그렇다. 따라서 자동차는 공간의 경계를 모호하게 하기도 하고, 때로는 가공할 만한 유기체처럼 보이기도 하며, 도시를 불구로 만든다. 이렇게 공공의 공간과 사적인 공간의 경계가 소멸되는 과정을 일컫는 개념으로 역공간(liminal space)을 상정한다. 주킨Zukin은 역의 의미를 '모든 사람에게 열려 있지만 어떠한 지침 없이는 쉽게 이해되지 않는 어느 누구의 영역도 아닌 것'이라고 규정한다. "대중교통 수단에 존재하는 상업광고, 지하철과 연계된 백화점, 그리고 자동차로 뒤덮인 도로 공간 등은 모두 역공간의 사례들로 제시되고 있다. 이렇게 역공간은 공공 영역과 상업 영역을 동일화시키며, 공공의 공간과 사적인 공간을 혼란시킴과 동시에 모두에게 열려진 중립적인 사회 공간이라는 이데올로기가 숨어 있어 모순을 은폐하는 부르주아적인 경관 개념이 감춰져 있다."[1] 이런 식으로 도시의 많은 공간들은 열려 있으면서 닫혀 있다.

움직이는 방은 닫힌 채 신체를 좁먹고 있으며, 열려 있는 방들은 사람들을 불러 모은다. 서울에 있는 무수한 방들은 삶의 파편처럼 널려 있다. 다방, 비디오방, 노래방, 세탁방, 공부방, 여관방, 그림방, 전화방, 머리방, 찜질방, 룸살롱, 소주방들처럼. 그리고 이것들은 모두 건물의 벽에 이름표를 달고 있다. 물론 이들만은 아니다. 도시 속의 간판들은 건물을 지워버리고 공간의 용도를 부르짖는 지휘자 없는 합창이다. 전쟁이다. 그래서 이들은 영화 <매쉬>(MASH)에서처럼 도시 전체를 야전병원이나 야전사령부를 연상시키게 한다.

삶을 파편화하고 키치화하는 상품들은 서로 가속화되어 도시민의 삶을 끊임없이 균질하게 조직한다. 이 모든 삶의 이면에는 이를 받아들이는 건축이 있다. 아무리 낡고 쓰러져가는 건물이든, 아니면 반들거리는 신축 건물이든, 이 삶을 담는 그릇들은 어느 것의 반복적인 쓰임인 동시에 그 이전의 전범에 대한 새로운 차이 만들기이기도 하다.

충돌과 동시성의 풍경: 폐허에 대한 기억과 폐허의 이미지

지상과 똑같은 지하의 도시

불량주거지개발사업으로 산자락에 다닥다닥 붙어 있던 '달동네'들이 거의 다 사라져가고 있다. 봉천동에도, 옥수동에도, 금호동에도, 아주 옛날 상계동에도. 무수한 재개발사업으로 또 얼마나 많은 도시의 흔적들을 지워버렸는가? 조합주택을 짓는다고 또 얼마나 많은 조합원들이 일확천금을 꿈꾸다 빚더미에 앉아 있는가? 사라지는 것은 땅에 썼던 도시의 흔적만이 아니라 사람들과 그들의 기억들이다. 이제 도시를 계획하는 것이 가능한 것인지 물어보지 않을 수 없다. 개발지상주의 도시의 역동성은 우리들에

1. 《현대도시이론의 전환》, 한국공간환경
학회 엮음, 한울, 1998.

게 지금 살고 있는 모든 부분을 철거를 기다리는 폐허처럼 만든다. 아주 온전한 폐허
에서 도시의 일상은 지속되고 있다. 폐허를 철거하고 만든 도시. 건축은 지속되던 의
미 체계를 지워버리고 또 다른 세계를 만든다.

　　이러한 개발의 다이너미즘은 어디에서 연유하는가? 그러한 이유를 정당화하는
논리는 무엇인가? 첫째, 그것은 자본의 논리이다. 땅과 집은 이제 더 이상 터와 거주의
공간이 아니다. 자본일 뿐이다. 자본으로서의 기능만이 절대적인 힘을 갖고 있을 뿐이
다. 인간은 소유하는 권한을 한시적으로 지속시킬 수 있는 고유한 이름을 갖는 존재이
다. 꽃이나 나무, 닭이나 돼지가 집을 소유하지는 않는다. 둘째, 그것은 역사, 기억이
나 삶의 절박함에서 오는 인간적인 매력이라는 의미가 거세되기 때문이다. 사는 사람
들의 '의미'는 소멸되고, 그것에 대체된 지고한 의미는 화폐일 뿐이다. 보존하고 재생
시키는 것이 개발하는 것보다 이익이 없으면 당연히 철거해야 하는 것이 자본의 논리
다. 이에 대응할 유일한 '의미'의 힘은 오로지 '공공성'을 확보하게 하고, 그것을 지시
하거나 명령을 내릴 수 있는 사람이다. 개발하면 나아질 것이라는 희망, 그 믿음의 신
화는 거역할 수가 없다.

어디서 시작해서 어디로 가는가 하는 것이 문제다

　　모더니즘 건축이 전 지구적으로 확산된 양태를 두고 사람들은 이를 국제주의 양식이
라고 부르기도 했다. 그러나 그것은 하나의 양식이 아니라 어떠한 사회적 동인動因도
담아낼 수 있는 자율적인 조형원리이다. 그러나 사회적인 동인이 결핍된 이 땅에서 이
모든 사회현상을 설명할 기반이 불충분하다. 다만 우리들이 가늠할 수 있는 것은 이
시대, 이 땅, 이 도시, 이 건축들 속에 내재되어 있는 '양식에 대한 향수'와 상대적인 폐
허의 이미지, 그것들의 충돌과 공존 같은 것인지 모른다. 보이는 도시는 또한 많은 것
을 감추고 있다. 무수히 많은 종목의 술집들은 이제 마지막 남은 전통사회의 흔적인지
도 모르며, 공동묘지에서 마주치는 각 종교 제의의식의 마주침은 우리들 신체에 내장
된 지하 도시들인지도 모른다.

누구나 시립공동묘지에서 장례를 치러본 사람들은 기억할 것이다. 그것이 어느 화창한 봄날이라면 더욱 제격인 풍경을 말이다. 2평 반이나 될까 하는 급조된 묘지 터에서 기독교도와 불교도와 유교도가 매장 의식을 동시에 치른다. 그때 우리는 이런 소리를 듣는다. "며칠 후… 며칠 후… 나무관세음… 요단강… 건너가… 아이고… 아이고… 보살… 만나리." 찬송가와 염불과 곡소리가 산자락에서 함께 날아간다. 불협화음과 불협 가사가 뒤죽박죽이 되어 봄 하늘에 퍼진다. 완벽하게 키치화된 결혼식 풍경은 더 말할 나위가 없다. 모든 것이 부산하고 소란스러우며 종로 한복판과 같다. 여기 이 도시의 건축들도 예외는 아니다. 다만 우리에게 위안을 줄 수 있는 공통된 점은 그것이 같은 땅 위에서 벌어진다는 사실이다. 결혼식과 장례 풍경은 건축과 도시를 닮았고, 또다시 건축과 도시는 그런 예식을 닮을 것이다.

이 모든 것은 한데 어우러져 아주 역동적인 폐허의 이미지를 띠고 있다. 건축은 늘 폐허와의 싸움이며, 도시는 늘 자신의 몸의 일부를 절단해야만 존재하는 속성이 있다. 따라서 뒤집어보자면 우리는 늘 한 가닥의 폐허와 맞닿아 있는 풍경 속에서 살고 있다. 폐허 위에 늘 자본의 꽃이 핀다. 그리고 또 다른 폐허가 중첩된다. 해방 이후 늘 이러했고, 이제 지식사회와 정보화시대로 이행되면서 이 땅 위의 이 무거운 짐을 벗어놓아야만 한다. 그리고 정말로 우리가 왜 살고 있는지 한 번쯤 물어볼 필요가 있다. 그것은 환경이나 지구나 자연을 생각해서가 아니라 또 다른 방법은 없는지 다시 연습하기 위해서 말이다. 폐허 위에서 인간의 꽃이 피어나는 풍경을 보기 위해서.

정권 이데올로기와 건축문화

그림 1. 역대 정권은 주요한 건물을 새로이 신축하거나 철거하면서 정권의 이념을 건축에 투영하였다. 이것은 비단 한국 정치권력만의 속성은 아니다. 역사적으로 전 세계의 모든 정권은 그들의 권력을 어떻게 해서든지 건축문화를 통하여 표상하고자 한다. 왜냐하면 건축은 거대할 뿐만 아니라 지속적이기 때문이다. 건축은 권력을 지속적으로 유지하려는 욕망을 잘 대변해줄 수 있는 속성을 가지고 있기 때문이다. 박정희 정권은 광화문을 콘크리트로 축조하였고, 남북 교류의 시점에 평양의 전통 건축에 뒤지지 않으려고 경복궁 내에 지금은 민속박물관으로 쓰고 있는 기묘한 전통 건물의 집합을 만들었다. 전두환 정권은 독립기념관을, 노태우 정권은 주택 200만 호 건설을 시작하였다. 그리고 김영삼 정권은 상하이 임시정부의 정통성을 이어받는다는 상징적인 의미로 조선총독부 건물을 철거하였으며, 현재의 정권은 콘크리트 광화문을 철거하고 본래의 자리에 목조로 재건축 하고 있는 중이다. 대체로 모두가 왕정 시대의 중심인 경복궁 주변에 손을 대는 것은 정치권력의 대표적인 상징물로서의 가치를 공유하고 있기 때문이다.

유교를 통치 이념으로 신봉해온 조선왕조는 온갖 침탈과 재난에도 불구하고 이 땅에 '종묘'라는 걸작품을 남겼다. 지난 반세기, 해방 이후 수립된 역대 정권들은 소위 '문민정부'에 이르기까지 어떤 이념을 가지고 지배했으며 무엇을 남겼는가? 500년 조선왕조의 긴 역사의 시각에서 보자면, 50년은 너무나 짧은 시간이어서 별로 이룩해낸 것이 없음을 당연시하는 관용을 베풀 수는 없을 것이다. 왜냐하면 지난 30여 년 동안 이 땅에 건설된 건물의 총량은 역사적으로 한민족이 이 땅에 살면서 건립한 총량을 넘어설 것이 틀림없기 때문이다. 정말로 중요한 것은 양이 아니다.

급작스런 양의 팽창이 숨기고 있는 질이 문제다. 한마디로 역대 정권이 만들어낸 특이한 건축문화가 있다면, 그것은 무분별하게 건설되도록 방치한 혼돈만이 있을 뿐이다. 그러면 혼돈은 어디에서 오는가? 그것은 정치권력은 있었으나 정치가 없었던 데서 연유하며, 지배는 있었으나 이념이 부재하는 데서 비롯한다. 이는 결과적으로 국민들의 마음속 깊은 곳에서 '피난민'적인 삶을 조장해왔다. 즉, "생존에 대한 공포가 만성화된 '피난민적' 삶을 살아온 경우, 생존 전략이 모든 것에 우선한다"[1]라고 했을 때, 이들에게 필요한 공간은 수단과 방법을 가리지 않는 전략적인 공간이지 공동체를 꽃피우는 삶의 공간은 아닌 것이다. 그러면 이러한 현상은 근본적으로 어떤 정권 이데올로기에서 조장되어온 것일까?

돌이켜보면 지난 반세기는 불행한 시절이었다. 역대 정권은 강대국들의 압력으로 분단된 한반도의 비극적인 상황을 '반공'이라는 지배 이데올로기로 변용하여 사용할 수 있는 '행운'을 누려왔다. 한 나라를 지배하는 이념이 무엇인가를 긍정적으로 수용하는 것이 아니라 무엇인가를 반대하는 것으로 점철되어왔다는 것은 불행한 일이다. 긍정적으로 세상을 살도록 유도한 것이 아니었다. 그러니 부정적으로 세상을 보기에 길들여진 이 땅 이 백성들이 어떤 문화를 꽃피울 수 있었단 말인가? 반공 이데올로기를 대체하여 내세운 조국근대화나 민주주의란 또 얼마나 허구의 논리로 가득 찼던 것인가? 근대화가 곧 서구화가 아니라 사회구성원이 자율적인 주체로서 진보의 개념을 터득하고 역사를 이루어나가는 이성적인 사회를 건설하는 것을 지칭한다면, 제3공화국 시절 그렇게 부르짖던 조국 근대화는 이제 이루어진 것인가? 군사독재시절 국민

1. 조혜정, 《탈식민지 시대 지식인의 글읽기와 삶읽기 2》, 또하나의문화, 1994.

학교 교과서에서 가르친 민주주의는 체육관 선거로 여지없이 무너져버리고, 민주화 투쟁은 고문과 억압으로 짓밟혀오고, 광주민주화항쟁은 결국 문민정부에서도 손댈 수 없는 채 역사의 심판에 맡겨버리는 이 상황은 정권이 표면적으로 내세우는 이념과 실재 하에서의 허구성을 적나라하게 보여주는 대목들이다. 결국 '거짓이 참'이라는 것이 이데올로기의 정체인지도 모른다.

그러나 역대 정권이 표리부동하지 않고 일관되게 관철시킨 정책이 있었으니, 그것은 좋게 말해서 경제발전이며, 진실을 말하자면 정경유착이요 자본가 집단들과 정치권력과의 상호주의인 것이다. 이렇게 허구의 논리로 지배하고 소수의 대자본가 집단을 옹호해온 것을 국민들이 모를 리 없다. 정권의 정통성의 결핍에 대한 불안감마저 가중되는 군사 정권들의 탈출구란 오직 한 가지, 한편으로는 가능한 한 모든 분야에서 '권위주의'를 내세우거나 정권의 정통성을 확보할 수 있는 술책을 찾아나서는 것으로 위장하는 것이다. 또 다른 한편으로는 대자본들가로 하여금 국민들이 꿈꾸게 하는 삶의 형식을 만들어내는 것이다. 전 국민에게 신분상승이라는 달콤한 출구를 열어두고 '하면 된다'는 신념으로 몰아붙여 저항할 수 있는 여유를 주지 않는 것, 그들이 오직 가족의 온정주의에 빠져 중산층으로 돌진하는 소시민이 되게 하는 것, 이것이 바로 역대 정권이 독점자본과 결탁하여 놓은 덫이고 유토피아이다.

그림 2. 박정희 정권 시절 건설한 국립박물관.
그림 3. 전두환 정권이 세운 독립기념관.

우리들이 건축문화를 정권 이데올로기와 견주어 생각할 때 주목해야 되는 것은 직접 만들어낸 건축물만이 아니라 일반 대중이 건축을 어떻게 이해하도록 길들여왔는가 하는 점이다. 정권이 직접 만들어낸 건축물은 권력의 상징 조작을 위한 소수의 건축물로 식별가능한 데 반하여, 양적으로 압도적인 일반 대중 건축물들은 가시적이고 일상적이면서도 지배 이데올로기에 의해 오염되어 그 정체가 숨겨져 있는 것이다. 그것은 비단 건축물 그 자체에만 국한되는 것이 아니다. 이에 대해서는 뒤에서 언급하기로 하고 우선 개괄적으로 역대 정권이 정통성과 권위를 창출한 목적으로 건립한 대표적인 건축물들을 짚어보기로 하자.

박정희 정권 시절(소위 3, 4공화국) 정권의 권위와 정통성을 이순신이라는 역사적인 인물과 동일시함으로써 구축하려 한 사실은 널리 알려져 있다. '현충사'의 건립이나 세종로 한복판에 불안정하게 서 있는 '구리 이순신'이 그렇고, 건축인들에게 '전통 건축'을 연구케 하였던 경복궁 '국립박물관(현재 민속박물관)' 건립이 그렇다. 7·4공동성명을 전후한 남·북한 간의 비공개 접촉을 통해 알려진 북한의 전통적인 양식으로 지어진 거대주의 건물들은 당시로는 빈약했던 남쪽의 공공건물들을 되돌아보게 하는 계기를 마련했는지도 모른다. 전통 건축에 대한 배려, 그것은 여러모로 소박한 설득력을 갖고 있었다. '민주주의'적인 것을 반대한다는 것은 이적 행위와 같은 것이었기 때문

그림 4. 노태우 정권의 주택 200만 호
건설사업과 '아파트 공화국'의 형성.

(위에서부터)

그림 5. 김영삼 정권이 철거하기 전의
조선총독부 청사와 광화문.

그림 6. 김영삼 정권이 철거한 후의 광화문.

그림 7. 가림막을 쳐놓고 철거중인 광화문.

그림 8. 광화문이 사라진 세종로 거리.

이다. 법주사 팔상전과 불국사 계단 등을 모방하여 콘크리트로 집대성한 자태야 어찌 되었든 공공건물에 전통식 기와를 얹으려는 의도는 눈물겹기까지 하다.

제5공화국 시절은 그래도 경제적으로 여유가 있었고, 그 동안 자라난 신세대 건축인들이 있어 그 규모와 투입된 인력 및 재원은 박정희 시절을 능가하였다. 그래서 박정희 시절보다 우회적이지만 본격적인 정권의 치적을 쌓을 수 있었는데, '독립기념관'과 '예술의 전당' 건립이 그것이다. 민족의 독립정신을 바로잡고 선열을 기린다고 하는데 어떤 백성들이 반대할 것이고, 국제도시다운 세계적인 '예술의 전당'을 건립한다는데 어떤 사람이 반대할 것인가?

위의 두 군사 정권에 비해 보통사람을 부르짖은 제6공화국은 전 국토를 오염시키는 주택 200만호 건설이라는 전대미문의 기념비(?)를 세웠다. 이는 가히 제2의 새마을운동이라 할 수 있다. 제1차 새마을운동 때는 모든 농가의 지붕을 뒤집어엎어 천박한 슬레이트나 양철 지붕으로 교체하였고, 제6공화국 정권은 멀리서나마 고즈넉하던 중소도시들을 하늘에다 쑥떡 먹이듯 산자락을 비집고 솟아나게 했다. 권위주의적인 주거 건축의 대중문화이고, 주택 상품의 전 국토화를 이룩하였다. 주택문제를 잘못 추정된 '주택부족률'이라는 근거를 내세워 양적으로 해결하려는 시도는 마치 공문서로 전국의 주택문제를 단숨에 해결하려는 무모한 정책이었음에 틀림없다. 그 결과는 앞에 열거한 공공건물들에 비해 아주 오래 남을 제6공화국의 기념비(?)이기도 하다.

김영삼 정권이 내세운 이데올로기는 앞선 군사 정권에 비해 문민정부다운 세련됨이 있다. 그러나 정통성을 갖추고 완화된 권위주의의 면모는 심한 우려를 금할 수 없다. 민선 대통령으로서 상하이 임시정부의 정통성을 직접 이어받은 정권으로 과시하기 위하여 첫 번째 사업으로 선정한 것이 총독부 건물의 철거와 현대적인 국립중앙박물관의 건립이다. 이 작업은 착착 진행되고 있다. 그러나 힘으로 밀어붙이기는 앞선 정권과 다를 바가 없다. 정당한 선거로 당선된 정권이지만, 3당 합당이라는 결탁으로 수단과 방법을 가리지 않고 탄생한 출생의 오욕을 '민족감정'을 일으킴으로써 찢어내려는 의도가 짙게 깔려 있는 듯하다. 문제는 총독부를 철거하면서 하는 수 없이 해결할 숙제로 대두된 국립중앙박물관의 건립을 서둘러 해치워버리려는 데 있다. 넓고 빈 땅에다 지으면 좋다는 논리는 박물관이 도시에서 어떤 역할을 하기 바라는지를 고려하지 않고, 정권의 치적을 위해 서둘러 결정된 느낌이 없지 않다. 이 시대에 중요한 것이 치적을 위한 건축보다는 오히려 거시적인 안목에서 도시의 틀을 짜는 데 있다고 생각한다면 더욱 신중했어야 할 일이다.

　어느 정권이든 권력을 장악한 쪽에서는 그들의 가시적인 위력을 건축물에 투사하려는 속성을 가지고 있다. 그것이 미미한 정도라면 문제될 것이 없으나, 만일 그것이 도시 전체, 나아가서는 한 시대의 정신에까지도 오랫동안 관여하는 것이라면, 마땅히 심사숙고하고 올바른 과정을 거쳐서 결정할 일이라고 생각된다.

　그러나 몇몇 정권이 저지른 전근대적인 건축 행위를 비난하는 것만으로는 별 뜻이 없다. 어떻게 보면 앞에서 잠깐 언급한 것과 같이 건축이 한 사회에서 자리 잡고 정당화되어 가는 전 과정, 그리고 그 결과로서 건축문화가 어떻게 역대 정권의 이데올로기와 연루해서 지속되어 왔는지를 캐내는 일이 더 뜻있고 중요한 일인지 모른다. '토지소유자 천하지대본土地所有者天下之大本'이라든지, 정권이 건축을 권력의 도구로 사용하듯 일반 건축물이 진지하고 깊은 의미로서 건축이라기보다는 도구로서의 건물로 양산되고 있다. 그리고 그러한 생산방식이 보다 정당한 것으로 오도되는 현실이 건축문화의 본래적 가치를 전도시키고 있다. 결국은 가치의 혼돈 속에 빠져들어 전 국민은 더듬이 잃은 곤충같이 빛—상품—의 주위를 맴돌고 참과 허위의 변별력을 잃어버린다. 이는 대중문화의 승리이자 역대 정권의 승리이기도 하다. 정치권력은 사실상 여러 곳에 산재해 있다. 오가는 말 속에도, 진열장의 상품 속에도, 사진 한 장 속에도, 광고 문안에도, 집장사 집 속에도, 아니 모든 건축물 속에 자리 잡고 있다. 바로 이 점이 우리들을 곤혹스럽게 하는 것이다. 따라서 정권이데올로기와 자본의 힘을 행사함으로써 "피지배 그룹들의 삶의 형식과 형태를 규정하는 데 맞서 피지배 민중들로 하여금 권리와 권력을 어떻게 확장해 나가는가 하는 저항의 힘을 키우는 것"[2], 그래서 삶의 질을 바꿀 수 있는 전환점을 모색하는 것, 그것이 이 글의 제목이 우리들에게 주는 교훈인 것이다.

2. 마이클 라이언, 임상흠 역, 《정치와 문화》.

고대 그리스의 파르테논 신전을 '서양의 종묘'라고 말하게 될 때는 오지 않을지도 모른다. 그러나 만일 지금의 문민정부가 정권의 치적을 위해서가 아니라 진정으로 국민을 생각하고 통일조국을 생각하고 세계화를 염원한다면, 언제 이 땅을 떠날지도 모르는 외국 주둔군 때문에 제약 많은 현재의 용산 가족공원 부지에 건립한 국립중앙박물관 계획을 백지화하고 그 일의 일체를 참신한 전문가 집단에게 다시 의뢰한다면, 적어도 김영삼 정권은 진정한 건축문화의 토대가 되는 '원칙'을 정립하는 치적을 쌓을 것이다. 한 번쯤 정권이 올바른 '건립추진위원회'를 구성하는 것만으로 만족하고 기공식에 삽질하는 행사를 다음 정권으로 넘겨주는 여유를 보여준다면, 50년 동안의 부실 공사로 무너져 내린 이 사회의 총체적인 허구성을 극복하는 계기를 마련할 수도 있을 것이다. 참으로 부실하여 무너져 내린 것은 건물이 아니라 허구로 점철되어온 그 동안의 정권 이데올로기였고, 그에 길들여진 국민들의 가치 혼돈이었으며, 통제받지 못한 자본의 폭력이었음을 인식하는 일은 비단 정권의 과제만은 아니다. 그것은 온 국민의 과제이다. 다만 건축가 집단은 그들의 자리에서 어떤 것이 허구의 지배 이념인지 아닌지를 식별해내는 역사적인 안목을 갖춰야 할 것이다. 그것은 그렇게 어려운 일이 아니다. 자신이 지금 하는 일이 일시적인 한 정권을 위한 것인지, 아니면 한 시대의 사회적인 요청에 의한 것인지를 분별하는 진정한 식견을 갖추면 되는 것이다. 이런 변별이 결여된 상태에서 언젠가 건축을 이해하는 좋은 정권이 들어서면 건축문화의 꽃이 필 것이라는 상상은 유아병적인 사고임에 틀림없다.

자본주의는 정치이념이 아니다. 고삐 풀린 자본의 폭력에 대항한 정치이념은 자유민주주의만으로는 부족하다. 그것은 깨어난 시민이 전제된 자유민주주의의 사회다. 건축가들이야말로 바로 그 시민이어야 한다. 그들은 무엇이 정권의 상징 조작인지 아닌지를 변별해내고, 무엇이 자유민주주의의 이념에 걸맞은 형식인지 보여줄 의무가 있다.

전쟁을 기념하는 사회,
전쟁을 기념하는 건축

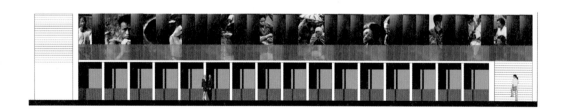

전쟁에서는 죽이는 것이 중요한 일이다. 이를테면 '적군의 대열을 성글게 만드는 것'이다! 죽여도 무더기로 죽여야 한다. 가능한 한 많은 수의 적이 쓰러져서 살아 있는 적들의 위협적인 군중이 시체 더미로 변해야 한다. 적군을 더 많이 죽이는 편이 이긴다. … 교전 중인 쌍방을 동시에 관찰해보면 전쟁이 이중으로 엇갈린 두 개의 군중상群衆像을 제공함을 알 수 있다. 한 쪽 군대는 가능한 한 커진 상태에서 적군의 시체 더미를 최대한 크게 쌓기로 작심하고 있다. 다른 편 군대도 이와 똑같은 생각을 하고 있다. 전쟁에 참가한 모든 자가 항상 두 개의 군중에 동시에 속한다는 사실로부터 이러한 엇갈림이 발생한다. 한쪽에서 살아 있는 전사戰士로 계산되는 자들이 다른 쪽에서는 잠재력으로 죽은, 즉 죽었으면 하고 여겨지는 전사에 속한다. … 전쟁은 놀라운 기도企圖이다. 사람들은 자기들이 육체적인 파멸의 위협에 직면해 있다고 결론을 내린다. … 그래서 실제로 어느 쪽이 먼저 공격을 하든지 간에 쌍방은 항상 자기편이 위협을 받고 있다는 허구를 말로 하려 든다. … 보통의 경우 사회 안에서의 생활은 사람들을 육체적인 파멸로부터 보호해준다. 그러나 지금은 오히려 그 사회에 속해 있기 때문에 육체적인 파멸에 직면한다. 위협은 특정 종족에 속하는 사람들 모두에게 똑같이 닥쳐온다. 그리고 수천 명의 사람들이 동시에 "너는 죽을 것이다"라는 말을 듣고, 이 죽음의 위험을 물리치기 위하여 단결한다. … 전쟁 전체를 일관하는 특징인 고도의 명백한 긴장은 두 가지 원인에서 유래한다. 하나는 사람들이 자기가 먼저 죽이기를 원한다는 점이고, 다른 하나는 사람들이 군중으로 행동한다는 점이다. 이 두 원인 중 후자가 없이는 전자의 여하한 성공도 불가능하다. 전쟁이 계속되는 한 사람들은 군중으로 남아 있다. 더 이상 군중이 아닐 때 전쟁은 즉시 끝난다. 전쟁은 일정 기간 동안 사람들이 군중으로 행동할 수 있도록 보장해준다. 이 점은 전쟁의 인기를 무시 못 할 이유 중의 하나다.[1]

엘리아스 카네티Elias Canetti

그림 1, 2, 3, 4. 6·25전쟁 50주년 기념관. 6·25 50주년 기념조형물 공모에서 나는 소통의 공간을 제안했다. 전쟁을 기념하는 것이 아니라 전쟁을 예방하기 위한 일상적인 공간을 전쟁기념관 전면에 두 개의 낮게 에워싸는 벽면으로 구성하였다. 유리 안의 벽면 위에 6·25전쟁과 관련된 시 구절이나 중요한 문장들을 16개국의 언어로 새기도록 하였고, 내부 중정에서는 하늘을 보게 하고, 지하 공간에서는 민간인 희생자들을 추모하는 공간과 집회시설 및 전시장 등을 마련하고, 전 세계의 민간인 학살진상규명센터로 전환하는 프로그램을 생각하였다. 그러나 이 계획안은 실현될 수 없는 운명이었다.

1 . 엘리아스 카네티, 강두식 옮김, ≪군중과 권력≫ 중 <이중군중: 전쟁편>, 1982년, 71~76쪽.

전쟁의 본질

스페인계 유대인으로 불가리아에서 태어난 엘리아스 카네티는 6세 때 영국에서 학교 생활을 하였고, 1913년 오스트리아 빈에서 학업을 받다가 바로 다음해인 1914년 제 1차 세계대전을 겪는다. 다시 16세 때 스위스 취리히에서 학업을 계속하여 19세 때는 프랑크푸르트 암바인에서 고교를 졸업하고, 1924년 빈 대학에 진학하였다. 1925년 군중집회 참가를 계기로 군중 연구에 대한 최초의 구상을 하다가 1938년 나치즘을 체험하였다. 1939년 이후 런던에 정착하고, 1981년 노벨문학상을 받았다. 35년 동안 필생의 역작인 《군중과 권력》(*Masse und Macht*)을 출간한 후의 일이었다. 군중의 위협 속에서 스스로 한순간 군중의 일원이 되었던 야릇한 감정을 평생 파고든 것이다. 물론 그는 전쟁을 연구했던 학자는 아니다. 그러나 한 개체로서의 인간이 어떻게 뭉치고 헤어지는 군중이 되며, 그 현상들이 어떻게 권력의 큰 밑그림과 연관이 있는지 서술하고 있다. 그 중에서 '이중군중'으로서의 '전쟁편'은 지금 6·25전쟁 발발 50주년이라는 시점에서 여러 면으로 중요한 시사점을 던져준다.

전쟁은 기념하는 것이 아니고 기억하는 것이다. 더욱이 한국전쟁은 세계의 냉전 체제를 명명하고 고착화하는 대리전쟁으로서 그 결과가 한민족의 동족상쟁으로 이어진 정말로 불행한 전쟁이다. 제2차 세계대전 이후, 아직 근대국가의 정체성을 다질 여가도 없이 신생국에 불어 닥친 한국전쟁은 저간의 이유가 어찌 되었든 비극적인 전쟁이다. 모든 전쟁이 비극적이라지만 우리가 겪은 전쟁은 세 가지 종류의 전쟁이 복합적으로 이루어진 잔인한 전쟁이다.

첫째로 모든 전쟁의 본질이라 할 수 있는 원시적인 살육이다. 어떠한 경우에라도 자신이 살아남기 위해 남을 먼저 죽이지 않으면 안 되는 본능적인 전쟁이다. 둘째로 종교전쟁에서와 마찬가지로 각기 다른 이념의 전쟁이다. 이념은 늘 모호한 것이고, 각기 다른 이념의 표식이 사람들의 얼굴에 낙인찍힌 것이 아닌 이상 쌍방은 무수히 많은 동족을 단지 분별이 애매하다는 이유 하나로 무참히 양민을 학살한 전쟁이다. 셋째로 남북의 각 진영을 돕는다는 미명하에 세계의 여러 나라들이 참전한 국제적인 전쟁이다. 물론 미국과 소련의 양대 강국이 주도했을 테지만, 세계의 젊은이들이 한반도에서 그들의 육신을 묻어야만 했던 전쟁이다. 그리고 50년이 흐른 지금도 이 전쟁은 아직도 끝나지 않았다. 인류의 전쟁사에서 휴전 상태가 반세기 정도 지속된 전쟁이 또 어디 있겠는가? 엄밀히 말해서 우리는 지금도 전시 중인 셈이다. 도대체 왜 전시戰時에 진행 중인 전쟁을 기념해야만 하는가? 다시는 이런 전쟁이 재발되지 않게 하기 위해서? 그래서 국민들의 반공교육장으로 활용하기 위해서? 그러면 국민들이란 잠정적으로 한국전쟁과 같은 전쟁을 일으킬 가능성이 있는 사람들이기 때문에 그런 것인가? 아니면 혹시 일어날지도 모르는 상황에 대처해서 사전에 단결심과 애국심을 다져놓기 위해서? 이런 모든 이유 때문이 아니라면 휴전 중인 나라에서 무엇을 왜 기념해야 한단 말인가?

우리들은 어린시절 6월 25일이 되면 두 가지 일에 동원되었다. 하나는 '상기하자 6·25'라는 포스터를 그리는 것이었고, 또 다른 하나는 일선 군부대로 위문편지를 써 보내는 일이었다. 그때마다 참으로 곤혹스럽기도 했고, 막연히 비장한 감정이 솟구치기도 했다. 그리고 매년 6·25전쟁 기념식이 이어졌고, 사람들은 이제 서서히 관에서 주도하는 의식들을 잊어가고 있다. 다만 이산가족들의 가슴속에, 사지가 온전치 못해 차마 눈 뜨고 볼 수 없는 시신을 땅에 묻고 또 가슴속에 묻고 살아온 우리들의 할머니, 할아버지의 기억 속에 6·25전쟁은 살아 있고 끝나지 않은 채로 있다. 그것은 남쪽이나 북쪽이나 다 한 가지일 것이다.

정부나 권력이 기념하려는 전쟁과 개별적인 국민이 기억하는 전쟁 사이에는 늘 큰 괴리감이 있는 듯하다. 이제 6·25전쟁은 누구를 위해 어떻게 기념해야 하는가에 있지 않고, 이 전쟁을 도대체 어떤 시각으로 대하는 것이 한반도를 휩쓸었던 파괴와 절망과 고통의 역사를 올바르게 볼 수 있는가 하는 데 있다. 그리고 분명한 사실들이 있다. 그것은 용산의 '전쟁기념관'의 전사자 명단들 속에서는 찾아지지 않는 구천을 떠도는 학살당한 자들이다. 거창 신원리에는 아직도 517명 피살자를 애도하는 위령비가 누워 있다. 정부가 와서 제대로 싸울 때까지 그렇게 있을 것이다. 죽는 데 한 순간, 위령비 세우는 데 수십 년, 위령비 하나 제대로 세우는 데 아직도 얼마를 더 기다려야 하는가? 학살된 그들은 지금 이 순간에도 죽어가고 있다. 해방은 아직 멀고 6·25전쟁은 아직도 이 땅에서 끝나지 않았다. 5·18의 상처도 아물지 않았다. 제주도 4·3사건도 그대로 살아 있다. 이 모든 참혹한 주검들에 대해서 한 번도 있는 그대로의 진실을 밝혀주고 납득할 만큼 슬퍼하지도 못했다. 그래서 지금 이 땅의 사람들은 왜 살고 있는지를 제대로 알지 못한다. 왜 살고 있는지 모르면서 생존해 있는 상태에서는 오직 무자비한 일상의 전쟁만 반복될 뿐이다. 그리고 신원리는 도처에 있다. 나의 큰이모님의 가슴속에도 있다. 갈라진 남북 땅 구석구석에서 차마 잊지 못할 슬픈 이야기들을 다시 들춰내야만 한다. 어떻게 해서든지 전국의 신원리를 찾아내야 하고, 또 다른 노근리도 찾아내야만 한다. 그렇게 해서 죽음을 원 없이 제대로 이야기해야만 비로소 사는 것을 말할 수 있다. 그래야만 개발과 성장과 발전을 이야기할 수 있다. 지역감정의 뿌리도 여기에 있고, 모든 부정부패의 근원도 여기에 있다. 전사들에게는 무덤과 기념관을 지어주고 보통사람들에게는 망각을 강요하는, 죽은 자들에 대한 불평등한 태도가 지속되는 한 휴전이 끝나도 민초들의 원한은 끝나지 않는다.

카네티는 《군중과 권력》에서 죽은 자들의 원한에서 이렇게 말하고 있다. "죽은 자들은 살아 있는 자들에게 복수를 한다. 어떤 때는 그들이 살아 있던 동안에 그들에게 가해진 상처들에 대해 복수를 하려 하지만, 단지 그들이 더 이상 살아 있지 않다는 이유로 복수를 하려 드는 일도 자주 있다. 살아 있는 사람들이 가장 두려워하는 것은 죽은 자들의 질투이다. … 왜냐하면 죽은 자들의 마음속 깊이 깃든 질투는 만들어질 수 있거나 새롭게 획득되어질 수 있는 물건들에 대한 것이 아닌 생명 그 자체에 대한 것이기 때문이다."

그렇다. 전쟁을 기념하는 것보다 중요한 것은 살아남아 있는 자들이 죽은 사람들의 생명에 진 빚을 엄숙히 하는 일이다. 그것은 묵념이나 단순히 형식적인 애도의 행사로 끝나는 것이 아니라 진지하고 지속적인 연대여야만 한다. 이는 또한 군인의 죽음과 민간인의 죽음을 분류하는 일이 아니라 모든 죽음에 대한 경건한 마음가짐이다. 우리들이 전쟁을 기념할 이유가 있다면 바로 전쟁의 본질에 바쳤던 이중적인 군중으로부터 벗어나기 위한 것이다. 죽은 자들은 애도하는 군중집회를 기대하거나 거대한 기넘비를 기다리는 것이 아니라 살아 있는 자들 스스로가 생명에 대한 경외심을 갖고 그들을 대하기를 기대하는 것이다.

어떤 전쟁이든 전쟁은 소통의 단절에서 온다. 따라서 만일 우리들이 6·25전쟁 50주년을 기념해야 한다면 바로 필요하고 올바른 소통이 이루어질 환경을 만드는 일이다. 죽은 자와 살아남은 자와의 소통, 이쪽과 저쪽의 소통의 장을 항상 마련해주는 일일 것이며, 또 다른 하나는 바로 생명과 평화에 대한 환기를 제도나 의식으로 치르는 것이 아니라 자연스럽게 내면화하는 일이다.

내면화된 기념비

이 세상의 많은 기념비들 중에서 나를 가장 감동시킨 기념비는 요헨 게르츠Jochen Gerz의 '사라지는 기념비'이다.[2] 그는 독일 하부르크Habourg 시의 시장 한복판에 높이 12미터의 납으로 에워싼, 파시즘의 망령을 기념하는 기념비를 제안했다. 그러나 그것은 늘 그 자리에 서 있는 것이 아니라 서서히 땅 속으로 사라진다. 행인들은 기념비 위에 날카로운 송곳 같은 것으로 낙서를 할 수 있고, 그것이 가득 차면 조금씩 기중기를 동원하여 미리 지하에 마련된 공간으로 내려 보내어 마침내 자취도 없이 사라지게 하는 것이다. 파시즘의 망령을 기념하기 위해 할 수 있는 최상의 기념비란 마치 우리들 내면의 그 획일적이고 폭력적인 파시즘의 유혹을 지워버리듯 기념비 자체를 실종시키는 것이다.

알로이스 리글Alois Riegl은 기념비에 대한 우상을 논하면서 크게 세 가지로 모뉴먼트의 성격을 분류했다. 하나는 원래 기념비의 목적으로 세워진 것이 아니라 시간이 흐르면서 사람들이 기념비적 가치를 일시적으로 부여한 것과, 또 하나는 의도적으로 한 시점에 특정한 목적을 위해 인위적으로 세우는 것이며, 마지막 하나는 사라져가는 폐허에 대하여 지속적인 가치를 공유하게 하는 모뉴먼트이다. 하부르크의 기념비는 의도적으로 세웠으나, 요헨 게르츠의 기획 속에는 모뉴먼트란 세울 목적을 상실할 때 가장 멋진 기념비가 된다는 전제가 있었을 것이다.

2 . 필자의 ‹사라지는 기념비›, «이상건축»
1997년 9월호 참조.

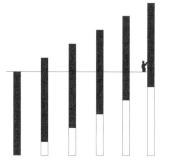

세계에는 전쟁을 기념하는 건축과 기념조형물들이 많이 있다. 그러나 그 중에서 가장 감동적인 것들은 아마도 거대한 건축으로 얻으려는 숭고함이 아니라 우리들 내면에 서식하는 순수한 기억과 감성의 힘을 촉발시키는 것들이다. 왜냐하면 진정한 건축은 우리들 내면에 잠자고 있기 때문이다. 특히 전쟁을 기념하는 건축이란 그 속에 살아 있게 할 내용이 늘 빈곤하기 때문이다. 대체로 내용물들이란 기껏해야 전쟁과 관련된 군복과 편지, 무기류, 그리고 사진과 깃발들이 대부분이다. 이런 오브제들은 전쟁과 관련된 것이면서도 '전쟁의 일상'에 관련된 것으로 전쟁의 본질을 환기시키기에는 늘 즉물적인 것의 한계가 있기 때문이다. 제2차 세계대전을 기념하는 가장 훌륭한 건축은 베를린 시에 전쟁의 상흔을 입고 서 있는 대성당의 폐허이다. 그것은 새롭게 변화하는 도시의 풍경과 시각적으로 중첩되면서 전쟁의 파괴와 죽음을 매일매일 상기시킨다. 건축의 위대한 수식어나 어떤 작가의 의도된 가필 없이 시간을 초월하여 당시 전쟁에 대한 상흔과 그 허망했던 메시지를 전달한다. 그것은 전쟁의 본질을 즉각적이고도 쉽게 헤아리게 하는 훌륭한 기념비이다. 그 건물은 전쟁의 일상적인 오브제로 전쟁의 뼈저린 기억을 왜소하게 할 의사가 없다. 다만 우리들 내면에서 망각의 세계로 전환하려는 희미한 기억들을 늘 생생하게 부활시킨다.

전쟁을 기념하는 건축은 아니나 프랑스 파리 '노트르담 사원' 뒤 센 강변에 자리 잡고 있는 '순교자기념관' 또한 감동적인 건축이다.[3] 강제수용소에서 사라져간 20만 명의 유대인들을 애도하는 이 기념관도 작지만 커다란 파장으로 우리들 내면에 파동을 일으킨다. 몇 줄기 글자와 크고 작은 공간들로 구성된 펭귀송Pinguisson의 이 작품은 우리들이 죽음을 어떻게 기념해야 하는지를 공간으로 이야기해준다.

전승을 기념하는 고대 로마의 개선문들은 전쟁을 축제처럼 치르던 강력한 군대의 상징이 되었다. 그러나 21세기의 지금 우리들은 정복자들의 전쟁을 찬미하고 영토 확장을 기념하거나, 종교가 다르다는 이유로 음모해야 할 전쟁을 종식시켜야만 한다. 우리가 전쟁이든 아니든 기념하고 기억해야 할 가치가 있는 것은 사건 자체가 아니라 인간이다. 원자탄 세례를 받고 뼈대만 앙상하게 남은 히로시마의 건물은 전쟁을 일으킨 나라임에도 불구하고 세계인들이 애도하고 기억하는 상징이 되었다. 그러나 우리나

그림 5~11. 요헨 게르츠의 '사라지는 기념비'. 독일의 작은 도시 하부르크는 나치의 만행을 기억하기 위한 조형물 공모에서 요헨 게르츠의 '사라지는 기념비'를 채택하였다. 납을 입힌 12미터의 단순한 기둥이 시장 근처에 세워졌고, 지나다니는 사람들이 기념비의 납판 위에 뾰족한 도구로 파시즘과 관련한 생각들을 새기게 하였다. 글과 낙서가 가득 차면 기둥은 서서히 지하로 내려가고, 결국에 가서는 기념비 자체가 사라지는데, 이러한 사연을 팻말에 적어 기둥이 놓였던 장소에 남기게 하였다. 작가는 파시즘을 기억하는 가장 좋은 방법은 우리들 내면에서 파시즘을 몰아내듯 기념비 자체를 소멸시키도록 제안한 것이다. 그래서 요헨 게르츠의 '사라지는 기념비'는 최근에 만들어진 모든 기념비 중 가장 걸작으로 보인다.

3. 《플러스》 1994년 7월호.

그림 12. 센 강변에 있는 펭귀송의 '순교자기념관'. 프랑스 파리의 노트르담 사원 뒤에는 강제수용소에서 처형당한 20만 명의 죽음을 기리는 작은 공간이 있다. 노트르담 사원의 명성에 짓눌려 관광객들이 외면하는 이 장소는 우리들 내면의 전쟁과 죽음의 공포를 환기시킨다.

그림 13. 빌헬름 카이저 교회. 파괴된 베를린 성당은 그 자체를 보전함으로써 제2차 세계대전을 일상적으로 도시에서 환기시키는 가장 그럴듯한 기념비이다.

그림 14. 히로시마 평화공원 내에 있는 원자 폭탄이 투하된 후 뼈대만 남은 히로시마의 건물. 히로시마 평화공원에서도 원폭이 투하되어 파괴된 건물의 모습이 당시의 상황을 생생하게 기억하게 한다.

라에는 그 참혹한 전쟁을 겪고도 어느 것 하나 우리에게 늘 신선한 감동을 주고 전쟁의 역사를 인식시켜주는 장소가 없다. 그것은 아마도 일반인들이 접근할 수 없는 비무장지대 내 어느 곳에 있는지 모른다. '용산 전쟁기념관'은 인위적으로 만들어질 수 있고 온갖 전쟁의 일상적인 오브제들을 가득 채우고 있으나 실제적인 전쟁의 역사적 장소성을 만들어낼 수는 없다. 따라서 우리들에게 이제 남아 있는 유일한 기념공간은 비무장지대(DMZ)인지 모른다. 그곳을 앞으로 천 년 동안 보존만 할 수 있다면 우리들은 20세기 냉전체제의 역사적이고 세계적인 기념비를 가질 수 있을 것이다. 다만 개발하고 건축하고 들쑤시는 것을 천 년 동안 금지하는 경우에 한해서 말이다.

내가 6·25전쟁을 첨예하게 기억하는 곳은 서울에 두 군데가 있다. 하나는 '동십자각' 벽체에 난 탄흔이며, 또 하나는 '서울역사' 벽체에 남아 있는 자국이다. 그때 그 시간에 그 누가 쏘아댄 총알은 50년이 지난 지금도 거기에 있다. 역설적으로 말하자면 '동십자각'과 '서울역사'는 나에게 가장 소중한 6·25전쟁을 기념하는 건축물이다.

전쟁이 아니라 인간을

사실은 이 나라 전체가, 남북이 모두 6·25전쟁의 기념공간이다. 그곳에는 남북의 반목과 질시와 경쟁의 역사가 있고, 휴전선에는 양쪽에 실물로서의 병력과 무기들이 배치되어 있다. 우리들의 일상이 기념비이다. 또한 우리들의 일상성 속의 편리한 도구들은 거의 제2차 세계대전이란 전쟁의 숨은 공덕이다. 형광등이 그렇고, 통신기기들이 그러하며, 온갖 조직과 시공 관리 체계들이 그렇다. 우리들은 전시 체제하에서 세계전쟁의 기술, 기술과 합작한 자본의 힘으로 살고 있다. 다만 우리가 잊어서도 안 되고 잊을 수 없는 것은 아직도 끝나지 않은 전쟁이다. 이제 곧 이 세상을 하직할 우리 할머니와 할아버지 세대들의 가슴속에 박힌 탄환들이다. 차마 입을 열고 말하기를 두려워하는 이들의 고통과 상처를 우리는 어떻게 위로할 수 있단 말인가?

만일 언제라도 6·25전쟁을 기념하는 건축이 또다시 세워진다면 그곳에는 두 가지의 프로그램이 있어야 할 것이다. 하나는 전 세계 학살자들의 진실을 캐고 논의하고 기억하는 진실의 공간이고, 또 다른 하나는 평화와 생명의 이야기를 풍성하게 할 소통의 공간이다. 그리고 우리들은 이렇게 말할 수 있어야만 한다. 이제 우리들은 전쟁을 기념하지 않는다고. 그리고 우리들은 잔잔히 크리스 마커Chris Marker의 기록 사진첩(《북녘사람들》, 눈빛, 1989)을 꺼내 읽을 필요가 있다. 이 책은 휴전 직후 북녘 땅의 사람들을 애정 어린 시선으로 포착한 책이다. 프랑스의 다큐멘터리 작가로 세간에 그리 알려져 있지 않은 이 사람은 눈물겨울 정도로 감동적인 북녘 사람들의 표정을 전한다. 한번 눈을 마주친 사진 속의 얼굴이 뇌리에 각인되어 잊혀지지 않는 것은 바로 그가 전쟁의 역사를 사람들의 표정 속에 기록해 놓았기 때문이다. 이제야 우리들은 기념비나 기념건축보다 소중한 것들을 생각하고 찾아 나설 때이다. 모든 것이 너무 늦기 전에 말이다.

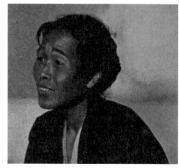

그림 15, 16. 크리스 마커, 《북녘사람들》
중에서.

새로운 국회: 수선보다 재생을

탄생의 진실

일반적으로 건축은 시대를 담는 그릇이라고 말한다. 국회의사당 건물이야말로 70년대 한국의 정치·경제는 물론 시대적 감수성의 한계를 고스란히 담고 있다. 지금 국회의사당 건물의 상단부 파라펫parapet(외벽면의 상단부) 공사가 한창인 현장을 유심히 살펴보면 당대의 고민이 적나라하게 드러나고 있음을 알 수 있다. 어떻게 건축을 통해 국회의 권위를 세우는 동시에 입법부를 상징적으로 표현할 것인가 하는 근원적 질문들에 대한 고전적 해법들이 강하게 엿보인다. 과다하게 내민 추녀, 수평적으로 내민 추녀를 시각적으로 완화하기 위해 감아올린 파라펫, 이 모든 의장적인 요소를 떠받치기 위한 육중한 기둥들, 박스 건물 중앙에 억지로 얹어놓은 듯한 돔. 어느 것 하나 필연성보다는 인위적 결합이 돋보이는 의사당 건물은 한마디로 말하자면 정직하지 못한 건물이다. 일반적으로 기둥은 의장적인 요소인 파라펫만이 아니라 건축의 몸체를 지탱할 때 정직해 보인다. 다시 말하자면 건축을 구성하는 여러 요소들이 서로 유기적으로 배열되어 부분과 전체가 불가분의 관계를 유지할 때 그 건물은 강한 인상을 준다.

그러나 국회 건물은 기둥을 다 제거해도 무너지지 않는다. 결국 국회의사당은 지극히 단순한 박스형 건물에다 열주를 첨가하고, 열주만 서 있으면 불안해 보이므로 파라펫을 다시 더 설치한 꼴이 되었다. 또 그것만으로도 왠지 '격'에 맞지 않으므로 중앙 부위에 돔을 얹어놓은 셈이다. 결과적으로 국회의 권위와 상징을 위해 가장 보편적인 건축언어인 기둥과 돔이 동원된 것이다. 그렇다면 그것이 그렇게 잘못된 것인가 하고 반문할 수도 있다. 물론 '이미지'를 위해서는 그렇게 할 수도 있다. 그런데 문제는 각

그림 1. 건물의 외관은 중요하다.
공공건물일수록 사람들의 시선이 밖에
머물기 때문이다. 그러나 그보다 더 중요한
것은 그 건물에 어떤 정신이 깃들어 있나
하는 것이다. 그것은 단숨에 드러나는 것이
아니라 지속적으로 풍겨 나오는 향기인
것이다.

요소들의 세밀한 부분에서 차라리 적극적으로 고전적 법식을 좇지 않고, 단순히 강제적으로 투박하게 첨가한 요소들이 모여 건물 전체를 어색하게 만들고 있다는 점이다. 이는 6, 70년대 한국의 입법부를 상징적으로 드러내는 불협화음이기도 하다. 군사독재 시절 국민의 의견이 수렴되는 대의기관이라기보다는 소위 조국의 근대화를 위해서 수단과 방법을 가리지 않던 행정부의 지원기관으로서 시대적인 상황을 고스란히 반영하고 있던 국회의 모습이다.

그리고 또 하나 간과할 수 없는 일은 이러한 건축에 대해서 누가 책임을 지는 건축가인지가 불분명하다는 점이다. 당시의 문건들에 의하면, 한국 건축계의 원로들이 다수 참여한 것으로 되어 있으나 누구 한 사람 떳떳하게 "그것은 나의 작업이다"라고 내세우는 건축가가 부재하다는 말이다. 건물은 여기 있는데 건축가는 없는 듯하다는 말은, 정치는 있으나 책임지는 정치가가 부재하다는 말이나 다름없다. 이렇게 국회의사당은 위대한 한국 현대건축의 유산이라기보다는 마치 사생아 마냥 탄생된 원초적인 비극이 있다. 반문화적이고 권위주의가 팽배하던 시절 여의도 서쪽 끝자락에 비껴서 있는 국회 건물은 마치 도시에서 위배되어 있는 듯하다. 국민의 전당이 국민으로부터, 시민으로부터 한 발 비껴서 있다. 거기 있으면서 원경에서나마 한 나라의 입법부를 상징하고 있다.

문화의 권위

그러나 세월이 흐르면서 이제 국회의사당은 현대 한국의 모습을 담아내기에 역부족이다. 왜냐하면 태생이 이미 불구였기 때문에 변화하는 시대를 짊어지기에는 힘에 부친다. 조금은 진보한 국민들의 감수성, 노후화해가는 건물의 물리적 한계들, 더 이상 바라보기에 힘든 외관들은 급기야 파라펫의 수선이라는 소극적인 대안을 제시하기에 이른 것이다. 이는 그야말로 너무나 소극적이고 단편적인 결정이어서 새로운 국회의 희망찬 미래상을 제시하기에는 턱없이 모자란 선택이다. 이 나라의 공공건물들이란 어느 것 하나 진정한 의미에서의 건축적인 권위가 엿보이는 건물이 없다. 건축을 진정한 문화로 대접하고 그러한 건축을 탄생시킬 만한 건축가를 키워내지도 않았다. 감동적인 공공건물이 탄생하는 날이 아마도 이 나라의 민주주의가 건축적으로 실현되는 기념일이 될 것이다. 불구의 의사당 건물에서는 정치가 아니라 정쟁만이 양산될 것이다. 올바른 의회정치의 정착이 미천한 이유는 문화보다 권위를 더 숭상해온 정치적인 풍토 때문일 것이다.

새로운 국회

전국에는 이제 10여 개의 축구전용 경기장이 개장되었다. 새로운 공법과 새로운 재료들이 도입되었고, 그 중에는 아름다운 것도 있다. 그런데 한 달도 채 안 되는 사이 세 번의 경기만을 위해 수천억 원씩이 투입되었다. 국회의사당을 축구경기장과 비교하는 것이 부적절할지는 몰라도, 이제 대한민국의 의사당이라면 적어도 축구장 수준의 건축이 되어야 하지 않을까 생각해본다. 만일 국민의 여론이 두렵다면 해법은 여러 가지가 있을 수도 있다. 파라펫을 고치느니 건물의 가용 면적을 기둥까지 확장해서 넓히고 투명한 유리창으로 건물을 덮어버리는 방법도 있다. 이제 국회는 구태의연하게 연주와 돔에서 그 권위와 상징을 찾을 때는 아닌 듯싶다. 더욱이 그런 건물의 형식은 서구 건축의 낡은 전형에 불과하다. 이제 한국의 의사당 건물은 한국 대의정치의 정신을 담아내는 것으로 그 방향을 정립할 수도 있는 것이다.

한국의 국회가 '투명한 건축'을 표방한다면 얼마나 근사한 일이겠는가. 기존의 건물을 재생하여 건축의 정직성을 회복하고, 국회의 안뜰을 시민의 공원으로 전환할 수 있다면 우리는 비로소 국회가 국민으로부터 격리된 것이 아니라 국민의 한가운데 있음을 증명하게 될 것이다. 파라펫의 수평 띠를 한 번 더 꺾는다고 국회가 새로워지는 것은 아니다. 그렇게 한다고 했을 때, 이는 다만 이마에 주름이 하나 더 생기는 것에 불과한 것이다.

　　옛 건물을 재생한 통일독일의 국회의사당이나 호주의 국회의사당들은 문화시민들의 긍지를 느끼게 한다. 이제 새로운 국회를 만들어야 한다면, 허구와 야심보다 건축에서의 진정성이 모색되어야 할 것이다. 그래야만 국민들도 납득할 것이며, 세계인들이 긍정적인 시각으로 한국을 다시 보게 될 것이다. 국회의사당의 이미지는 더 이상 국가적인 권위나 입법부의 위상에서 찾아질 것이 아니라 그 나라에 거주하는 시민들의 문화적인 성숙도를 반영하는 데서 그 의미를 찾아야 할 것이다. 그렇게 할 때만이 끊임없이 변화하는 시대적인 정서를 지속적으로 수용하는 건축이 될 것이다. 이 시대는 지난 50여 년간의 온갖 정치적인 혼돈을 정리하고 이제 당당하게 국민을 위한, 국민에 의한 공공건물 하나쯤 탄생시켜야만 할 때이기도 하다. 그것이 이미 존재해온 국회의 건물을 재생하는 것으로 실현된다면 더할 나위 없는 세계적인 모델이 될 것으로 보인다.

　　건물의 외관은 중요하다. 공공건물일수록 사람들의 시선이 밖에 머물기 때문이다. 그러나 그보다 더 중요한 것은 그 건물에 어떤 정신이 깃들어 있나 하는 것이다. 그것은 단숨에 드러나는 것이 아니라 지속적으로 풍겨 나오는 향기인 것이다. 그러한 향기가 절실히 요청되는 시절이다. 그러한 정신이 국회의사당 건물에서 배어 나왔으면 좋겠다.

그림 2, 3. 수선 전과 수선 후 변화된 국회의사당. 우리들에게 감동을 주는 국회의사당은 언제쯤 다시 탄생할 것인가? 아마 국민 모두에게 사랑 받는 국회의사당이 건설될 때 우리나라의 정당 정치도 제대로 작동할 것 같은 예감이 든다. 몇 년 전 국회의사당 기둥 상부의 테두리가 큰 돈을 들여서 수선되었다. 차제에 국회의사당을 리모델링 하는 것은 불가능했을까?

서울의

건축
문화

미완의 건물, '예술의 전당'

서울 시민들에게 서서히 그러나 확실하게 하나씩 그 면모를 드러내고 있는 예술의 전당은 존재 자체가 하나의 사건이다. 남부순환도로를 달리다 줄지어 나타나는 벼랑처럼 높고 육중한 석조 벽체는 내부에 무엇이 있을까 하는 호기심을 자아내기보다는 일반 시민들의 자유로운 접근을 배제하는 장치물같이 우뚝 서 있다. 서초동에서 내려오면서 멀리 보이는 둥근 지붕은 마치 갓 모양을 하고 산기슭에 묘하게 떠 있다. 어느 모로 보나 그 근처를 지나치는 일반 시민들에게는 풍요로운 '예술의 전당'으로보다는 비밀스런 연구시설이나 무엇인가 '특수한 건물'로 보이는 것이 사실이다.

야간 공연을 다녀온 사람이나 주간에 미술관을 방문해본 사람은 누구나 한마디씩 불평을 터뜨린다. 일단 건물에 이르는 어려움은 물론 올바른 입구를 찾아내지 못해서 고생한 이야기들을 쉽게 들을 수 있다. 음악당을 나오면서도 사람들은 특별한 불만을 표시하지 않는다.

개별적인 동기로 개별적으로 접하게 되는 예술의 전당은 그 공정이 아직 50퍼센트 정도밖에 진행되지 않았지만, 이미 때로는 눈으로 때로는 발로 평범한 일반 시민들에 의해 평가되고 있다. 그것은 전체 계획이 완공된 시점에서나 발휘될 수 있는 모든 건물들이 가진 건축적 의도의 보완적 효과가 반감된 상태에서 느끼는 평가들이므로 판단을 유보해야 할지 모른다. 그러나 위에서 우리는 두 가지의 중요한 사실을 목격하게 되는데, 이것이야말로 건축과 일반 대중의 관계를 가장 극명하게 드러내는 것임을 주목해야 할 것이다. 그 하나는 입지—또는 터—가 야기하는 문제이며, 또 다른 하나는 건물 외관의 형식과 그에 이르는 자연스러운 '문'의 결핍에 관한 것이다.

그림 1. "고상한 예술은 예외적인 재능,
예외적인 시야, 예외적인 훈련과 헌신을
요구하며, 그것은 예외적인 인간을 필요로
한다"는 다니엘 벨의 말처럼 예술의 전당은
일반 대중과 멀리 떨어져도 된다는 느낌을
자연스럽게 보여주고 있다.

우리는 세종문화회관에서 외관의 형식이 중요한 것을 목격하게 된다. 서울 시민들 중 과연 몇 명이 지금까지 세종문화회관에 스스로 원해서—강제가 아니라—들어가 보았을까? 그러나 사람들은 세종문화회관에 관한 기억을 가지고는 있으며, 최소한 그곳이 어디에 위치해 있는지 알고 있을 것이다. 어찌 되었든 그곳은 빌딩군 속에 누구나 쉽게 알아차릴 수 있는 장소에 한옥처럼 육중한 지붕을 하고, 비천상飛天像을 내보이며, 무엇인가 한국적인 기대치를 갖고 서 있다. 그것이 건축적으로 긍정적이든 부정적이든 중요한 것은 사람들이 쉽게 접근할 수 있는 곳에 있다는 것이고, 문화 건물로의 인지도를 획득하고 있다는 것이다.

서울의 대형 공공건물에 쉽게 접근이 허락되는 건물을 떠올려본다면 그래도 그것은 세종문화회관이다. 국회의사당은 선민의 집이 아니라 격리되고 유배된 사람들의 커다란 수용소와 같고, 과천종합청사는 또 그것대로 일반 대중과는 너무나 동떨어져 저 멀리에 있다. 물론 국가의 행정업무를 수행하는 데 필요한 보안상의 특별한 배려를 고려하더라도, 대칭적 배치와 건물의 단조로운 외관이 풍기는 것은 민주시민의 표상으로서의 건축물이 아니라 권위주의의 얼굴이 너무나 강하다는 점을 떨쳐버릴 수 없다.

관공서 건물이 권위주의적 태도를 벗어나지 못하는 것은 한편으로 자연스러운 것인지도 모른다. 공공건축물의 탄생 과정이 창조적인 건축가에 의해서라기보다는 관료주의에 의해 결정되는 점을 감안해볼 때 그러하다. 그러나 적어도 행정이나 사법 기능을 띤 건물이 아닌 문화예술 공간이 개방과 자유의 이미지보다 폐쇄와 단절의 느낌이 강하게 드는 것은 왜일까?

떨쳐버리지 못한 권위주의의 얼굴

예술의 전당은 그 건축적인 의미 이전에 입지 선정과 그에 따른 접근의 어려움을 내포하고 있다. 과천 국립현대미술관과 마찬가지로 문화예술 공간을 도시의 중심이 아니라 도시의 주변이나 외곽으로 몰아낸 이유들과도 맥락을 같이한다. "그래도 예술은 자연 속에 있어야 맛이 나고 여유가 있어 보인다"라는 논지는 큰 규모의 문화시설을 수용하기 위해서는 도심의 비싼 땅값을 치를 수 없다는 변명일 뿐이다.

과천 현대미술관이나 예술의 전당은 똑같이 산속 또는 산기슭에 있다. 도시에서도 외진 곳으로 문화공간이 몰리는 것은, 문화나 예술을 관료주의적으로 대하는 입장에서 볼 때 마치 옛 주택에서 뒷마당 끝에 있는 사당처럼, 아니 깊은 산속의 사찰처럼 모시고 참배하는 것으로 파악하고 있기 때문인지 모른다. 백화점에서 목적 구매를 원하는 고가품들—이를테면 시계·보석·가구들—을 상층부에 놓고, 의류나 잡화를 저층부에 위치시키는 것에서 보듯이 예술이 푸대접을 받았다기보다 우대를 받는 목적 구매의 품목에 끼어 있다는 것은 바람직할지 모른다.

그러나 현대도시 속에서 문화공간은 마치 장터와도 같이 일반인들에게 가깝고 친숙하며 일상적인 장소에 배려되어야 한다는 것이 상식일 것이다. 그러나 위치 선정에서 이러한 상식이 배제된 것은 예술의 전당이 담고 있는 내용들에서 그 단서를 찾을 수 있다. 즉, 그 속에서 진행되는 예술 행위가 고상하고 수준 높은 것들이기 때문에 구태여 개방적일 필요가 없다는 것이다. 그래서 "고상한 예술은 예외적인 재능, 예외적인 시야, 예외적인 훈련과 헌신을 요구하며, 그것은 예외적인 인간을 필요로 한다"는 다니엘 벨의 말처럼 예술의 전당은 일반 대중과 멀리 떨어져도 된다는 느낌을 자연스럽게 보여주고 있다.

어쨌든 예술의 전당은 엘리트 계층의 계층의식을 확인하는 장소로 전락하기에 충분하고, 오히려 하루 종일 차량이 줄지어 달리는 남부순환도로라는 경계선이 필요한지 모른다. 고급예술과 대중예술, 엘리트 계층과 대중, 선택적 폐쇄주의와 다수의 개방주의를 가늠하는 분단의 선으로 상징되는 남부순환도로라는 상징적 벽에다 또 하나의 물리적인 석조벽은, 그 과다한 석재의 사용 때문이 아닌 어떤 무게로 우리들을 짓누른다. 이는 단순히 심정적인 것만은 아니다. 일반적으로 문화의 부재가 역력한 지금, 오히려 예술의 전당이란 건물은 제도권 예술의 아카데미즘을 강화하는 수단이 될 것 같은 예감 때문이다. 일반 시민들의 소박한 생각과 어딘지 모르게 거리를 둔 것 같

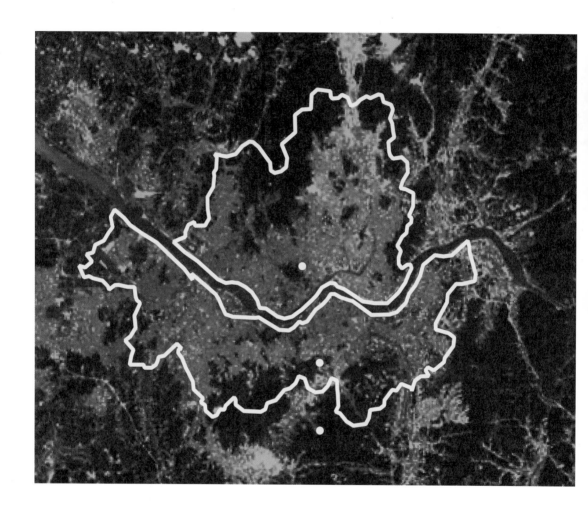

그림 2. 국립극장, 예술의 전당, 과천
현대미술관 등은 그 지정학적인 위치로 볼
때 시민들이 문화시설을 접근하기 힘든
곳에 있다.

은 예술의 전당의 입지와 건물의 양상이 기우에 그치게 하려면, 결국은 완공된 시점에 지향하고 있는 전체의 목표와 구조가 지금처럼 불투명한 상태를 벗어나 훨씬 더 자세하게 알려져야 할 것이다.

올바른 운영이 살 길

예술의 전당의 건립 배경은 다음과 같다.

> 예술의 전당은 국민생활 향상과 문화예술의 수요 증대에 따른 문화예술 활동 인구에 대비한 국내 문화예술 공간의 절대적인 부족과 경제 발전에 대응한 국민 문화 수준의 불균형을 시정하고, 국력 신장에 따른 국제적인 지위 향상으로 복합예술 공간 조성의 필요성이 고조되고, 서울의 강남·강북 간 문화시설의 불균형을 극복하고, 지방문화 시설과의 연계를 위한 중심적인 역할 공간의 필요성에서, 그리고 '88서울올림픽 문화 예술행사를 위한 예술 공간 확충의 일환으로 건립키로 한다.[1]

예술의 전당의 건립취지문에서 우리는 건조하고 형식적인 공문의 냄새와 함께 한마디로 압축해서 '올림픽을 개최하는 나라에 걸맞은 공연장' 정도는 갖춰야겠다는 단순한 논리를 쉽게 인지할 수 있다. 그러기에 여섯 차례나 관련 장관이 바뀌면서도 10년 가까이 국내외의 많은 전문 인력이 동원되어 추진되고 있는 것이다. 출발이야 어찌 되었든 '문화센터' 건립이라는 이 계획은, 각기 다른 기능의 문화공간을 한군데로 모아 문화활동과 정보의 총본산 역할을 담당한다는 독특한 기능을 갖고 있다.

바로 이러한 복합적인 기능을 수행하기 위한 기술적인 해결이란, 이를테면 축제 극장의 무대 뒤 지원 공간을 효율적으로 사용한다거나, 음악당에 연습 및 창작 공간을 갖추고 음향의 적절한 조건을 마련하는 것이다. 사실상 이 기술적인 배려들은 서두에 언급한 일반인들의 느낌과는 다른 건물의 또 다른 측면인데, 즉 주어진 기능을 완벽하

게 수행하려는 건축가의 남다른 고뇌를 읽을 수 있는 것이다. 바로 일반인에게는 보이지 않는 건물의 기능적인 요건들이야말로 어떻게 보면 예술의 전당의 진정한 건축적인 의미인지도 모른다. 거대한 건물군이 북향의 산자락에 800미터라는 긴 거리 속에 분포되어 있는데, 건축물의 유행이나 양식의 의미보다는 건물들의 배치와 그것이 담고 있을 내용들이 더 중요하다고 보겠다.

예술의 전당이라고 할 형식을 갖추는 데 일단 성공했다고 가정한다면, 문제는 진입의 어려움이나 일반 시민들과의 거리감 같은 피상적인 느낌과는 달리 주어진 형식을 채우는 내용이다. 즉, 예술의 전당이 고급문화와 대중문화를 가르는 분기점으로서보다는 일반 대중문화의 질적 수준을 고양시키는 쪽으로 운영되어야 할 것이다. 특히 음악을 중심으로 공연예술이 강조되어 있는 현재의 계획을 감안할 때 오히려 현대예술의 핵이라 할 수 있는 시각미술 및 예술정보 교환이라는 자료실의 올바른 운영이야말로 예술의 전당으로 살아남을 관건이라 하겠다. 시간적이고 공간적으로 제한된 공연예술보다는 그것들을 초월하는 기록과 정보로서의 국내외의 예술 정보야말로 전문가는 물론 문화예술의 올바른 뿌리내림을 위해서 중요하다고 하겠다.

상류층이 없고 부유층만 있는 현 시점은 문화를 주도해 나갈 확신이나 철학을 갖춘 계층의 부재를 의미한다. 일반 대중이 소비 지향적이고 판단 마비의 대중예술에 식상해 있기에 진정한 문화예술의 중층적, 다층적, 변증법적인 발전이 요청되는 시기이기도 하다. 획일화된 제도권 예술의 고착이 아니라, 열리고 검증되는 의미로서의 창조와 수용의 관계 정립이야말로 예술의 전당이 운영되어야 할 지표이기도 하다. 예술의 전당이 문화의 뿌리를 새로이 내리고, 우리들이 방랑 끝에 돌아갈 수 있는 진정한 집으로서 그 몫을 다하길 바라면서 다시 한 번 집보다 중요한 소통의 문제를 반추해본다. "만일 통상의 언어와 통상의 경험이 예술의 언어에 접근할 수 없는 것이라면, 통상의 인간은 어떻게 예술에 접근할 수 있을까?"라고.

아직은 '미완의 형식'이지만 우리는 지금부터 완성된 형식에 대비한 내용의 틀을 준비하고 있어야 할 것이다. 예술의 전당이 제5공화국이 남긴 기념비로서의 족적을 극복하는 길은 주어진 집을 시민의 집으로 사용하는 것이지 '전당'으로 모시는 것이 아니기 때문이다.

누가 힘을 가지고 무엇을 하는가?: 국립중앙박물관 건립계획에 즈음하여

그림 1. 위성사진으로 본 국립중앙박물관. 국립중앙박물관의 국제설계경기 때에 대부분의 건축가들은 어떻게 한강으로 열리는 공공의 공간을 만들 수 있는지 질문하였다. 하지만 서울시는 박물관 입지 자체에 반대했고, 박물관 공사의 진행 중에 저층 아파트를 고층 아파트로 허가해주는 바람에 국립중앙박물관 앞을 나서면 아파트 절벽이 가로막고 서 있게 하였다. 중앙정부와 지방자치 단체가 서로 의견을 달리할 때 도시는 그 폐해를 고스란히 시민에게 전가한다.

지난 8월 15일 광복절을 전후하여 독립운동가들의 유해가 돌아올 즈음 모든 일간지에는 일제히 김영삼 대통령의 철거와 복원과 신축을 지시하고 명령하는 기사가 실렸다. 내각에 전달된 특별지시에서 대통령은 우리 민족의 자존심과 민족정기의 회복을 위하여 옛 조선총독부 건물을 해체하고 경복궁을 복원하기를 지시하였다. 나아가 옛 조선총독부 건물에 민족문화의 정수인 문화재를 보존하는 것은 그릇된 일이라고 지적하고, 통일 한민족 시대에 대비하여 5천 년 문화민족으로서의 긍지에 합당한 국립중앙박물관을 국책사업으로 건립하는 과제들을 적극적으로 검토해 착수하라고 지시했다. 끝으로 덧붙이기를, '이를 계기로 우리 모두는 민족사의 잘못된 큰 줄기를 바로잡아 세계 속의 한국으로 나아가야 할 것'이라고 강조하였다.

그리고 4개월이 지났다. 그 사이 용산 가족공원을 박물관의 후보지로 정한다는 토막소식이 전해졌을 뿐이며, 한바탕 설전이 오고간 박물관 건립에 관한 '설명회'가 있었을 뿐이다. 600년의 서울 역사와 함께한 경복궁과, 60년 근대사를 지켜본 총독부 건물과, 이제 막 7년이 되어가는 중앙박물관의 운명이 최고 통수권자의 결단으로 판가름이 난 것이다. 물론 그러한 결론에 도달하기까지는 소위 그에 합당한 여론과 대통령 개인의 결심이 작용했을 것이다. 여기에서 우리는 평범하지만 중요한 세 가지의 연속적인 특징을 발견하게 된다. 첫째로 민족주의는 가장 보편적인 선이라는 점이고, 둘째로 한 정권의 정통성 확립은 민족의 정통성과 맞물릴 때 가능하며, 셋째로 정통성의 표현은 오직 공간(건축물)의 재편으로 가시화된다는 점이다. 정권이 바뀔 때마다 박물관이 바뀌는 것을 보면 잘 알 수 있는 일이다.[1]

상하이 임시정부의 법통을 계승한 정권임을 표방하는 현 정권(김영삼 정부)이 옛 조선총독부 건물, 즉 '적의 손'에 민족의 문화재들이 들려 있음을 개탄한 것은 당연한 일인지도 모른다. 거기까지는 대체로 일반인의 공감이 이루어져 있는 듯하다. 이러한 결정에 소수의 반대 의견들을 들어볼 겨를도 없이 명령이 내려졌고, 급기야 신축될 장소까지 결정하여 발표되었다. 문제는 최고 통수권자의 결정에 반대하는 사람들을 반민족주의적으로 간주하는 데 있는 것이 아니라 돌이킬 수 없는 이 중대한 결정을 어떻게 올바르게 민족의 이름으로 진행시키고 완성시키느냐에 있다. 박물관의 이전移轉을 결

1. 박물관의 유물들은 해방 후 지금까지 다섯 차례에 걸쳐 이사를 다녔다. 경복궁에서 6·25 때 부산 피난민 길로, 부산에서 다시 남산 밑 민족박물관으로, 그리고 다시 덕수궁 석조전으로, 석조전에서 제3공화국 때는 다시 목조 건물을 모방한 신축 건물로, 제4공화국 말기에 다시 옛 조선총독부 건물로 옮겨졌다. 국립박물관의 역사는 이난영 선생님의 《박물관학입문》 81~94쪽에 수록되어 있다.

정하는 행위로 대통령의 소임은 다한 것이라고 볼 때, 그다음 진행은 문민정부답게 과거의 잘못된 전철을 밟지 않고 정권이 바뀌어도 흔들림 없을 그런 장소에 후손에게 부끄럼 없이 넘겨줄 건물을 마련하는 것이다. 관이 주도하는 공공건물, 그것도 국립중앙박물관처럼 몇 세기에 한 번 지을까 말까 하는 중대한 건축물인 경우, 적어도 문민정부가 내세운 가치들을 정말로 실현하고자 한다면, 정치적인 홍보문화의 표본으로서가 아니라 "문화의 총체성을 지향하려는 열린 공간이자 대중과의 민주적인 소통을 유지하는"[2] 건물로 만들어야 한다는 것이다.

　　그러나 우리는 벌써 그 동안의 진전 상황으로부터 대단히 회의적인 의구심을 갖게 된다. 해방 후 50년 가까이 홀대 받고 떠돌다가 이제 막 물 안 새는 건물 속에서 잠들고 있는 유물들을 서둘러 흔들어 깨워야 하는 이유가 무엇인지 모르겠다. 최고 통수권자의 결심과 지시는 한 개인의 명령이 아니라 국가의 지시이고 명령이라고 한다면, 이제는 제발 서두르지 말고 그 시작과 끝을 공개적이고 합리적으로 추진해야 할 것이다. 그 중 제일 중요한 첫 번째 작업이 박물관이 들어설 입지의 결정이다. 그것은 1년이 걸리고 2년이 걸리더라도 신중하게 검토하고 연구하여 결정하는 것이 상식일 것이다. 민족정기의 회복과 박물관의 건립은 전혀 다른 차원에서 결정될 일이지 정치적 관점에서 결정될 일이 아니다. 입지 선정에 관한 한 적어도 다음과 같은 관점이 우선 검토되어야 할 것이다. 즉, 국립중앙박물관과 같은 문화시설을 통해서 도시가 자신의 주체성을 얼마나 강화할 수 있는가 하는 점이다. 우선 두세 곳 또는 여러 가능한 지역을 대상으로 검토하여 도시와의 관계 속에서 도시도 살리고 박물관도 살릴 수 있는 그런 지역을 선정해야 할 것이다. 단지 용산 가족공원이 비어 있다는 점 때문에 편의주의적인 발상에서 선정되었다면 반드시 재고되어야 할 것이다. 사람마다 다른 터를 들고 나올 것은 자명한 이치다. 그렇게 때문에 입지 선정보다 우선적으로 그 용역을 수행할 전문가 팀이 결성되는 것이 바람직하다. 왜냐하면 프로젝트 팀이 정상적으로 구성되었다면 용산 가족공원 같은 곳을 정하지는 않았을 것이기 때문이다.

　　내년이면 서울이 탄생한 지 600년이 되는 해이다. 이제야말로 중요한 문화시설들이 도시와 결별하거나 일상생활과 유리될 수 있는 곳에 있지 않고, 시민생활의 중심에

---

2. 김승희, '현대박물관의 역사', 《건축과 환경》 1993년 11월호, 111쪽.

서 호흡하는 그런 틀거지라도 마련해야 하는 시점이기도 하다. 과천 현대미술관의 유배생활이나, 남부순환도로로 밀려난 예술의 전당의 외짐, 명동에서 산속으로 쫓겨난 국립극장의 스산함을 벗어나야 할 것이다. 이는 단순히 문화시설만의 문제가 아니라 이 도시를 살 만한 가치가 있는 문화도시로 전환시키기 위한 청사진이 마련되어야 하는 도시 전체의 문제이다. 바로 국립중앙박물관의 터는 이렇게 서울 되살리기라는 거시적인 차원에서 전문가들과 시민들의 의견을 바탕으로 결정될 일이지, 대통령의 지시를 서둘러 회답하는 공문서 결재식으로 해결할 일이 아님을 인식해야 할 것이다.

　　어찌 보면 박물관의 문제는 건축의 문제 이전에 그것이 건립될 터의 문제이다. 터가 풀리면 많은 문제들이 해결될 수 있기 때문이다. 서울의 탄생이 '터 잡기'로부터 출발했기 때문만은 아니다. 도시의 중요한 문화시설은 그 주변을 민감하게 반응하게 하며, 나아가서는 도시 전체를 재편할 수 있는 힘이 있기 때문이다. 30년 이상을 박물관에 종사해온 한 분은 세종로 양편의 옛 육조거리들을 모두 박물관으로 건립할 것을 희망하기도 하였고, 한 건축가는 이제 서울의 중심은 종로가 아니고 한강임을 내세우며 박물관의 입지를 한강의 중심부 위로 정하자는 의견도 있었다.

　　이렇게 흥미 있는 후보지의 제안은 수없이 많은 것이 아니라 손으로 꼽을 정도일 것이다. 중요한 것은 앞에서도 언급한 바와 같이 진지하게 입지 선정 작업을 해낼 수 있는 팀을 구성하여 그들에게 일단 일임한 다음에 그들이 선정한 두세 곳의 후보지를 놓고 형식적인 공청회가 아니라 진정으로 여론이 수렴될 수 있는 그런 장을 마련하여 검토하는 일이다. 입지 선정을 신중히 해야 됨은 이 시대의 결정이 적어도 21세기 내내 그 영향을 미칠 것이기 때문이다. 모든 사람들이 공감할 수 있고 이 도시를 되살릴 수 있는 장소를 결정한 다음, 아니 이와 병행해서 또 하나 진행해야 할 일은 장소를 결정한 것처럼 재빨리 스페이스 프로그램을 작성하여 설계경기에 부치는 일이 아니라, 우리들이 바라는 박물관이 과연 어떤 목적과 어떤 내용을 담는 건물이어야 할지를 결정하는 일이다. 어두운 실내에서 밝은 진열장 속의 유물들을 조용히 줄지어 보다가 나오는 그런 식의 박물관만이 아닌 새로운 의미의 박물관 상을 정립하는 일이다.

　지구상의 많은 박물관들이 최근 20년 사이에 변신해온 경험들은 너무나 풍부하고 많아서 이 짧은 지면에서 열거할 수는 없겠다. 우리가 취하고 창안해야 되는 것은 박물관의 근본적인 활동인 수집, 보관, 연구, 전시, 교육의 기능을 완벽히 수행할 수 있는 하드웨어로서의 물성보다 유물들의 묘지라는 박물관의 인상을 극복하고 보다 생산적이고 문화생활을 위한 실천적인 장소로 박물관에 대한 인식을 전환시키는 소프트웨어를 개발하는 일이다. "박물관에서 예술작품들은 몇 번이고 다시 새로운 삶을 임대하고자 부패하고 파괴된다. 예술작품들은 부패에도 불구하고 존재하는 것이 아니라 부패 때문에 계속 존재한다. 그리고 사회적인 기능을 가지고 있던 공예품들은 박물관에 들어오면서 심미적인 경험 대상으로 그 성격이 전환되는 것이다." 이렇게 탄생지로부터 뿌리 뽑혀 역설적으로 자신의 파괴로 이르는 길로 들어서서야 행복의 약속을 완전히 구현하는 유물(예술품)들의 의미를 시대적인 구분이나 양식적인 해석으로만 분별할 것이 아니다. 한민족의 기념비적인 예술작품들이 늘 그 시대에 맞도록 재구성되는 것도 중요한 일이다. 진열 방식에서 유물에 대한 연구가 고고학적인 학문으로만이 아니라 보다 친숙하고 생산적일 수 있는 각도에서 재조명되는 것이야말로 건축설계에서부터 반영될 수 있도록 프로그램을 작성하는 일이다.

　국립중앙박물관의 건립이야말로 건축설계 전문 단계에 이루어지는 건축 프로그램이 어떤 것이어야 하는지를 보여주어야 할 것이다. 문화시설 전문 건축 프로그래머가 없는 우리나라에서 필요하다면 외국의 전문인을 초청해서라도 프로그램 전문가 집단을 구성하여 새로운 박물관 건립의 모체가 될 내용을 만들어내는 일은 형식적인 통과의례 차원에서가 아니라 시행착오 없는 건물을 완성하기 위하여 필수불가결한 것이다. 경우에 따라서는 건축 프로그램 작성 전문가 집단이 입지 선정까지 포괄해서 작업할 수 있다면 바람직할 것이다. 여기에서 우리는 전통적인 개념의 전시 공간 위주의 박물관에서 벗어나 보다 적극적인 복합문화 공간으로 발돋움하여 다양한 기능으로 분화되고 있는 현대적인 박물관을 구상하여 시대적인 요청을 수용할 수 있어야 한다. 한 국가가 한 시대에 필요한 것이 무엇인지를 예상하고 그것을 문화정책의 일환으로 성공시키기 위해서는 관의 일과 전문가 집단의 일을 구분하여 합리적인 절차를 밟는 일이다.

진정으로 개방된 민주사회를 실현하는 길은 모든 것이 투명한 속에서 아주 상식적인 절차를 수행하며, 각 단계에서 그에 가장 적합하고 능력 있는 전문가들이 공공성에 이바지할 수 있도록 협력하는 것이다. 그 동안 문화정책의 모든 부정적 요인은 문화행정만 있었지 올바른 문화정책을 갖지 못했기 때문인지도 모른다. 우리는 지난 시절 문화정책의 부재를 다음과 같은 글에서 잘 음미해볼 수 있다.

> 과거 1970년대 문화정책의 향방은 어찌 보면, 인권윤리 등 국제사회에서 실추된 국가 이미지 쇄신이란 측면의 대외적인 상황과 국내적으로는 공포 정치를 전통문화 혹은 국가나 민족 등의 수식어가 붙은 허구화된 문화 이미지로 상쇄시키려는 의도가 결합된 정치적인 문화정책이었다.

이 외침이 1993년 12월 지금의 상황과는 대조적임을 시인한다면, 국립중앙박물관과 같은 중요한 문화시설의 탄생은 보다 시간을 갖고 순차적으로 진행함이 타당하다고 본다. 그것이 정책적으로 이루어져야 할 성질의 건물이 아니기에 더욱 그러하다. 따라서 박물관 건립과 관련하여 우선시되어야 하는 것은 아마도 어떤 절차를 밟아서 진행하는 것이 가장 최선의 방법인지를 검토하여 결정하는 것이다. 이와 관련하여 연관 부서에서 만의 하나 물밑 진행을 하는 것이 있다면 지금이라도 공개하여 폭넓고 보다 많은 전문인들의 좋은 의견을 수렴할 태세를 갖추는 것이 필요하다고 하겠다. 통과의례적인 공청회나 설명회를 거치는 것보다는 전문가 집단을 국가가 지정하여 업무를 대행시키는 것이 바람직하다고 하겠다. 왜냐하면 박물관 이전의 문제는 새로운 '박물관이라는 기획을 둘러싸고 발생하는 권력의 문제'이기 때문이다. 누가 힘을 가지고 있고 무엇을 하기 위함인지를 다시 한 번 성찰하여 6·25전쟁 중 북송 직전 목숨을 걸고 유물을 지킨 박물관 사람들이나 건축을 전문으로 하는 건축가들에게 박물관의 터를 잡고 기획할 기회를 준다면, 아마도 현 정권은 또 다른 의미의 개혁을 실현하게 될 것이다.

그림 2. 박물관 입구에서 본 전경.
그림 3. 박물관 입구 북측으로는 남산도 보이지만 미군기지도 보인다. 박물관을 들어서면서 남산을 보았듯이. 국립중앙박물관과 같은 대형건물은 건물만 중요한 것이 아니라 주변과의 관계 맺기를 통하여 도시를 거듭나게 할 수도 있다. 언제쯤 우리는 박물관을 나서면서 멀리 한강과 관악산을 바라볼 수 있을 것인가?

국립중앙박물관의 비극:
미국인과 한국인에게 보내는 편지

잊혀졌던 국책사업: 국립중앙박물관

1994년 말 국립중앙박물관 건립을 위한 설계경기가 발표된 후, 1995년 10월 20일 341점의 작품이 접수되었다. 국내 78점, 국외 263점으로 외국에서 압도적으로 많은 작품들이 접수되었다. 그만큼 국내보다도 외국 건축가들의 관심이 컸었다는 의미도 되는 것이다. 그러나 심사위원들은 한국 건축가의 손을 들어 주었다. 그 후 지금 국립중앙박물관은 전체 공정률 34퍼센트, 건축의 공정률만도 51퍼센트가 넘어 2003년 개관을 목표로 공사 중에 있다. 모든 것이 순조롭다면 말이다.

그러나 작년도 국회 국정조사에서 제기된 문제들은 결국 그 동안 잠복해 있던 근본적인 사안들을 표면화시키는 결과를 초래하였다. 그것은 본질적으로 건축 그 자체의 문제라기보다는 추진 과정 전반에 걸친 난맥상이 빚어낸 것이다. 한마디로 온갖 조건들이 충실히 준비되지 않은 상태에서 밀어붙인 결과라 해도 과언이 아니다.

사안의 중요성과 복잡성에 비춰볼 때 출발할 때만 '국책사업'이라 이름붙이고 예산만 배정되었을 뿐, 국책사업이라고 하기에는 너무나 허술하게 진행되어온 것이 사실로 드러난 것이다. 박물관의 핵심이라고 할 전시설계와 관련된 문제, 소화설비 선택과 유물 확보 계획, 그리고 시행 주체의 문제, 건축 프로그램 작업의 졸속 진행과 특히 문제투성이의 입지로 인해 발생된 비극적인 사안들이다. 9만여 평의 대지에 연건평 4만 평의 대형 건물로 1993년도부터 10여 년을 할애해야 할 뿐 아니라, 총사업비 3,291억 원이란 막대한 국가 예산이 소비되는 프로젝트가 아무 일 없이 진행되리라고 생각하는 사람은 없다. 또한 잘못 선정된 입지는 이 나라 근대사의 비극을 되돌아보게 한다.

그림 1. 박물관 위에 보이는 헬기.
그림 2. 박물관 앞의 헬기장 전경.

미군기지 속의 박물관

이미 물 건너간 일이지만 본래 박물관 입지를 위해 다양한 장소가 물망에 올랐었다. 서울 인근의 용산 가족공원, 전 뚝섬 경마장, 전 수방사(남산), 현 정보사(서초동), 기무사(소격동), 서울대공원 북측, 방배순환도로 남측, 양재동 시민의 숲, 정독도서관, 경복궁 대지 등이 후보지로 거론되었던 것이다. 그러나 1993년 11월 국무총리 장관회의에서 국립중앙박물관 건립자문위원회의 제안에 따라 용산 가족공원을 최종 박물관 건립 부지로 확정하였다고 한다. 물론 당시에는 용산 미군기지 이전과 관련해서 미국 측의 긍정적인 입장이 알려진 상태여서 향후 미군기지를 '박물관 문화벨트'로 조성할 희망까지 안고 있었던 것이다. 또한 용산 가족공원은 서울의 중심으로 강북과 강남의 한 가운데 위치한 지리적 이점이 훌륭하게 평가된 것으로 알려졌다. 그러나 문제는 미군 부대의 이전이 갈수록 요원해지고 있다는 점이다. 박물관 입구 서측에는 여전히 미군 헬기장이 존재하고 있어 오늘도 박물관 현장에는 공사의 소음과 헬리콥터의 소음이 뒤섞여 공사현장인지 도심 한복판의 작전 지대인지 불분명해지고 있다는 사실이다.

　　이 얼마나 딱한 노릇이란 말인가!

　　한 나라의 민족유산을 보존하고 보여줄 집의 앞마당이 외국 주둔군의 헬기장이라니 입은 있으나 할 말을 잊게 된다. 물론 이러한 사실은 이미 설계경기 중의 질의 회신에서도 드러났던 문제다. 한국의 건축가 중에 바로 이런 문제 때문에 도중하차한 사람도 있었던 것이다. 설계경기에 참여한 국내외의 건축가들은 입지 분석 과정을 거치면서 당연히 몇 가지 의문들을 가지고 있었다. 국립중앙박물관과 같이 몇 세기에 한 번 지어질까 말까 하는 박물관이 기존 도시에 미칠 파급 효과는 너무나 커서 건축가라면 누구나 한 번쯤은 당연히 박물관 그 자체보다도 입지 주변과의 연계 가능성을 진지하게 검토했을 것이다. 그래서 설계경기 참여자들은 주변에 대한 연계 방법들을 모색하기 위한 자료를 요청하였다. 그러나 주최 측의 답은 알려진 대로 참으로 기가 막힌 것이었다.

부지의 동쪽에는 무엇이 있는가 묻자 "미군이 점유하고 있다"라고 했고, 그들은 언제 떠나느냐는 질문에 주최측은 정직하게 "알 수 없다"라고 답변하였다. "북쪽은 어떠한가?"라는 질문에 "미군이 주둔하고 있으나 그들이 떠나면 박물관 지대로 만들려고 한다"라고 답하였고, 서쪽에 대한 질문에는 "군 헬기장이 있으니 손대지 말라"고 답했다. 남쪽으로는 한강이 있는데, 한강과 박물관 전면을 연계하고 싶다는 제안에 대해서는 "지금은 아파트들이 자리 잡고 있어 어쩔 수 없다. 좋은 안을 기대한다"며 궁색한 답변으로 일관했다. 동북서쪽은 미군이 주둔하고 있어 언제 자리를 내줄지 모르고, 남쪽으로는 한강을 가로막는 아파트들이 있으니 알아서 잘해보라는 주최측의 답변은 전 세계의 건축가들에게 우리는 미국의 속국이며 불편해도 그 자리에 지으려면 할 수 없이 참고 지어야 하는 운명임을 솔직하게 드러낸 셈이었다.

그런데 문제는 그것이 2003년 개관을 앞두고 현실적인 사안으로 코앞에 닥쳐왔다는 사실이다. 더욱이 박물관 전면에 위치했던 저층 아파트군은 박물관 건설이 추진되는 사이에 고층 아파트로 재개발되어 그나마 살짝살짝 보이던 관악산과의 시각적 연계를 완전히 차단해버렸다. 이런 사안을 두고 국책사업 운운한다는 것은 정말로 어불성설이다. 얼마나 기가 막힌 노릇이란 말인가!

문제가 많은 입지였다 하더라도 정상적인 국가라면 일단 선행해야 할 일은 건축 설계가 아니다. 미래의 박물관이 어떻게 도시와 연계를 맺으며, 도시 전체와 어떤 관계를 맺는 것이 박물관 자체의 기능을 활성화하고 도시 전체의 틀을 재조정할 수 있는가 하는 일들을 먼저 생각해볼 일이다. 따라서 주관 부서인 문화관광부는 서울시와 함께 박물관 건립에 따른 장기적인 도시계획 검토를 설계경기에 앞서 시행했어야 했던 것이다. 그렇게 해서 대중교통을 이용하는 관람객들에게 편의를 제공하는 것뿐만 아니라, 이를테면 남측 아파트군의 재개발을 막고, 국가 차원에서 아파트 대지를 구입하여 서서히 한강으로의 조망을 열 수 있는 기틀을 마련하는 일이었다. 또한 미군기지 이전을 촉구하며 무조건 박물관 벨트를 조성한다는 생각보다는 50년 동안 외국군이 주둔했던 땅의 의미를 각별히 되새기며 장기적인 안목에서 '서울'에 유보된 200만 평이 불가능한 서울을 되살릴 수 있도록 고민해볼 일들이다. 그리고 난 후, 아니면 그와 동시에 박물관 건축을 추진해도 될 일이었다.

그러나 모든 것을 성급히 추진한 나머지 문제들은 더 첨예화되었다. 이제 막 재개발한 아파트는 돌이킬 수 없는 것으로 되었고, 미군 헬기장 이전은 난관에 부딪혔으며, 박물관 북쪽의 미군들은 마치 캘리포니아의 어디쯤에 와 있는 듯 요지부동이다. 하지만 시민들은 이런저런 상황을 너무나 모르고 있다. 그래서 국립중앙박물관 건립 지원 국회소위원회는 4월 초, 3개월에 걸친 관련자 및 전문가들과 12차 회의를 거치면서 101페이지짜리 보고서를 발표하였다. 보고서에 따르면, 정부는 1997년 5월 헬기장 이전 문제를 소파SOFA 과제로 채택한 후 1999년 8월부터 헬기장 이전을 위한 타당성 조사를 거쳤다. 그 후 미국 측은 한강 고수부지를 제시했으나 서울 시민의 휴식공간이란 점에서 거절되었고, 용산 가족공원 내 일부와 미대사관 주택부지 등이 제안되었으나 어느 것 하나 쌍방이 받아들이지 않는 실정으로 난항에 부딪혀 있다. 미군 측은 용산 가족공원으로 이전할 것을 제시하고 있으나, 이것은 옥외 전시 유물들과의 거리가 100미터로 가깝게 있다는 문제가 있다. 또한 보고서는 '우리나라를 대표하는 상징적인 건물인 국립중앙박물관 옆에 외국 군대의 헬기장이 들어선다는 것은 민족의 자존과 국민 정서상 있을 수 없는 일'임을 강조하고 있다.

　　박물관 건립 당시 미군 헬기장은 지속적으로 사용되어 많은 사람들에게 불안감을 제공하였다. 한시적이지만 사람들은 미군기지 내에 박물관을 짓는 것 같은 착각 속에서 미군기지 이전을 갈망하였다. 그러나 그것보다 더 중요한 문제는 전략으로 박물관과 주변 도시를 어떠한 프로그램과 관계 맺게 하여 서울의 한 부분을 새롭게 만들어낼수 있는가 하는 점이다. 어느 도시든 박물관은 공간 속의 '점'이 아니라 도시의 성격을 만들어주는 '면'이다.

그림 3. 공사 중인 국립중앙박물관
(2001년 초). 문화연대 제공.

그림 4. 국립중앙박물관 정면에 위치한
아파트. 문화연대 제공.

그리고 범정부적 차원에서 그 조속한 해결을 이루어주기를 권고하고 있다. 이 모든 것을 종합해보건대, 뒤집어 생각하면 용산 가족공원 일부에 국립중앙박물관을 이전시킨 결정은 잘된 것인지도 모른다. 이를 계기로 용산에서 서서히 미군기지를 몰아낼 단서를 마련할 수 있기 때문이다. 그러나 이런 생각은 너무나 순진한 발상일지도 모른다. 그렇더라도 이제 정부만이 아니라 시민들이 나설 때이다. 우리들 스스로 이 땅을 지킬 수 없다면, 우리는 이 땅에 살 자격이 없기 때문이다.

사람들은 용산 박물관 현장에 가서 수없이 뜨고 내리는 헬리콥터의 소리를 들어야만 문제의 심각성을 알게 될 것이다. 이런 상황에서 우리가 주권이 있는 나라의 국민이라고 말할 사람은 아무도 없을 것이다. 결국 헬기장의 문제는 지엽적이다. 미군은 서울의 심장부를 서울 시민에게 되돌려주어야 한다. "저 녹지가 우리 부대란 말인가! 너무 심하지 않은가! 서울 한복판의 녹지를 우리가 점령하고 있다니!" 이 말은 전 미국무부 장관인 슐츠가 성남 비행장에서 용산 미군기지로 이동하다가 서울 상공에서 한 말이라고 전한다. 그리고 10여 년이 지나고 있다. 어찌 되었든 박물관은 준공될 것이다.

끝나지 않은 전쟁

우리는 아직도 제2차 세계대전의 후유증과 냉전 속에 살고 있다. 외교 상호주의를 중요한 원칙으로 한다면 한국군도 이제 미국을 지켜주기 위해서 그들이 용산 녹지대에 50년간 주둔했던 것과 같이 뉴욕 센트럴파크에 50년 정도 주둔해야 할 것이 아닌가! 그래서 한국군 장성은 헬리콥터를 타고 엠파이어스테이트 빌딩을 가로질러 뉴욕 현대미술관 옆에 내려앉아야 할 것이다. 미국을 지켜주기 위해서 말이다.

이런 말이 자조적이고 만화적인 발상이라고 치자. 그것이 국방과 외교와 정치적인 문제에 복합적으로 얽혀 있어 단순한 해결은 불가능한 일이라 해도 상식적으로 납득이 안 되는 일을 더 이상 국민에게 강요할 수 없다. 이것은 미국과 한국, 양국 모두에게 수치스러운 일이다. 미국 국민의 99.99퍼센트는 이런 사정을 모르고 있다. 그래서 그들에게도 우리들의 박물관 앞마당에 미군의 헬기장이 있음을 알려야 한다. 그것이 얼마나 거북한 일이며 참을 수 없는 일인지를 말이다.

　민족정기를 바로잡고 정권의 정통성을 이룰 목적으로 김영삼 정권은 일제시대에 세워진 옛 총독부 건물을 철거하였고, 새로 짓게 된 용산 중앙박물관은 하는 수 없이 그 숙제를 떠안게 된 것이다. 결국 일본 제국주의의 일이 미국 제국주의에게 전가된 꼴이 된 것이다. 결국 문제는 하나도 해결되지 않은 셈이다. 이는 한 건물의 입지가 한 국민의 정체성까지 묻게 하는 중요한 일임을 되새기게 한다.

　미국은 헬기장만 이전할 생각을 하지 말고 차제에 제2차 세계대전을 이 땅에서 종결시키기를 바란다. 용산은 캘리포니아가 아니라 1948년부터 이어져 내려온 대한민국 서울의 용산이란 사실을 다시 한 번 환기시킨다.

국립중앙박물관과 도시 서울의 관계에 대한 제언

목적

현재 건설 중인 국립중앙박물관은 건축 행위만 이루어지고 있을 뿐, 건물의 비중(사회적, 문화적, 정치적인 가치)에 비하여 도시와의 연계 방식이 전무한 상태이다. 개관하면 자동적으로 다수의 시민이 원하는 방향으로 도시에 편입되는 것이 보장되는 것은 아니다. 따라서 박물관 자체의 도시 기능을 활성화할 뿐 아니라 수도 '서울'의 '공간'적인 가치를 새롭게 재고시킬 박물관 주변과의 연계방식은 물론 '서울' 속에서의 위상을 정립할 도시연구가 필요하다.

접근 방식

이러한 연구를 위해서는 입지의 특성에 대한 도시 분석이 요청되며, 그러한 커다란 방향 위에 세밀한 제안이 가능할 것이다.

장기 계획과 전망

첫째로, 100여만 평에 달하는 미군기지가 이전된 이후를 가상적인 프로젝트로서가 아니라 구체적이고 실제적인 차원에서 접근해야 한다. 이는 단순히 박물관들이 집합된 공원으로 단정 지을 땅도 아니고, 그렇다고 '용산구' 자체의 발전만을 생각하는 단편적인 것이어서도 안 된다. 문제는 통일 이후의 수도 서울에 대한 심도 깊은 생각과,

그림 1. 박물관 주변 도시 영역과 박물관의
접속 방식은 서울을 새롭게 살려낼 수도
있다.

21세기의 대도시들이 극복해야 할 문제점까지 되짚는 생각들이 전제되어야 할 것이다. 100여만 평의 땅을 효율적으로 쓰고자 하는 각지의 다른 집단들의 이기주의적 발상들을 다 수용하려다 공간 전체를 또다시 난삽하게 하기 전에 도시생태를 회복하는 계기라는 생각이 전제되어야 한다. 이런 전제하에서만 국립중앙박물관과의 연계가 모색되어야 할 것이다.

둘째로, 박물관 앞의 아파트—코오롱 아파트에서 시작해서 남쪽으로 한강에 이르는—옆을 적절하게 오픈 스페이스open space로 전환시킬 전략이 필수적이다. 이는 단순히 박물관 정면에 시원하게 트인 경관을 확보한다는 차원을 넘어서 서울의 녹지축—북한산에서 종묘를 지나 남산을 거쳐 한강에 이르는—이 수변 공간(한강)까지 연속해서 완성시켜야 되는 서울 입지에 대한 근원적인 복원이다. 또한 서울의 공공 문화시설 전면에 최초로 시민을 위한 오픈 스페이스를 마련한다는 점, 즉 '공공성'의 회복이라는 측면도 무시할 수 없다. 만일 한강에 이르는 오픈 스페이스를 정말로 갖게 된다면 이는 방법이야 어떻든 국립중앙박물관의 위상을 재고시키고, 따라서 서울의 공간 문화의 가치를 재고시키기 위한 중요한 시간이 될 것이다. 20년이든 50년이든 100년이 걸리든 이것은 기필코 완성해야 되는 '서울의 재구성'과 관련된 일이다.

셋째로, 국립중앙박물관은 고속전철의 개통과 함께 주변을 서울의 새로운 거점으로 만들려는 서울시의 계획들과 무관하지 않다. 그러나 현재 구상 중인 용산 관련 서울시의 계획이 건물환경과 삶의 질을 높이려는 목적으로 입안하고 있는 '지구단위계획'과 상충되는 계획들은 아닌지 면밀히 살피면서, 어떻게 용산역에서 국립중앙박물관에 이르는 양쪽 가로변을 문화벨트로 만들어나갈 수 있는지 다각적인 전략을 수립해야 한다.

용산 계획의 특징은 '3핵 2매듭' 개념을 도입했고, 지역별로 특별설계 단지를 지정했다는 점이다. 3핵 지역(서울역, 삼각지, 용산역)에는 부도심화를 주도할 상업 및 업무 기능을 배치하고, 2매듭 지역(남영동, 용산동 2가)에는 주거 및 판매 등 배후 지원 기능을 맡겨 기능을 이분화했다. 또한 용산역을 중심으로 철도정비창을 포함한 21만 평에는 용산역이 갖는 관문성을 중시함으로써 대단위 업무단지를 조성해 국제적인 업무 기능

을 유치할 방침이다. 이곳에는 여의도와 영동을 잇는 네트워크를 형성해 시너지 효과를 극대화하는 한편, 서울을 상징할 높이 350미터(100~110층) 초고층 빌딩을 짓는 계획도 포함되었다. 서울시는 용산 1지역 4개, 용산 2지역 11개 등 15개 특별설계단지를 지정해 핵심 지역으로 개발할 계획이다. 이러한 점을 중앙박물관과 어떤 연계하에 추진하고 있는지부터 알아보아야 한다.

특히 미8군 주둔지의 서쪽 측면에 면한 불량주거군의 고밀도 재개발은 용산으로 연속되는 박물관의 문화벨트 조성에 어떤 영향을 미칠지 검토해야 할 것이다. 앞으로 박물관 공간은 퇴근 이후에도 활용해야 할 중요한 문화시설이므로 그 주변은 저녁시간대에 '공동화'되어 도시 속에서 고립시키는 것이 아니라 '도시적인 삶'을 풍요롭게 하는 '거리'로 변모시켜야 할 것이다. 이런 점에서 문화벨트에 대한 개념 규정과 영역이 연구되어야 할 것이다. 다시 말해서 용산역 방향으로만이 아니라 동측으로는 반포대교에 이르는 지역과 이태원, 한남동까지도 영역을 넓혀 생각할 일이다. 즉, '용산역과의 연계'란 결국 물리적인 서울의 중심 지역을 박물관 중심으로 어떻게 재편하는 것이 서울의 미래를 위해서 바람직한지의 관점에서 연구되어야 한다.

단기 계획과 전망

위와 같은 장기적인 전망과 계획 속에서 단기적인 계획들이 수용되어야 한다.

첫째로, 현재 가장 가까이 있는 전철역으로부터 박물관까지를 잇는 영역에 대하여 쾌적한 가로 환경을 조성해야 한다. 이는 단순히 지하에 매장 공간을 만드는 일로 접근할 일은 아니다. 사람들을 지하로 몰아낼 것이 아니라 전철이나 버스에서 내려서 가장 편안하고 쾌적한 마음으로 이동할 환경을 만드는 일이다. 여기에는 어떻게 도시 소음을 완화할 수 있는가 하는 자동차 소음을 줄일 수 있는 여러 방법에서부터 표지판 및 야간 조명등, 스트리트 퍼니처street furniture, 인도의 포장에 이르는 토털디자인이 요구된다. 이는 물론 미군 부대와 인도를 경계 짓는 담장, 미군 부대 진입 철문까지를 포함하는 일이다. 위와 같은 것은 박물관 인근의 대중교통 수단을 이용하는 관람객들을 위한 것이다.

그림 2. 국제무역회관 건물.
그림 3. 박물관과 주변은 어떻게 연계될 것인가.

　　둘째로, 공공 공간 속에서의 국립중앙박물관의 홍보 전략을 새롭게 세워야 한다. 공항과 서울역 등 주요 기차역과 국내외 박물관 및 기타 여객 터미널들 속에는 지금까지 방식과는 다른 방식의 홍보와 안내 방식이 개발되어야 할 것이다. 전국적인 홍보 네트워크를 통해서 공간의 제약을 해소시켜야 한다.

　　셋째로, 박물관 영역 이외의 나머지 부분, 즉 박물관 동측의 가족공원도 박물관 영역 속에 포함시켜 박물관 옥외 공간의 연장선 속에서 재검토할 필요성이 있다.

서울시립장제장:
관념적 사고의 건축적 해석

자연과 인위의 융화

[정기용] 그동안 여러 기능의 건축물들이 지면을 통해 소개되었지만, 오늘의 이 '화장장'은 지금까지 주로 다루었던 것들과는 성격을 달리하는 '프로젝트'가 아닌가 생각됩니다. 우선 이곳은, 찾는 사람들의 이용 목적이 동일하다는 것은 누구나 알고 있는 사실입니다. 흔히 화장장이라면 죽은 자들을 위한 곳이라고 생각하지만, 중요한 것은 결국 살아 있는 사람들에게 '죽음'을 각별히 환기시키는 곳이라는 데에 더 중요한 의미가 있다고 하겠습니다. 이러한 점에서 이 건물을 계획하시면서, 물론 건축적인 어프로치가 중요한 비중을 차지했겠지만 관념적인 해석 또한 중요한 요소로 작용했으리라 여겨집니다.

[장세양] 화장장을 달리 장제장이라고도 하는 데서 알 수 있듯이, 화장도 일종의 '제사'를 지내는, 산 자와 죽은 자가 정신적으로 만나는 예식이라고 할 수 있습니다. 화장장은 불로서 물리적으로 인체를 장사지내는 곳이라는 의미 외에 생生을 달리한 사람과 살아 있는 사람이 이별을 하면서 이승에서 저승으로 보내는 장소라는 것에서부터 건축계획 어프로치가 시작됩니다. 즉, 영적인 만남은 항상 있을 수 있다고 생각하는 우리네 사람들에게 화장장이 갖는 의미는, 산 사람이 죽은 사람의 영역에까지 가까이 갈 수 있는 장소라고 보고, 거기에 맞게 건축적 어휘가 이곳을 찾는 이들에게 보다 자연스럽고 숭고하게 느껴지도록 꾸미려고 고심했습니다.

'죽음과 삶의 만남'을 자연적으로 연출해내기 위해서는 우선 자연과 인간, 또는 자연적임과 인공적임의 융화를 여하히 표현하느냐가 관건이었습니다. 그래서 건축적 개념설정이 수평을 강조한 벽을 상징화하여 그것을 디자인의 근본으로 삼고 문제를 풀어나가게 되었습니다. 화장장이라는 프로젝트는 죽음이라는 현세에서의 지고至高랄까, 울트라ultra까지 도달한 상황을 다루는 것이므로 여기에다 가벼운 잔재주를 부리고 싶진 않았어요. 그래서 경직되어 보일지라도 직선을 강조했고, 숲으로 뻗는 몇 개의 가벽을 두어 죽음이 가지는 극한의 문제를 해결하려 했어요.

자연과의 만남이라는 개념을 현실에서 보는 자연과, 가벽으로 가로막은 '저 너머'의 자연 즉 영적인 존재라는 두 가지로 구분지어 생각했습니다. 그 자연은 현실이든, 영적 또는 상징적이든 간에 수평선이 강조된 벽이 자연과 오버랩되면서 결국은 인위적인 것과 자연적인 것의 융화를 통해 죽음과 삶에 대한 느낌이 무의식적으로 오버랩되어 보이도록 배려한 것입니다.

[정기용] 이곳 벽제 서울시립장제장에 들어서면 건물이 풍기는 '맛'이 진입로에서부터 벌써 근엄하게 보입니다. 물론 지형적인 여건 탓이겠지만 주차공간과 건물의 레벨 차이가 심하고, 진입부의 현관으로 연결된 구조체가 사람들을 압도하는 듯합니다.

그림 1. 서울시립장제장 전경.

[장세양] 그런 느낌은 건물 전면에서부터 산이 연결되는 벽에 의해 더욱 강하게 받아들여질 겁니다. 앞서 말한 대로 '화장'의 관념적인 해석이 자연과 인공의 만남이라고 한다면, 화장장이 놓일 장소가 넓은 마당 한가운데일 수는 없죠. 그래서 나무숲에 연계되는 자연성과 건물이라는 인위성의 매치를 통한 '사자死者와 생자生者의 이별'을 모색한 것입니다. 그렇게 되니 당연히 '장치'는 '자연'에 연결되게 되었죠.

장제장의 관념적인 해석

[장세양] 출입구를 들어서서 보면 입구홀에서 화장이 이루어지는 구역까지의 진입이 일직선상으로 자연스럽게 유도되고는 있습니다만, 그 부분에서 좀 더 적극적으로 표현되었으면 했던 것은 입구홀에서 보이는 개구부들이 모두 일정한 문으로 되어 있지 않고 어느 부분이 의도적으로 막혀졌으면 하는 것이었습니다.

벽의 설정에서 의미 있게 받아들여지는 요소는 수평선을 강조해서 마감을 했기에 비교적 그것이 절대적인 면적을 커버하는 역할을 담당하고 있다는 점입니다. 그것이 디자인의 통일성이라기보다는 수평선이 강조되는 벽으로 완화되는 것 같아요. 또 하나 평면적으로 중요한 요소는 대칭을 이루고 있다는 것인데, 그것의 건축적인 의미나 엄격성은 좋아 보였습니다.

[정기용] 죽음과 삶의 만남이라는 관점에서 제 개인적으로 눈에 띄게 느꼈던 것은, 진입부나 관망홀의 기둥을 미러 스테인리스mirror stainless로 마감한 것이 현세와 내세의 만남을 반영하는 메타포로 사용되지는 않았나 하고 생각됩니다. 그러나 진입하는 데 있어 어프로치가 벽이라는 것을 강조하기 위한 다른 요소로서 '전이'라는 것으로도 생각됩니다. 마치 좁은 벽에서 다음 벽을 발견하게 하는 시퀸스가 오히려 좁다는 생각도 들고 그것을 해결하려다 보니까 진입에 속박되지 않았나 하고 여겨집니다. 그것을 완화시키는 요소가 이승과 저승을 연결하는 듯한 상징성을 내포한 진입부의 개구부들이 담당하는 듯한데, 그러기에는 전체적으로 매스mass가 약해 보이는군요.

그림 2. 장제장 진입부.
그림 3. 화장로에의 진입.

[장세양] 좁은 공간이 오히려 속박감을 줄 수 있다는 우려는 계획 당시 고려된 사항입니다만, 저는 그것을 보완하는 것으로 빛을 끌어들여 적절한 공간으로 느끼도록 했어요. 운구가 통로를 거쳐 화장로로 가는 과정에서 유족들은 운구를 뒤따라 지나게 되니까 빛이 유도하는 대로 움직이게 되므로 운구가 화장로에 도달하기까지의 동선에서는 벽으로 막아 외부와 차단하게 됐습니다. 사자와 이별을 행하는 의식에 현세의 모습을 보여주는 것을 되도록이면 피하여 좀 더 깊은 감정 속에서 이별이 이루어지도록 하려 했던 것입니다.

[정기용] 벽으로 외부와 차단한 것은 퍽 좋은 개념으로 여겨집니다. 그 통로는 저승으로 가는 통로, 현실과 마주치는 장소로 해석됩니다. 또한 벽에 돌출된 구조들이 벽에 대한 원래의 설정을 연계시켜 강조하고 있는데, 빛의 퀄리티가 특히 오늘처럼 조금 흐린 날에는 좋게 느껴지겠지만, 맑을 경우에는 장제장이라는 이미지상 너무 강하게 비춰지지 않을까 하는 생각도 듭니다.

[장세양] 살아 있는 사람이 죽은 사람과 이별하는 과정에서 이곳을 찾는 유족이나 친지들 중에 어떤 이는 화장로 앞의 관망실까지 가서 화장로 쪽을 향해 서서 슬픔을 달래는 경우도 있겠고, 어떤 이는 휴게실까지, 또 어떤 이는 입구홀에서만 사자와 이별하는 등 여러 형태가 발생할 수 있어요. 그런 경우들이 이곳을 찾는 사람들의 자연적인 선택이라고 볼 때 이 헤어지는 장소가 죽음과 스쳐가면서 이루어진다고 봐요. 앞의 것을 가상적인 환경이라면, 노爐 안쪽은 죽은 자의 공간이라고 할 수 있겠죠. 큰 벽 바깥쪽은 살아 있는 사람들의 세계라고 설정했고, 사자와 생자 사이에 일정한 폭의 공간을 두었어요. 생자가 접근했다가 돌아갈 때, 들어갈 때는 죽음에 직면하게 되지만 나올 때는 자연의 빛을 받아 외부를 보게 함으로써 살아 있는 사람들의 세계를 느끼게 하려 했습니다.

이번 프로젝트는 화장이라는 물리적인 측면뿐만 아니라 죽은 자와 산 자가 만나고 헤어지는 장소에 대한 산 사람의 입장에서의 해석이 관건이었어요. 그래서 가능한

한 가까이에서 그 상황을 느끼고 다시 현실로 돌아올 때 감정이 흐트러지지 않게 해주는 장치로, 들어갈 때는 막혀 있는 어느 한 점을 향해 갔다가 나올 때는 오픈의 개념으로 받아들일 것으로 생각한 것입니다.

[정기용] 일상을 살다가 이별하는 단계에서 사자와 생자가 헤어지는 장소임과 아울러 만남의 장소일 수도 있겠다 싶습니다. 중정中庭(마당을 중심으로 한 건물배치로 ㄱ, ㄷ, ㅁ형 건물배치의 중간에 존재하는 마당)은 치수 등의 물리적인 제약이 있긴 하지만, 직선으로 처리하지 않고 둥글게 처리했으면 어떨까 하는 생각이 듭니다. 그래서 삶과 죽음, 이승과 저승이 직선을 갖지 않는 중정의 효과로 인해 좀 더 의도적인 배려 속에서 연출되었으면 하는 아쉬움이 남습니다.

[장세양] 살아 있는 사람이 각자의 입장에 따라 죽음에 대해 느낄 수 있도록, 즉 비어 있는 중정을 보았을 때 비통해 하라고 강요해서는 안 되고, 화장을 마치고 나오는 사람이 뭔가 생각할 수 있는 계기만이라도 부여하자는 의도였습니다.

[정기용] 짧은 순간에 그것이 이루어지는 게 무리가 있겠다고 생각한 것은 저도 마찬가지입니다. 또 한 가지 지적되는 것은 관망실에서 분골을 모시고 현실의 세계로 돌아올 때 관망홀 바로 맞은편에 창이 있어 너무 급히 현실과 만나는 것은 아닌가 싶습니다.

[장세양] 그곳에서 의도했던 것은 눈높이보다 낮게 벽에 창을 뚫어놓고 눈높이 위는 벽체로 막혀 있게 하여 눈 아래 시선은 바닥만 보이게 하고, 여기에서 출구 쪽으로 나가는 통로에 창을 크게 두어 하늘까지 보이도록 해서 서서히 현실을 만나게 한 것입니다. 공간이 떨어져 있는 상태에서 계획이 이루어지므로 점진적인 변화를 줄 필요가 있겠다 싶었던 거죠. 다만 관망홀의 높이가 수치상으로 적합하다고 봤는데, 실제로 시선의 오픈에서 느껴지는 정도가 좀 큰 것 같습니다.

장제장의 새로운 이해

[정기용] 바꿔 말하면 물리적인 요소에 관한 얘기가 되겠지만, 이 건물은 상당히 큰 규모로 되어 있습니다. 과연 16기의 대규모 노를 계획했어야 했는가도 짚고 넘어갈 필요가 있을 것 같습니다. 한 도시에서 화장하는 '피크 타임'에 적용되는 문제로 해서 앞서의 건축적인 공간의 해결 방법을 제약하는 조건을 반대로 생각해보면, 몇 명을 수용해야 한다든가 어떤 용도의 방이 필요하다는 등의 원론적인 성격이, 사실은 그나마 흔치 않은 건물인데, 너무 제약되어 있지 않았나 하고 여겨집니다.

[장세양] 점차 서울의 규모가 더 커지고 화장 인구도 늘어날 것으로 봤을 때 과연 앞으로 어떤 규모의 화장장이 확보되어야 하는지 수치로 따져볼 필요가 있어요. 자료에 의하면 30만 명 당 1개의 노를 필요로 하는 것으로 나와 있는데, 그러면 서울 인구를 최소 9백만 명으로 한다 해도 30개의 화장로가 있어야 한다는 결론입니다. 일본의 경우는 더해 최근에는 3만 명에 1개의 노를 필요로 하는 화장장 수요의 급증 현상을 보이고 있습니다. 결과적으로 벽제 화장장의 규모는 수요에 비해 큰 것이 아닙니다. 오히려 30개 이상의 화장로가 필요한데, 다만 이와 같은 집중된 시설이 아니라 여러 곳에 분산되어 소규모로 있으면 화장장의 기능이 더욱 좋아질 것이라는 생각은 듭니다.

　　그러나 서울 시내에는 화장장을 세울 자리를 확보하기가 어려운 상태에 있고, 일반 대중의 화장장에 대한 인식—냄새, 연기, 굴뚝 등으로 인한 거부감—에도 문제가 있어 한 곳에 이렇게 대규모로 설치하게 된 것이라고 봐요. 여기서 지적할 수 있는 것은 도시정책이야 어찌 되어 변화할 수 있겠지만 일반 대중의 인식이 문제라는 것입니다. 가족이 없는 사람, 경제력이 약한 사람 등이 찾는 곳이 화장장이라는 인식이 사회적인 추세인데, 그러한 사고방식이 변화되어야 해요. 이 프로젝트를 계획하면서는 위의 내용을 토대로 다음과 같은 두 가지 방안으로 검토되었습니다.

　　첫째, 화장장이 주변 장소에 물리적으로나 정신적으로 피해를 주지 않는다는 샘플을 제시함으로써 다른 장소에도 화장장이 세워질 수 있다는 가능성을 제시하는 것입니다. 둘째, 화장이라는 행위가 빈민층의 '장례'가 아니라 경건한 '예식'이라고 인정받게 하는 것입니다. 그러기 위해서는 우선 물리적인 제약 요인을 해소하는 기술적인 뒷받침이 필요했는데, 그것은 해결된 셈입니다. 이곳 벽제 화장장은 냄새, 연기 등을 없애는 테크닉이 도입되어 새로운 시도를 보여준 프로젝트입니다. 다만 16기의 집합적인 화장장이라는 면에서는 조금 재고의 여지가 남아 있어요. 3~5개의 노를 갖는 소규모 화장장이 관념적으로나 실제적으로 문제해결을 위해 가장 적합하다고 봐요.

건축가의 사회적인 기여

[정기용] 사자에 대한 '처리' 문제는 점차 심각하게 될 텐데 앞으로 산 사람들이 죽음에 대한 개념을 서서히 바꿔 나가야 할 거라고 생각해요. 여기서 저는, 화장장이 주변 환경의 저해 요인만 제거된다면 도심에도 있을 수 있다는 것을 전제하면서 그 한 방법으로 공원 내의 화장장을 생각해보았습니다. 사실 우리네 민족은 죽음을 자연스럽게 받아들여 도시나 농촌에서도 죽음은 살아 있는 사람들 주변의 일상적 풍경으로 느껴졌었는데, 도시가 팽창하면서 집단화하고 빈부의 차가 생기면서 묘지의 확보 등 제반 요인이 작용하여 생겨난 것이 화장장의 개념과 연결되어왔다고 봐요. 아무리 건축적인 문제 해결이 완벽하다 해도 이러한 사람들의 의식에 대한 변천이 선행되어야 도시 내에서 화장장이 들어서는 게 가능하리라고 봅니다.

[장세양] 화장장이 집단 처리 시설 규모에서 탈피하여 소규모로 여러 곳에 분산되어 지역 주민들의 이용을 쉽게 유도한다는 생각에서 구區 단위에 한두 곳 정도가 적당하다고 보이고, 그 위치는 근린공원이 좋겠다 싶습니다. 세상에 나고 살면서 죽어가는 인생 행로가 한 울타리 안에서 느껴지고, 근린공원과 화장장을 연계시켜 화장장─공원·장례예식─여가가 한 생활권에 공존하게 되면, 화장장이 배타적인 시설이라거나 격리되어야 한다는 생각은 없어질 수 있을 것입니다.

[정기용] 현재 우리나라의 도심공원이 울타리를 쳐놓고 감시하는 등 이상하리만큼 폐쇄성을 드러내고 있음을 감안한다면 그것을 해결한다는 의미에서도 공원을 사자와 생자가 만나는 성스러운 곳으로 하는 한편, 일상생활에 접하는 휴식과 여가의 장소로 가꾸는 것도 바람직한 방향이 될 것 같군요. 화장도 죽음과 만나는 한 예식이라는 생각이 일반 대중에게 전달되고, 또 화장장이 도시의 공공장소에서 친근감 있게 받아들여진다면 '도심 속의 화장장'이라는 것도 가능하리라 생각됩니다.

　　건축가의 일련의 작업이 세상을 서서히 바꾸는 데 기여할 수 있어야 한다는 것을 생각한다면, 이 프로젝트도 건축가가 '화장'이라는 것을 시민들이 달리 생각할 수 있게 하는 데 기여한 작품이라고 여겨집니다. 그것은 건축가가 지하층 계획시 처음부터 그곳에 식당을 두기로 한 것을—일반적으로 불결하다고 느끼겠지만—끝까지 관철시켰고, 또 건축주가 그것을 터부시하지 않고 받아들여 기본계획에서 완공까지 설계변경 없이 진행되었다는 점에서도 하나의 의미를 찾을 수 있겠습니다. 거기에 더하여 이 건물은 상징성을 갖는 기념비적인 요소가 있어 '기여할 만한 장소'로서 성공적이라 하겠습니다.

럭키금성 트윈타워

여의도, 서울, 그리고 트윈타워

서울은 이미 절대 다수의 건물이 한국적인 기능주의 내지는 국제주의적 양상을 띠고 빈틈없이 채워져 있으므로 이에 어떤 유사한 건물을 한 채 더하고 뺀다고 해서 이미 이루어진 서울의 도시·건축적 의미가 변화되지는 않는다. 단지 새로이 건축되는 건물이 각별하고도 뚜렷한 목적에서 출발하고, 그 건물이 세워질 입지 조건과 경제적 여건이 또한 특별한 목적과 성격을 구현할 수 있는 제반 여건을 수용할 수만 있다면 문제는 달라질 수도 있다.

올여름 제 모습을 드러낸 트윈타워는 바로 이러한 점에서 좋은 예를 남기고 있다. 대기업의 본부 건물로서의 트윈타워는 본래 계획 초기 단계부터 단순한 오피스 건물로서보다는 서울의 중심업무 지구 중에서도 중요한 여의도에 새로운 스카이라인을 형성하고, 나아가서는 도시건축에 새로운 이미지를 부각할 것을 목표로 세웠었다. 여의도→서울→한국으로까지 확장되어 오피스 건축의 한 모델이 되려는 야심작이었다. 즉, 단순한 보편적인 오피스 빌딩으로서보다는 한 지역 사회에 다각도로 기여해보려는 의욕을 갖고 출발했던 것이다.

이를 뒷받침할 수 있는 대기업으로서의 제반 여건은 차치하고라도 여의도라는 특수한 입지의 혜택과 그 동안 열정적으로 참여한 수많은 인력에 힘입어 본래의 의도를 비교적 많이 수렴하게 되었다. 물론 계획 초창기에 문제되었던 싱글타워single tower냐 트윈타워twin tower냐의 문제, 건축가의 선택, 건물 성격의 규정에서 난항을 거듭했지만, 비교적 세계적 명성을 얻었던 시카고 SOM에서 기본 계획—본래 SOM에서는

그림 1. 여의도 LG 트윈타워.

디자인의 해석과 시공 과정 중의 왜곡을 염려하여 기본 계획만 하는 것을 거부하였
다—을 맡아 크게는 건축문화 교류라는 차원에서, 나아가서는 SOM이 설계한 건물
을 한국에 둠으로써 야기될 수 있는 크고 작은 의미에서의 구체적인 논의, 그리고 이
러한 논의가 한 실제적인 모델을 놓고 진행될 수 있는 점을 긍정적으로 받아들였던 것
이다. 여기에는 물론 윌리엄 하르트만William Hartman, 브루스 그레이엄Bruce Graham, 파
즐라 칸Fazlar Khan 등 SOM 이사회에서의 호의적인 선택이 있었으며, 계획 초기 단계
에 한국의 전통적인 건축을 돌아보며 그들 자신이 우선 한국을 이해하려는 노력을 보
여준 것 또한 사실이다. 도로면의 급배기(증기나 가스를 빨리 밖으로 뽑아내는 설비) 벽면에 청자
색 완자 패턴이나 아트리움 평면, 기타 내부의 곳곳에서 '완자문의 현대적인 해석'을
시도한 것도 볼 수 있다.

　　배치계획에서는 동서로 나뉜 두 건물을 동일선상에 배치하지 않고 어긋나게 하
면서 자칫하면 여의도 광장의 도로 측에서 볼 때 단조로울 수도 있는 입면을 여러 방
향에서 보았을 때 다양성을 추구하였다. 특히 입면 해석에서는 서울의 고층 오피스 빌
딩들의 단조롭고 평면적인 외관을 탈피하고 건물 전체에 베이 윈도bay window(돌출창)를

둠으로써 빛에 따른 건물의 다양한 변화를 시도하기도 하였다. 이는 고층 건물에서 개구부 방식을 달리함으로써 개구부의 방식과 외관 마감이 건물의 표정은 물론 그 이미지를 항시 새롭게 할 수 있다는 좋은 예를 보여주었다. 물론 베이 윈도 내부 공간이 업무 공간에 장애가 된다는 비판도 있었으나, 그것이 근본적인 지적이 될 수는 없다고 하겠다.

도시건축적인 측면에서 보자면, 여의도를 배로 비유했을 때 63빌딩과 트윈타워는 서로 다른 높이의 마스트mast(배 갑판의 중심에 수직으로 세운 기둥처럼 도시 경관을 주도하는 고층 건물)로서 여의도 전체의 스카이라인을 완만하게 하는 큰 역할을 담당하고 있는 것이다. 63빌딩의 단일한 시점을 확장한 트윈타워는 그 건물이 세워진 특수한 입지, 즉 이제는 서울에서 쉽게 구할 수 없는 광대한 오픈 스페이스의 혜택을 본 것은 사실이지만, 고도 제한의 제한적인 요소가 우연히도 완만한 스카이라인을 형성한 63층과 34층 높이라는 적절한 비례를 만들어냈다.

1978년 52층의 싱글타워로 출발하여 1980년 34층의 트윈타워로 그 입안이 확정된 이 건물은 과연 우리들에게 무엇을 의미하는가?

전통의 올바른 계승이라는 과정 없이 혼재하고 있는 서구 모방의 한국적인 기능주의 건물들은 이제 우리들의 풍토와 환경에 맞는 고유의 것으로 가꾸어나가야 할 것이다. 지금까지는 간접적인 정보에 따른 단순한 모방에 그쳤던 우리들의 건축 환경에 트윈타워라는 실물대의 모델—그것도 SOM이 해석한 의미로서의 모델—을 놓고 모방과 모델의 문제를 깊이 새겨보아야 할 것이다.

트윈타워가 서울의 질서에 끼어든 것은 그것이 단순한 건축적인 의미보다는 서구 문화 수용의 관점에서 앞으로 다각도로 검토되어야 할 과제임이 바로 여기에 있다고 하겠다.

그림 2. 트윈타워는 미국 SOM사에서 설계하면서 이미 그들이 다른 곳에서 설계하였던 수법을 재활용하여 서울에서는 당시에 드물었던 시시각각 변화하는 입면을 만들었다.

캘리포니아에서 밀레니엄까지:
일산 '러브호텔'이 던지는 쟁점들

그림 1. 일산에 가면 관광객들이 묵을 숙소가 없다고 한다. 모텔은 많은데, 그 대부분은 한국의 사회가 생산해낸 러브호텔이기 때문이다. 이 러브호텔들은 전국에 넘쳐나고 새로운 유형의 건물로 분류되고 있다. 일산에서 문제가 되었던 것은 러브호텔이 초등학교와 인접해 있다는 것이었다. 이로 인해 주민들은 신축하는 모텔을 여성복지센터로 전환하려는 시도도 하였다.

이 시대가 만든 건물의 유형이 있다. 국도변에 불쑥불쑥 얼굴을 내미는 파크와 가든들, 논두렁 가장자리에 엉덩이를 밀고 들어선 주유소, 공주병을 연상시키는 예식장들, 은밀한 성채를 닮은 러브호텔들, 산자락이든 논바닥이든 솟아난 아파트들, 계단이 뱀처럼 집을 휘어감은 다가구 주택들, 유리로 둘러싼 오피스 건물들, 소나 닭을 사육하는 축사들, 채소를 가꾸는 비닐하우스들. 세월을 넘어서 이것들이 우리들 환경의 중요한 인자이며 이 시대를 반영하는 거울이다. 이 시대의 토속건축이다.

그러나 이 중에서 가장 이성적이며 나아가 아름답기까지 한 건축은 사람이 사는 집이 아니라 역설적이게도 가축을 사육하거나 농기계 및 농산물이 집적되어 있는 창고 같은 건물들이다. 거기에는 그 어떤 장식도 없고, 최소한의 부재로 최대한의 공간을 확보하려는 의지가 엿보인다. 합목적적이고, 땅의 훼손이 최소화되어 있으며, 굴곡진 산을 배경으로 하고, 평지에 세워지고, 때로 길이가 강조된 수평선으로 인해 긴장감까지 돋보이는 건축이다.

이런 아름다운 '축사'들의 반대편에 예식장과 러브호텔의 건물이 있다. 점점 양식화되어가는 이 건물들은 두 가지 점에서 닮은꼴을 하고 있다. 하나는 상징적인 기호 체계를 건물에 끌어들이는 것이고, 또 다른 하나는 잠시 머무는 곳으로 성性과 관련되어 있다는 점이다. 상징적인 기호로는 서양 중세 성채의 기호들과 같은 첨탑, 다시 말해서 백마를 타고 나타난 왕자가 데려가길 바라는 공주의 꿈이 거칠게 상징화되어 있다. 서양 설화에 나타난 해피엔드라는 이미지의 한국적인 형상화이다. 서민들의 꿈의 대중화이고 키치Kitch화이다. 모더니즘 건축으로는 충족되지 않는 부분들에 대한 대중적인 보완이다. 건축가들이 건축의 대상에서 제외시키고 싶었던 문제들의 현실화이다.

그러나 이 러브호텔의 문제는 그렇게 단순하지만은 않다. 그것은 이 나라의 공간 생산방식의 총체적인 문제와 맞닿아 있다. 현재 이 나라 땅 위에 솟아난 모든 건물들이 완벽하게 법적인 절차에 따라 이루어졌다고 보는 사람들은 아무도 없다. 법과 절차는 지켰는지는 모르지만, 실제로 대지 위에 세워지는 건물의 용도와 근본적인 토지 사용의 기획에 대한 해석은 늘 가변적이고 열려 있다. 바로 이 열린 틈새, 해석의 자유로운 결정권은 아무리 법적으로 명시한다 하더라도 구체적인 현실의 문제를 넘어서지 못하는 한계가 있다. 러브호텔이 문제로 부상하는 데에는 바로 법적인 절차에 따른 공적인 결정을 공공기관이 스스로 부정해야 하는 딜레마에 있다. 숙박시설인데 숙박을 할 수 없는 문제, 주거환경과 교육환경을 저해한다고 주장하는 주민들의 목소리, 신도시 계획에서 누락된 공적인 공간이 현실적인 주민의 요구에 맞도록 지켜지지 않는 문제, 도시를 건설하려는 주체들의 입장에서 본 토지 '분양'의 어려움 등이 연계된 복합적인 문제다.

　　최근 일산 시민들의 러브호텔에 대한 분노와 반대는 단호하다. 그들의 의견은 고양시 당국만이 아니라 전국에 알려졌다. 부분적으로 이미 허가가 난 러브호텔들의 공사중단 사태가 벌어졌고, 문제가 된 기존 러브호텔의 매상은 나날이 감소하고 있으며, 결국 시와 시민단체 그리고 건축주들 사이에 첨예한 대립만 불거지고 완벽한 해결책은 없는 채로 상황은 참으로 혼미한 상태다. 시민들의 투쟁에 의해 문제가 공개적으로 재기되었으나 그 해법은 참으로 지난하다. 그리하여 일산 시민운동가들의 방문을 받은 문화연대의 공간환경위원회 사람들은 급기야 2000년 11월 19일 일산의 러브호텔의 현황을 파악하고자 답사에 나섰다.

아파트와 러브호텔, 알몸으로 만나기

결론적으로 말하자면, 도시 공간을 만들어내는 전후의 프로세스야말로 문제의 핵심이다. 제도적인 점에서 보아도 그렇고, 입지에서 보아도 그렇다. 일산이 시작하고 끝나는 중앙로의 남북에 몰려 있는 러브호텔들은 대로변의 상업지역 내에 자리 잡고 있는데, 상업지역 내의 숙박시설의 용도란 엄연히 법적으로 명시된 것인 만큼 허가권자인 기초자치단체장이 특별히 건축허가를 거부할 사유가 없어 보인다. 다만 주거지역과 상업지역 사이에 완충지역 없이 도로 하나를 경계로 두고 아파트와 러브호텔이 마주 보고 있으니 시민들이 그대로 묵과할 수 없는 듯하며, 특히 초등학교와 인접한 거리에 있는 러브호텔들은 이미 교육환경의 관점에서 문제가 제기되었다고 한다. 즉, 학교장이 이의를 제기하였으나 받아들여지지 않았다고 한다.

현재 영업 중이거나 계획 중인 숙박업소 중 상당수가 학교보건법상 청소년 유해시설로 들어설 수 없도록 규정되어 있고, 학교로부터 반경 200미터 거리 내의 학교환경위생정화 구역 내에 위치하고 있으며, 고양시 교육청 학교환경위생정화위원회는 '학습과 보건 위생에 나쁜 영향을 주지 않을 경우 예외로 한다'는 단서 조항을 적용, 신축을 허용함에 따라 학교 주변 러브호텔 난립을 방치하는 결과를 초래했다고 한다.[1] 특히 고양시 환경정화위원회는 최근까지 9명의 심의위원 중 학부모와 시민단체 대표를 한 명도 임명하지 않아 주민들의 의사가 원천적으로 봉쇄된 상태에서 사안마다 사업승인에 동의함으로써 정화구역 내의 퇴폐 숙박시설이 밀집되는 현상을 초래했다고 한다.

주거환경이나 교육환경을 보호할 도시적인 맥락에서의 완충지대로서의 '켜'가 부재하고, 절차상으로 합법적이라 하더라도 결과적으로는 도시민들의 삶 속에 또 다른 갈등을 증폭시키는 이러한 사안들을 우리 건축인들은 어떻게 바라보아야 할 것인가? 사실상 전 국토에 조금만 풍경이 좋으면 '난립'하고 있는 러브호텔들을 본 지 한두 해가 아니다. 최근에 일고 있는 '난개발'의 문제들 또한 어제 오늘의 일이 아니다. 난개발을 막기 위해 화성 지역에 또 다른 신도시를 건설하려다 지지부진하고 있는 소문들 또한 어처구니없는 일들이다. 난개발을 막기 위해 지금까지와 대동소이한 프로세스로 신도시를 만든다는 것이 또 다른 '난개발'의 사례에 첨가될 것이 불 보듯 뻔한데도 건설경기를 부양시킬 목적으로 진행되는 것을 보면 할 말이 없다. 즉, 러브호텔의 문제는 숙박시설이니 아니니 하는 논쟁을 넘어서는, 어떻게 보면 앞서 말한 것과 같이 이 나라가 공간 생산에서 유보해온 법과 제도와 관행의 총체적 부실의 산물이다. 다시 말해서 현실의 잘못된 관행과 문제를 뻔히 지켜보면서 법대로 했다는 법 제일주의의 모순이며, 이를 정당화해주는 데 앞장선 심의위원들—전문가로 대접 받아온—과 이를 방패삼아 관례대로 집행하는 공무원들의 견고한 무지함이다.

이를 한마디로 요약하자면 공간 생산의 헤게모니를 쥐고 있는 사람들의 결정들을 검증할 보다 공공적인 프로세스의 부재일 것이다. 이를 통하여 공간 생산에 있어서 공공성의 기반이 취약함을 다시 한 번 자각해야 한다. 우리들은 건축·도시공간 생성

1. 〈일산 신도시 러브호텔 리모델링 연구보고서〉, 《정책자료집》, 국회의원 정범구, 2000년 11월호, 4쪽.

의 전 과정에서 행정편의주의나 법적 절차주의의 합법성과 정당성에도 불구하고 계속해서 재생산되는 '난개발'과 '저질건축'을 저지할 계기를 마련해야 한다. 법에 문제가 있으면 법을 바꿔야 하고, 제도와 관행에 문제가 있으면 이를 투명하게 현실 사회에 드러내야 한다.

일산 시민들이 한 일은 러브호텔을 고발했다기보다는 그동안 모든 사람들이 관례와 관행으로 묵인해오던 관성 속에 얼마나 많은 사회적 문제들이 곪아왔는지를 보여준 것이다. 또한 사람들에게 문제가 있으면 사람들을 바꿔야 한다. 전문성이 결여되어 있으면 전문분야 사람들로 교체하는 일도 벌여야 한다. 수없이 양산되는 건축사와 예비건축가들도 모두 설계와 건설에만 참여할 것이 아니라 건축, 도시, 토목직의 공무원 조직으로 뛰어들어야 한다. 결국 건축문화의 질을 높이는 일은 사람이 하는 것이기 때문이다.

물론 문제는 그리 간단하지 않다. 건축교육에서부터 건축의 생산과정과 공공성의 문제나 건축의 사회적인 역할 등이 거론되어야 함은 물론 제도적으로 건축직이나 도시, 토목직 공무원들의 선정 방식들도 일대 개혁이 있어야 할 것이다. 또한 '법대로'를 지탱해줄 튼튼한 공간 계획이 병행되어야 할 것이다. 단순히 '도시설계' 지역으로 지정하여, 또 다른 전문가 집단에게 도시 공간 생산의 부분을 위임하기보다 도시를 총체적인 시각에서 이성적인 밑그림들을 만들고, 이를 계속 보완하고 조정해나갈 전문직 공무원 설계조직도 필요하다. 이제라도 늦지 않으니 정말로 본격적이고 대대적인 공간 생산의 개혁이 없다면 건축문화는커녕 살 만한 도시를 만들기는 더욱 요원할 뿐이다.

겉과 속의 다름

그런데 우리는 도시가 복합계라는 점을 잊어서는 안 된다. 거기에는 역설적이지만 러브호텔도 엄연히 존재해야 하고, 깡패도 있어야 하고, 불량주거도 있어야 한다. 인류가 지속된 이래 어느 도시도 매매춘을 소멸시키지 못했고, 폭력배도 전멸시키지 못했으며, 소위 불법건물들을 완전히 제거하지도 못했다. 이들을 사회정의를 위한다거나, 도시의 질서를 세워야 한다거나, 환경의 질을 높여야 한다는 명목 하에 단속해야 할 대상으로만 볼 일이 아니다. 또는 사회의 적으로 간주할 일도 아니다. 사회 전체 조직의 모순을, 여기에서는 도시, 건축 공간 생산의 그릇된 관행과 제도와 법의 모순을 러브호텔에게 들씌우기만 해서는 안 된다. 이들은 모두 사회 내의 필요악이라기보다 인간들이 군집해서 살면서 파생하는 인간적인 흔적들이다.

　　우리는 결국 모든 문제에서 겉과 속이 다르다고 하는 사실에 주목해야 한다. 뻔히 그것이 러브호텔이라는 것을 알면서도 법적으로는 숙박시설로 허가를 내주는 것이나, 숙박시설인지 알고 들어간 외국인에게 대실료를 더 지불해야 된다고 하는 표리부동함이다. 숙박시설은 많으나 진정한 의미의 숙박은 안 된다고 하는 점이다. 겉과 속이 다를 때 사람들은 불쾌해하고 거부감을 나타낸다. 영화관인지 알고 들어갔는데 연극을 한다든지, 병원인지 알고 들어갔는데 장례식장만 있다든지, 식료품 가게인지 알았는데 철물만 판다면 사람들은 당혹해할 것이다. 주거지역과 학교 근처의 모든 러브호텔들을 제거한다고 해서 주거환경이나 교육환경이 갑자기 나아진다는 보장도 없다. 시민들이 정말로 그들의 일상생활에서 실제적으로 즐기고 필요로 하는 공적인 공간이 부재하는 도시에서 피곤한 몸을 이끌고 귀가한 사람들이 타인의 쾌락이 명멸하듯 네온의 화려함만을 지켜보게 하는 것은 당연히 주민들에 대한 고문이다.

　　야간에 일산의 남쪽 캘리포니아 호텔에서부터 북쪽 끝 밀레니엄 호텔까지 다다르며 일산 신도시를 '러브'의 환락가로 착각하게 하는 것은 도시의 속성이다. 즉, 도시는 한 측면만 강조해서 비난할 만큼 그렇게 단순하지만도 않다. 겉으로 드러난 도시는 속에 늘 다른 도시를 감추고 있다. 이러한 현상들을 깡그리 비난의 눈으로 볼 일은 아니다. 다만 건축계는 일산에서와 같은 사건을 불구경하듯 방관자로서 볼 것이 아니라, 이 또한 우리 자신들의 문제의 일부분이라는 것을 새롭게 인식해야 할 것이다. 이는 저물어가는 2000년까지도 풀지 못한 우리들의 과제다.

　　일산 신도시 '러브호텔'의 문제는 당연히 사랑의 문제가 아니라 사랑을 가장한 이 시대 우리들의 총체적인 문제를 각별한 각도에서 바라보기인 것이다.

서울대학교 관악캠퍼스 읽기:
변방의 미로

그림 1. 서울대 교문을 들어서면 학교가 잘 보이지 않는다. 그때부터 방문객은 가고자 하는 목적지를 찾기 위해서 많은 노력을 기울여야 한다.

그림 2. 교문을 들어서면 멀리 산이 보이고 공원 같은 풍경이 펼쳐진다. 사람들은 또 다른 문에서 나온 듯한 착각을 일으킨다. 학교로 들어갔는지 학교에서 나왔는지….

단순 중첩

신림 사거리와 봉천 사거리의 어수선한 거리를 지나 갑자기 넓은 공터가 보인다. 그리고 국립서울대학교의 자음을 따서 만든 묘한 '상형문자' 중 시옷이 강조된 사이를 지나면 남쪽으로 길게 뻗은 길만 보이고 학교는 없다. 정문을 지났으나 학교에 들어섰다기보다는 학교를 나가는 순간 같기도 하고 공원 속으로 향하는 것 같기도 하다. 어떤 건물도 '이리 오십시오' 하고 안내하지 않는다. 보이는 것은 다만 대운동장 측면의 자그만 언덕과 멀리 보이는 관악산의 북측 자락이다. 관악산 기슭에 온 것은 분명한데, 여전히 서울대학교에 들어선 것 같지가 않다. 조금 지나서야 좌측으로 경사진 길이 보인다. 미로의 시작이다. 아주 조그만 팻말이 아니면 어느 곳도 찾을 수 없는 순간이다. 이때 무엇보다도 반가운 것은 지나가는 학생을 만나는 것이고, 그에게 행선지를 묻는 것이다. 모든 학생들은 그들끼리 또는 학교를 방문하는 사람들에게 움직이는 이정표와 같다. 다만 그것은 대답에 응하는 학생이 비교적 캠퍼스를 꿰뚫어 알고 있는 경우이고, 그렇지 않으면 몇 번씩을 물어야 한다. 초행길인 사람이 원하는 장소에 정확히 도달하기 위해서는 적어도 서너 번 길을 물어야 한다.

정문으로 들어오든 후문으로 들어오든 간에 캠퍼스 내로 들어갈 수 있는 입구(길)는 대체로 30여 군데에 달한다. 순환도로에 접속된 하나의 길로 접어들면 비로소 그 안에 겹겹이 들어선 건물들이 나타나는데, 그때 방문객은 곤혹스러울 수밖에 없다. 동서로는 대체로 경사면을 따라 여섯 일곱 켜로, 남북으로는 아홉에서 열두 켜로 첩첩이 중첩된 건물들은 물론 사람들을 골탕 먹이려고 그렇게 서 있는 것은 아니다. 언뜻 보면 무질서하고 혼란스럽지만, 사실은 아주 단순하고 명료한 법칙에 의하여 배치되어 있음을 알 수 있다. 첫째로 관악산 자락이 북서쪽으로 흐르는 경사면에 등고선의 곡면을 따라 '자연스럽게' 병렬 배치하였으며, 둘째로 대학본부와 중앙도서관을 기본 축으로 하여 그 정면에 섰을 때 오른쪽(남측)은 자연과학 및 기술공학, 왼쪽(북쪽)은 인문사회과학 및 소위 예체능 계열의 대학들이 양분되어 자리 잡고 있으며, 가장 높은 쪽에 교수회관과 학군단이 있다. 그리고 언제부터인가 조금씩 빈 터가 있는 곳을 비집고 연구소나 최근에 준공된 제2공학관, 행정대학원들이 들어선 것이다.

참으로 간단명료하다. 복잡하게 생각하는 것은 가끔 찾아오는 사람들일 뿐, 그들의 불평쯤은 아무것도 아니다. 그들은 사실 불평할 이유도 없다. 공해로 찌든 도심에서 그래도 상쾌한 관악산의 공기를 대할 수 있게 된 것을 다행으로 알아야 하기 때문이며, 학교란 몇 년씩 또는 수십 년을 드나드는 학생이나 교수, 교직원들을 위한 곳이지 외부 방문객을 위한 곳은 아니기 때문이다. 적어도 두세 번만 연속적으로 와본 사람이라면 자신의 강의실이나 과사무실을 찾는 게 무슨 문제란 말인가?

미로 운운하는 것은 학교에서 생활하는 사람들에게는 웃기는 소린지도 모른다. 그러나 다양한 성질의 공간이 중첩된 건축과 단순 반복된 건축 공간은 구별된다. 전자가 건축을 통해 주어진 공간을 적극적으로 개편한 것이라면, 후자는 땅을 차지한 건물과 그 외부라는 공간의 단순이분법이 중첩되어 '미로'의 효과를 만들어내는 커다란 차이가 있다. 그런데 우리는 여기서 다시 한 번 처음 학교로 진입하면서 생겼던 문제를 되짚어볼 필요를 느낀다. 그것은 두 가지 점에서 그러하다. 하나는 1975년 관악캠퍼스로 이주했을 때와 지금의 모습을 비교해보기 위해서이고, 또 하나는 관악캠퍼스가 갖는 총체적 구조의 핵심을 재고하기 위해서이다.

그림 3. 서울대 운동장 너머로 학교가
보인다. 모든 시설은 저 멀리 있다.

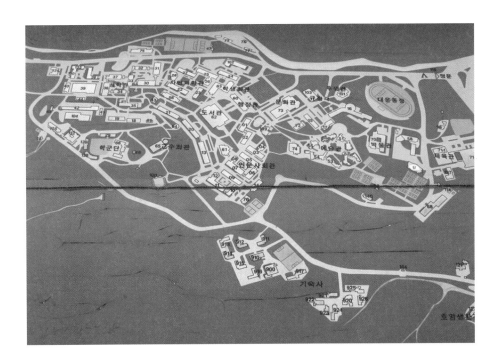

그림 4, 5. 미로와 같은 서울대 캠퍼스.
서울대 안내판에서 보이는 수십 개의
건물군들의 집합은 그림으로 쫓아가기도
힘겹다.

그림 6. 학교는 공간이 늘 부족하다.
그래서 새로이 들어서는 건축물이 자연과
충돌하는 것도 서슴지 않는다.

그림 7. 서울대 행정대학원 건물. 서울대
캠퍼스를 찾은 모든 사람들은 이 건물
앞에서 한마디씩 내뱉는다. 이 건축은
무엇을 이야기하고 있을까?

에워싸기

20여 년 전 관악캠퍼스는 아름다운 관악산 자락에 세 든 손님이었다. 다시 말해서 수려한 자연은 주인으로서 캠퍼스의 모든 건물을 감싸 안고 있었다. 그러나 최근에 준공된 몇몇 건물들, 특히 가장 높은 곳에 자리 잡은 제2공학관과 행정대학원 건물들은 그 스스로가 주인이며, 주변 환경을 들러리로 격하시키는 데 큰 몫을 했다. 제2공학관은 그 내부에 복도가 아닌 충분한 아트리움 공간을 두고 현대적이고 쾌적한 연구교육 공간을 마련했음을 자랑스러워할 일이지만, 그 건물이 학교 캠퍼스 전체에 미치는 '힘'과 '광채'는 대단하다. 아마도 많은 사람들이 그 위세에 눌려 수군거리고만 있는지 모른다.

최소한 모더니즘 건축언어와 문법으로 건립된 초기의 대학 건물들은 그 스스로 존재의 중심과 무게를 갖고, 또한 전체를 관통하는 통일성이 있었다. 그리고 대다수의 건물들이 북서향으로 배치될 수밖에 없는 지형적인 조건을 극복하기 위하여, 이를테면 여름 석양빛의 강렬한 빛을 조절하기 위하여 수동적인 태양광 조절장치를 창 밖에 부착하고 있다.

반면 제2공학관은 유리커튼월로 빛을 반사하며 기계적인 설비로 인공 기후를 만들고 관악산 등성이를 번쩍거리게 하고 있다. 그리고 우리들의 시선과 마음을 자극하고 있는 것이다. 또 행정대학원 건물은 얼마나 자극적인가! 보는 순간이 충격이고, 그다음에 보면 놀라움이고, 또다시 보면 충격은 이미 소멸해버리고 괴이한 건물이 거기서 있음을 본다. 그것은 발라드 음악과 트롯 음악에 중첩된 헤비메탈 음악이다. 즉각적으로 보는 사람들을 충동질하고 주변을 부정하여 어떤 것과도 인연 맺기를 거부한다. 이미 출입구는 먼지로 범벅이 되어 알루미늄 패널 위로 추하게 흐르는 모습이 마치 드라이아이스가 뿌려지기 시작한 팝음악의 무대와 같다.

이 두 건물은 교수회관 진입 도로의 좌측에 있는 연구소들과 함께 서울대학교 캠퍼스가 이제 막 포스트모더니즘 시대로 돌입한 인상을 보여주는 징표인지도 모른다. 앞으로 또 얼마나 많은 건물들이 새로이 들어서고, 또 얼마나 많은 건물들이 철거되거나 재건축되고 수선될지 알 수 없으나 이 건물들은 앞으로 미래의 건축계획에 큰 이정표가 될 듯하다. 학교 내의 크고 작은 130여 동의 건물들은 세월이 흐르면서 시간을 축적해 보이기보다는 사라질 운명에 처해 있는 것이 많기 때문이다.

혼돈과 키치로 점철된 시중의 건물들이 학교로 전염되거나 모방되는 이면에는 많은 사정들이 있으리라. 그러나 학교 스스로가 막대한 건축비 부담을 감당해낼 수 없는 사정이 아무리 크더라도, 또한 최소한 소위 서울대학교 캠퍼스의 '자존심'을 위해서라도, 또는 관악산이 빌려준 그 은총에 보답하기 위해서라도, 이웃과 환경을 위한 최소한의 배려가 있을 수 없겠는가 생각하게 된다. 만일 위에 열거한 건물들처럼 학교 내의 모든 건물들이 개별적인 자신의 힘과 취향으로 에워싸인다면 대학과 도시는 무슨 차이가 있는가? 대학의 건물은 보수적이어야 하며, 그리스 신전처럼 삼각 페디먼트pediment(서양 고전 건축물의 박공)가 있고, 열주가 서 있고, 위엄이 있어야 된다는 법은 없다. 그러나 지금과 같이 서울대 관악캠퍼스라는 '땅'의 장소성을 교란시키고 있는 건물들이 서서히 침투하는 것을 방치한다면, 적어도 건축을 '문화'로 보아야 할 의무를 갖고 있는 집단은 어디에 있는가 묻지 않을 수 없다. 새로운 기류가 감돌기 시작한 이 시점이야말로 서울대 관악캠퍼스의 수정된 마스터플랜을 시급히 마련할 좋은 기회인지도 모른다. '건축'으로 둘러싸이길 바라는가, 아니면 '건물'로 뒤범벅되길 바라는가의 판단 여하에 따라 미래 서울대학교의 위상을 정하게 될 것이다. 건축이 건물과 구별되는 차이는 그것이 '단순한 기능을 위한 수단'이 아니라 '삶의 풍요로움을 보장하는 정신'으로부터 출발하는 것이라는 점이다. 그러나 아무리 좋은 건축으로 점철되어 있더라도 마스터플랜, 즉 각기 다른 건축을 관통하는 위계와 이로 인해 비롯된 합리적인 구조를 이루어내지 않는다면 모든 건축은 또다시 건물로 전락할 것이다.

서울대 관악캠퍼스가 갖는 특징은 바로 끊임없는 에워싸기에 있다. 마치 양파처럼. 양파의 속은 단순한 양파일 뿐이다. 동심원의 구조, 이것이 관악캠퍼스의 구조이다. 정문과 후문을 에워싸는 순환로는 길 안팎으로 캠퍼스의 경계를 구획한다. 그다음의 동심원은 마치 도시의 그린벨트와 같이 얇거나 두터운 녹지 공간이다. 물론 순환도로가 관악산으로 오르는 일반인들의 통로이기도 하므로 학교 건물들을 도로와 분리시키는 기능적인 역할을 분명히 하고 있는 것은 사실이다. 그다음이 공학관, 자연과학관, 인문관, 사범관 등과 같이 내정內庭을 갖는 식으로 에워싸는 것이다. 스스로 에워싸며 남과 등 돌리기이다. 그다음은 층별로 또는 과별로 에워싸기이다. 이런 동심원의 중첩을 뚫고 이리저리 길이 나 있지만, 그것은 단순한 연결일 뿐 동심원과 다음 동심원 사이에 아무런 결절점이 없이 계단이나 통로 소공간으로 점철되어 있을 뿐이다. 캠퍼스 내에서 이를 정상적으로 활용한 집단은 오직 예능관 하나뿐인 듯싶다. 예능관은 그곳을 사용하는 사람들의 불편함과 비판에도 불구하고 대학 전체 캠퍼스에서 건물과 외부 공간이 어떻게 관계 맺는 것이 인간 척도에 맞으며 풍요로울 수 있는지 예시하고 있다. 다만 음대와 미대의 거리가 근접해 있어 발생하는 소음문제로 불편하고 있기는 하다. 그러나 캠퍼스에서 적어도 쾌적한 공간을 만들어주는 것이 필요하다는 것은 상식이다. 여기에서 쾌적함은 바로 건물의 규모와 내정의 규모가 다른 관에 비해 급격히 축소되어 조절되어 있는 점이다.

서울대 캠퍼스의 또 다른 특징 중의 하나는 건물과 외부 공간들이 도보의 스케일을 항상 벗어나 있다는 점이다. 대체로 300미터 이내를 왔다 갔다 하면서 사람들은 편안한 도보의 느낌을 갖게 되지만, 서울대 캠퍼스에서는 도보를 벗어나는 스케일의 문제점을 안고 있다. 앞서 말한 것과 같이 여러 켜의 동심원으로 둘러싸여 있으므로 일정 스케일을 벗어난 캠퍼스 속에 도대체 왜 여러 대학이 놓여 있어야 하는지 모를 일이다. 각기 다른 대학의 연방제(?)이지 종합대학의 명분이 마스터플랜 상에 보이지 않는다. 물론 단과대학 간에 벽은 없다. 그러나 보이지 않는 동심원은 벽을 만들고, 인간의 척도를 벗어난 스케일은 곁눈질할 기회를 주지 않는다.

변방의 삶

곁눈질, 대학생활의 가장 초보적이고 반복적인 일상성 속에서 결핍된 '외도'로 인해 학생들은 쾌적한 생활환경을 원하고 있다. 그것은 단순히 체육시설이나 교통문제, 식사문제 등만이 아니라 도시 속에서 밀려난 변방적인 상황에 대한 자각이다. 버스 타고 한두 정거장만 가면 도시의 모든 것이 거의 다 있다. 그러나 학생들이 도시를 원하는 것은 아닌 듯싶다. 적어도 캠퍼스 내에 그들의 일상생활, 습관을 단절시키지 않고 공강 때든 일요일이든 그들의 학습과 연구활동이 원활히 이루어지길 바라는 것이다. 그러나 문제는 그에 맞는 편의시설의 부재 때문이 아니라 그들이 원하는 시간대에 그들이 원하는 품질의 서비스가 제공되지 못하고 있다는 데 있다. 침침한 도서관 아래 농협의 현금지급기 앞에 줄지어 서 있는 학생들, 후문에서부터 뛰는 학생들, 학생회관의 어정쩡하고 혼란스러운 분위기들. 이런 모든 것이 학교와 학생이라는 장소와 신분 때문에 당연히 감수해야 되는 당위처럼 여겨진다. 그러나 20여 년 전 고안된 시설들이 변화하는 젊은 학생들의 생활을 수용하기에는 어려움이 많은 듯하다. 그리고 교내의 3만 명이라는 인구의 개별적인 요구란 단순한 학생과 교직원들의 요구가 아니라 '한 도시 규모'의 요구인 셈이다. 그런 점에서 복합적이고 다양하고 풀기도 쉽지 않은 것이 사실이다.

　　그러나 무엇보다도 쉽게 풀릴 것 같지 않은 이유는 다수의 구성원이 대체로 4년마다 이 장소를 떠나고 또 다른 젊은이들로 대체되는 학교라는 집단의 특수성 때문이다. 그래서 제기되는 문제들은 늘 반복되기 마련이다. 정작 오래 머무는 사람들은 교수와 교직원들인데, 그들의 일상과 학생들의 일상은 서로 다르다. 요구되는 서비스와 시간대가 서로 다르며, 따라서 문제인식과 그에 따른 해법도 서로 상이할 것이다. 쾌적한 환경이라는 장점만으로는 채울 수 없는 부유하는 대학생활의 일상성을 학생들의 기질에 맞도록 가늠하는 방법이란 없는 것일까? 학교는 늘 학교다워야 하는가? 서울대학 구내에서 가장 편안한 곳은—적어도 나에게는—교수회관 옆에 있는 옛 기사식당이며, 서울대에서 가장 감동을 주는 구조물은 후문에서 체육관 쪽을 가다 보이는 굴뚝이다. 기사식당과 굴뚝 같은 것들이, 이런 도시의 편린들이 간간이 캠퍼스 전체에 녹아 있어 일사분란하고 정연한 분위기를 교정할 수 있다면, 서울대는 변방에서 삶의 중심으로 이동할 수 있지 않을까 생각해본다. 그것은 건축이나 마스터플랜 계획의 실천이 아니라 '행위 가능성'의 실천인 셈이다.

변방에서 중심으로

서울대 관악캠퍼스와 같이 방대한 영역 속에서 특별한 장소성을 기대한다는 것은 욕심인지 모른다. 캠퍼스 읽기란 여러 각도에서 가능하기도 하다. 공간을 텍스트로 읽는 연습은 그렇게 흔하게 접하지는 못한다. 대학 캠퍼스는 읽기의 많은 노력이 축적될 대상이라는 점이 다시 한 번 요청된다. 이는 아마도 지금부터 장기적인 미래의 대학상을 구축해야 할 시점이기 때문이다.

예측 불가능한 시대를 예측 가능한 미래로 가늠해보는 일이 쉽지는 않다. 그것이 공간이 대상일 경우 더욱 그렇다. 대다수의 학생들의 관심은 건축이나 캠퍼스 마스터 플랜이라는 전문적인 영역에 있지 않고 개별적이고 개인적인 감성과 일상사에 더 의존하고 있기 때문이다. 그들이 4년 또는 6년을 지나온 대학생활을 기억하는 곳은 의외로 건축가나 도시계획가들이 의도하는 지점이 아니라 전혀 엉뚱한 곳일 수 있기 때문이다. 그리고 그 점이 중요하다. 서북향을 향해 항상 석양을 마주하는 학내는 낮 동안 대체로 어둡다. 적절히 어두운 실내에서 잊지 못할 기억이 생성되고 있는지 모른다. 적층되는 기억과 시간의 깊이가 대학 캠퍼스 내에 서서히 그 빛을 발할 때 아마도 우리는 변방의 미로에서 서서히 그 빛의 실타래를 따라 중심으로 이동할 수 있을 것이다.

한국의 건축문화와 사회:
서울 시청사의 축복받는 탄생을 위하여

그림 1. 질주하는 차들 사이로 보이는 최근의
서울 시청 모습.

대단히 평범해야 할 일이 오랜 시간을 두고 제대로 이루어지지 않는다고 많은 사람들이 말하고 생각할 때, 이 평범한 일은 갑자기 특별한 사건으로 등장하게 된다. 이를테면 '설계경기'나 '현상설계'로 혼용되며, 탄생되는 건축물들이 건축에 종사하는 사람들뿐만 아니라 일반 대중에게까지 폭넓게 사랑 받을 수 없다고 판단될 때 더욱 그렇다. 이 글을 쓰게 되는 원인도 따지고 보면 가장 평범한 일을 그 본래의 모습으로 되돌려놓기를 바라는 모든 사람들의 염원에 기인하는 것이.

나는 어느 글에서 "설계경기로 인해 건설된 공공건물 중 단 한 개의 건물이라도 모두에게 사랑 받고 길이 보존되기를 소망하는 그런 건물이 탄생하는 날이야말로 이 땅에 진정한 건축문화가 뿌리내릴 것이다"라고 말한 적이 있다. 이 말을 뒤집어 생각하면 설계경기로 인해 지어진 수많은 건물들이 모두에게 최상의 것이었나 하는 회의적 발상이기보다는, 대체로 설계경기가 건축의 질을 높이고자 하는 본래의 목적과 달리 다분히 통과의례 제도로 정착되는 인상이 더 크기 때문이다. 그것은 다만 시행하는 여러 과정, 즉 응모자격, 기간, 심사방법, 사후처리 등을 관장하는 주최자의 결함에만 있는 것은 아니다. 이에 참여하는 모든 건축인들의 '욕망'이 덧없음에도 있다. 루이스 칸Louis Isadore Kahn은 설계경기에 참여하는 것을 꺼려했다고 한다. 그것은 오직 자신이 원하는 것만을 실현하려는 의지에서 선택한 건축가 개인으로서의 자유로운 윤리관이기도 하다.

반면에 르 코르뷔지에Le Corbusier는 설계경기에 운도 없었지만, 자신의 건축을 실현하기 위해서라면 수단과 방법을 가리지 않기도 하였다. 그는 독일 점령하의 프랑스 비시 정부(친독 정부)에 대해서도 자신의 의지를 피력하고자 쫓아다녔으며, 심지어 이탈리아 파시스트 정권의 무솔리니를 만나고자 여러 경로를 통해 노력하기도 하였다. 결국은 혁명 후의 러시아에 가서 자신의 뜻을 어렵게 펴고 돌아온 적도 있다. 혁명 후 러시아 인들이 새로운 세계를 실현하려는 정치적, 사회적인 이념에 불타 있는 상황 속에서, 그는 러시아라는 사회의 현실적인 리얼리즘과 이데올로기와는 전혀 다른 각도로 자신만의 개인적인 건축 이념을 실현하기 위하여 러시아 인들의 분위기를 활용한 것이다. 러시아 인들과 혁명의 큰 뜻에 동참하고 이를 연대적으로 실현하기 위해서가 아니라 개인의 전위적인 가치를 가늠해보기 위해서였다. 그 자신이 옳다고 믿고 있는 건축의 한 방향에 대한 검증을 고집스럽게 실행한 열정은 높이 평가할 만한 것이지만, 그가 바라던 건축이 어떠한 사회를 지향하려 했던가에 대해서는 거의 무책임한 것이 아니었나 생각된다. 물론 그는 기계적인 산업사회의 환상과 합리적인 것에 대한 논리를 펴고 있었지만, 그가 살던 동시대인들의 고뇌와는 별도로 존재했던 것 같다.

루이스 칸과 르 코르뷔지에는 개인적인 표현이라는 공통점을 갖고 있으면서도 그 태도에 있어서는 크게 다르다고 하겠다. 루이스 칸에게 건축은 초월적인 존재의 의미를 갖고 있었다면, 르 코르뷔지에는 충분히 예측하지도 못하는 사회를 막연한 대상으로 두고 건축언어의 문법을 완성하려는 연금술사와도 같았다. 중세의 연금술사들이 모래로 금을 만들려고 했듯이, 르 코르뷔지에는 건물로 인간을 만들려고 하였다.

한국의 설계경기에 대해서 언급하면서 이 두 건축가를 떠올리는 데는 두 가지 이유가 있다. 그 하나는 설계경기라는 형식과는 관련 없이 일방적으로 건축인들의 개인적인 성향에 대한 태도를 다시 한 번 생각해볼 시점이 아닌가 하는 생각이 들어서이다. 더욱이 우리 건축인들이 배우고 자란 토양이 한편으로는 서양 대가들의 건축 역사에 대한 단편적인 숭배와 그 개인들에 대한 막연한 애정에 근거를 두고 있으며, 건축가 스스로가 본인도 모르게 문화적 식민주의 근성을 버리지 못하고 있는 현상은 없는가 하는 것에 대한 자성이 필요하다는 생각에서이다. 이것은 한국의 전통건축을 들먹이며 민주주의적 건축을 염두에 두고 하는 말은 더욱 아니다. 다만 지난 30여 년간에 극도로 변화한 한국 사회에 대한 통찰이 거부된 채 건축가들의 개인주의적인 성향이 어떤 결과를 초래하였나 하는 깊은 반성의 필요성에서이다.

사실상 건축문화를 이야기할 때 건축인들의 건축문화관과 일반인들이 생각하는 건축문화는 별개인 것처럼 보인다. 건축인들은 불연속과 무질서의 도시건축을 모두 남의 탓으로만 돌린다. 비건축인들로 인한 건축 생산을 건축으로보다는 상품이나 도구로 매도하고, 자신들은 그것과 달리 별개의 작품을 한다고 생각하며, 작품이라고 생각하는 품목만을 따로 몰아서 건축문화라고 말하고 싶어 하는 것이다. 결국 많은 건축인들은 악화가 양화를 구축하고 있는 현상에 대해 개탄하고 있을 뿐이다.

 그러나 한 나라의 건축을 하나의 문화라고 지칭할 때 과연 그것도 소위 건축가들의 작품 총체만을 의미하는 것인가? 만일 그렇다면 한국의 건축문화는 그렇게 찬란한 빛을 보여주었는가? 그에 대한 답은 자타가 부정적이다. 건축의 본질적인 형태론적인 접근은 물론 기술에 있어서도, 그 조직과 엔지니어링의 뒷받침에 있어서도 모두가 커다란 문제들을 안고 있을 뿐이다. 몇몇 건축가들의 역작이 보인다고 해서 건축문화의 질이 높아졌다고 할 수는 없는 노릇이다.

 여기에서 우리는 문제의 핵심을 이야기하지 않을 수 없다. 건축인들이 말하는 건축문화의 범위는 바로 건축의 자율성이라는 자폐증에 걸린 모호한 예술과 기술의 줄타기 위에 있는 데 비해, 일반인들의 건축문화란 때로는 훨씬 더 개방적이고 폭넓은 범위를 대상으로 하고 있는 것이다. 매스컴은 다양한 정보를 전해주고 있으며, 해외여행도 자유로워졌다. 그리고 많은 기업인들이 해외에 지사를 두고 살게 되면서 오히려 건축인들보다 더 많이 선진국들의 건축문화를 느끼고 경험했다. 일반인들은 대체로 '우르과이라운드'라는 건축 시장개방 이전에 벌써부터 그들의 마음속에 개방되어 있었던 것이다. 다시 말해서 후기 산업사회로 돌입하는 자본주의 세계에서 필요로 하는 온갖 종류의 건물들을 수입할 때, 건축주들은 그들의 성공적인 전략을 위해 마치 자동차산업을 시작할 때나 가전제품을 수입할 때처럼 건축 프로그램의 기술은 물론 하드웨어로서의 껍질까지도 수입해온 것이다. 서울 곳곳에 세워진 많은 건물들이 미국인 및 일본인들의 손에 설계된 것이다. 이 건물들은 롯데월드 건물들 같이 이미 상업적으로나 사용방식에서 베스트셀러를 이룩하고 있고, 서울은 물론 지방까지 보급되는 영향력을 과시하고 있는 것이다. 자폐증에 걸린 건축인들이 우물 속에서 땅따먹기를 하고 있을 때 이 세상이 필요로 하는 용도의 건물들은 기하급수로 늘어났다. 이를 결정하고 건축 환경을 마련한 것은 건축인들이 아니라 크고 작은 자본가들의 '욕망'이었다.

 소비시대에 넘쳐나는 상품들과 광고와 충돌은 이를테면 고급 부엌 가구들을 만들어냈고, 이를 구입하고 단장하기 위해서 '키친마트'를 만들어내고 있다. 이는 비단 주택에서만 행해진 일이 아니라 카 인테리어라는 용어까지 생겨날 정도로 모든 주부들은 '인테리어' 전문인들이 되었다. 그들끼리 주고받는 주택정보란 건축인들의 상상을 초월하는 것들이다. 한마디로 대기업인들이 보는 건축문화와 일반 주부들이 보는 건축문화, 그리고 소자본가들이 서로 모방하고 개방하고 덧붙이는 '한국화된 서양풍'의 급류는 왜소한 건축인들의 우물을 파괴하고 존재조차 부숴버리고 말았다. 그러면서도 대학은 아직도 건축교육에 있어서 구태를 벗지 못하고 있고, 오늘도 서양 대가들의 역사와 건축인 됨의 자부심만 가르치고 있다. 물론 그것도 필요하다. 그러나 문제는 일상생활의 일반인들의 건축문화가 건축인들을 앞질러 가고 있다는 사실을 명심해야 하는 것이다.

그러면 우리들의 건축문화 속에는 건축가들의 건축 애호(?) 문화와 활기차고 역동적인 일상 건축문화만 있는 것일까? 그렇지 않다. 위에 언급한 두 가지 건축문화의 공통점이 어떻게 보면 모방의 식민지시대 문화라고 한다면, 이와는 별도로 한국적인 상황이 만들어낸 '관제 건축문화'가 있다. 제3공화국 이후 군사독재 정권들 속에서 태어난 많은 건축물들, 그 중에서도 국민의 전당이라는 국회의사당, 광화문 옆 정부종합청사, 과천종합청사 등 수많은 공공건물들은 그 배치나 어프로치, 외관이 '민주주의'를 표방하는 나라라는 표제와는 너무나 거리가 멀었다. 이제 다시 거론하기 거북한 독립기념관, 그 거대한 허구에 진입하면서 나타나는 더듬이 같은 상징탑이 기념관(?)을 두 동강 내고 있으며, 한참을 걸어가면 나타나는 거대한 빈 공간은 참으로 허탈해지는 허망함을 느끼게 한다. 경복궁 내의 고건축을 모방 조합한 현재의 민속박물관이 가져온 전통에 대한 모독, 설계경기마다 쏟아지는 잡음들, 이 모든 것이 군·관·민의 합동작품인 것이다. 우리들의 관심사는 군·관이 아니라 '민'이다. 민은 누구인가? 다름 아닌 우리 건축인인 것이다. 경기에 참여해온 건축가들과 심사에 참여해온 사람들의 공통의 책임인 것이다.

권력은 역사적으로 건축물을 통해 그들의 위업을 과시하고자 하는 속성을 갖고 있다. 그러나 현대 건축언어는 케네스 프램프턴Kenneth Frampton이 지적한 것처럼 권력 편에 선 사람들은 그들의 우두머리의 취향에 민감하게 귀를 기울이게 된다. 이때에 권력의 총수들이 결심하는 것이 건축물로 나타난다. 이들이 취하는 태도는 대체로 스탈린이나 히틀러, 무솔리니와 같은 파시스트들처럼 한편으로는 '거대주의'를 선택하는 것이고, 또 한편으로는 스탈린과 같이 '전통적인 것, 그래서 모든 인민이 쉽게 이해하는 것'을 선택하는 것이다. '전통적인 것을 거대하게' 함으로써 권력의 표상으로 삼으려는 것은 현대판 '거석문화'라고 할 수도 있다. 문제는 건축의 방향은 권력을 쥔 사람이 정하고, 집행은 건축인들의 몫으로 남는 데 있는 것이다. 여기에서 관제 건축문화가 탄생하며, 이는 건축인들 상호를 서로 경멸하고 비하하게 만드는 계기를 마련하는 것이다. 일반인들과 기업인들이 건축 정보에서 건축인들을 앞지르고, 권력이 건축인들을 하인으로 몰고 온 여세 속에 위축된 지금, 소위 문민정부가 들어선 이 시점은 바로 '벼랑 끝에 선' 건축인들이 진정한 건축문화의 주역으로 등장해야 할 위기의 시점이기도 하다. 그것은 결심한다고 되는 것은 아니다. 역사적으로 건축인들의 무기력한 표류를 반성하고 현실의 엄청난 속도와 복잡성을 포용해야 할 것이다.

지난 시절 민주화를 위한 온갖 투쟁 속에서 얻어낸 것은 시민들의 기본권에 관련된 것이다. 온갖 수난과 폭력의 역사 속에서 건축인들은 과연 무슨 족적을 남겼던 것인가? 새마을운동으로 농촌 환경이 우스꽝스럽게 변모하여 슬레이트 위에 페인트 통을 뒤집어쓴 것을 보고, 무자비하리만큼 반복을 거듭하는 병영식 아파트를 보고, 생산 근로자들의 비인간적인 공장 건축을 보고, 우리는 어떤 일을 했던가? 국가가 시키는 대로 '시범주택'을 제안하고 연구보고서를 제출했으며, 기업주가 시키는 대로 최대 면적 찾아주기에 익숙했으며, 공장은 트러스에 벽체만 만들어주는 것 이상을 하지 못했다. 그러나 모두가 돈의 문제이며, 건축주의 그릇된 양식과 국가의 잘못된 판단에 있다고 책임을 전가해왔다. 모든 재야단체들이 저항의 대열에 서 있을 때 건축인들은 점잖은 수용의 시대를, 수모의 시대를 지내왔다.

이제 비로소 우리들에게는 어떻게 보면 마지막처럼 여겨지는 기회가 주어지려 하고 있다. 그것이 바로 여러 번 거론되었던 서울 시청사의 건립 문제인 것이다. 이 기회야말로 공공건물, 시민의 건물, 건축문화의 진정한 표상을 구현할 수 있는 건물이 탄생되어야 한다. 그러기 위해서 관은 그 탄생의 여러 과정에서 투명성을 보여주어야 하며, 건축인들은 모든 사람들의 사랑을 받는 건축다운 건축을 이 땅에 세울 의무가 있다. 그래야만 비로소 사람들은 건축을 '문화'의 꽃으로 생각할 수 있으며, 진정으로 건축과 사회가 화해하는 길을 열 수 있기 때문이다.

　　새로 세워지는 시청사는 아마도 커다란 역사적 의미를 맞게 될 것이다. 일제 식민지 시대의 청산이라는 관점에서뿐만이 아니라 21세기를 살아갈 한국인들에게 건축이 권력이나 예술이 아니라 '나눔'이며 '즐거움'이고, 20세기에 한국인이 남긴 유일한 '기념비'라는 관점에서도 그렇다. 이러한 소망은 비단 나만의 생각은 아닐 것이다. 이의 실현을 위한 설계경기의 여러 규칙과 결정은 앞으로 이 땅에 설계경기의 전형을 이루는 계기가 되어야 할 것이다. 그것은 오직 건축인들 스스로가 새로 태어나는 각오로 임하느냐 아니냐에 달려 있는 것이지, 그 이외의 핑계는 이제 불가능한 것으로 보인다. 이제 긴 터널 끝에서 남들이 되찾아준 민권 위에다 건축인들은 '건축문화의 기본권'을, '건축의 민주화'를 시민에게 찾아주어야 한다. 남는 것은 권력이나 경제의 문제가 아니라 문화의 문제이므로 문화, 이 정의 내릴 수 없으면서도 도달하지 못한 것을 느끼는 안타까움으로부터, 끊임없는 안팎의 식민지 문화의 악몽으로부터 헤어나기 위해 우리는 모두 시험대 위에 던져진 것이다.

건축에서 문화로 가는 길에 만난 7가지 장면들: 견딤과 애정의 쌓임이 문화를 만든다

장면 1: 갑자기 꺼져버린 문명과 현대의 신화

[정기용] 왼쪽(300쪽)에 나오는 작품 사진은 지중해 크레타 섬에 있는 크노소스 Knososs의 미노스Minos 궁전—미노스 왕의 미궁(Labyrinth)—의 계단을 따라서 만든 것입니다. 미래의 건축을 주제로 한 전시회에 낸 것인데요, 현재 우리의 상황이 저런 미로를 필요로 하는 것이 아니냐 하는 생각에서 만들었습니다. 유리를 네모지게 따내서 계단이 파먹고 들어가게 만들었지요. 그 뒤에는 거울이 있어요. 사람들이 이 작품을 볼 때 뭘 보게 되는가 하면 계단과 중첩되어 있는 자신을 보게 됩니다.

[김헌] 저도 한 건축 잡지에 미노스 왕의 미로를 소개한 적이 있습니다. 거기서 '어느 날 갑자기 꺼져버린 문명'이란 표현을 썼습니다. 어느 순간 갑자기 사라졌으니까요. 미노스 궁전은 건축구조와 양식이 당대의 다른 지역에서 나타난 건축 수법과 완전히 무관합니다. 기원전 1500년경 신석기시대에 수세식 화장실이 있는 이런 4층짜리 건물을 지었는데, 지금 봐도 굉장히 하이테크할 정도로 아름답고 정교합니다. 그리고 상당히 민주적인 양식으로 인해 다른 것에 영향 받고 다시 자극을 주고 해서 새로운 문명의 공간을 구성했습니다. 어떤 스타일이 나타나는 것인데, 미노스 궁전만큼은 거기서 딱 꺼져요. 그리고 미케네로 넘어가는데, 미케네는 이것과 전혀 관계없습니다. 다시 원시부터 시작하지요.

그림 1. 미노스 왕궁 계단을 모티프로 한
필자의 작품. 크레타 섬 미노스의 궁 동편에
가면 아름다운 계단이 있다. 미로와 같은
계단. 이 계단을 거울에 비추면 무대 세트와
같이 일상적인 공간을 뛰어넘는다.

그림 2. 신화로 가득한 미노스 궁의 모형.

그림 3, 4, 5. 서양 건축사와 문명사에서
독특하고 유일한 존재인 미노스 왕궁의
유적. 한국 현대건축은 새로운 신화를
필요로 한다. 미노스 궁의 폐허 속에서
우리는 반인 반수의 그림자를 만날지도
모른다.

[정기용] 문명사에서 고아 같은 독특한 존재입니다. 또 신화하고 연관이 되어 있지요.

[김헌] 그렇습니다. 미노스 왕은 아직까지 역사에 없는 신화 속의 인물입니다. 신화적인 인물이 살았던 궁전, 그것이 존재한다는 말입니다.

[정기용] 그래서 저는 미래 건축과 관련하여 새로운 신화 같은 것들이 만들어내는 그런 세상이 되면 어떻겠는가 하고 생각했습니다. 이를테면 최근 건축에서 양식적인 모험을 많이 하는데, 그것은 신화가 없는 시대를 살기 때문이 아니겠느냐, 또는 신화를 올바로 정립하려면 그런 양식적인 실험보다는 큰 눈에서 바라보는 것이 필요하지 않겠느냐 하는 것이지요. 건축이라는 것은 인간사랄까 문명사랄까 하는 커다란 그릇 속에 놓고 보아야 합니다.

정기용의 '드라마센터 리노베이션':
새로운 시간 만들기. 그러나 드러내지 않기

'드라마센터'는 김중업에 의해 지어졌지만, 30여 년이 지난 지금도 우리나라 연극 공간의 원형을 이루고 있다. 세월은 다만 두 가지의 큰 변화를 가져왔다. 끊임없이 천정 목재 트러스에 첨가된 장치물들이 한계에 이르렀고, 모든 것들이 노후해졌다. 서울예술대학이 안산으로 이전될 계획 속에서 '드라마센터'의 위상을 재정립할 필요가 생긴 것이다. 따라서 문제는 골조와 지붕을 그대로 둔 채 내부 공간 전체에 대한 근원적이고 본격적인 수술을 진행시키는 것과 외관을 재정비하는 것이었다.

한마디로 '드라마센터'의 내용을 바꾸는 것이며, 다른 세월을 견디고 또 다른 시대를 발언할 공간을 만드는 것이다. 그것은 오히려 공간보다 시간을 만드는 일이며, 그런 점에서 '드라마센터 리노베이션'은 시간의 건축인 셈이다. 드라마센터를 구성하는 콘크리트 기둥과 보는 출발점의 시간대로 계속 회귀하고 있으며, 천장과 바닥과 객

그림 6. 오래된 김중업 선생의 동랑극장
(드라마센터)을 개보수하면서 기존 구조만
남기고, 로비와 객석과 무대와 천장 등 모든
부분을 새롭게 설계하였다. 거기에는
'무엇을 반복시키고 무엇을 가지고 차이를
만들어낼 것인가' 하는 고민이 담겨 있다.
연극 공간은 모든 것이 일어날 수도 있는
불확정적인 공간이다. 따라서 극장
건축에서는 건축은 숨어 있고, 연출의
가능성만 열어두어야 한다.

그림 7. 극장 건축의 모든 시설은 미지의
연출자를 위한 인프라이다.

석과 무대는 각기 다른 시간대로 열려 있다. 객석이 무대가 될 수도 있고, 연출자에 따라서는 무대가 객석이 될 수도 있다. 동시에 그것은 원활히 이행되어야 했다.

견고한 사각 틀의 프로시니엄, 고정된 채 객석으로 밀고 들어온 반원형 무대, 깊이가 없는 1층 무대홀 등 좋은 공연 공간을 갖춘 '드라마센터'는 나름대로의 문제가 도처에 있었다. 그 해법은 그만큼 다양해졌다. 기존의 것을 반복하여 살려두고 공간 전체의 질적인 전환을 모색한 것이다. 연출을 위한 다양한 가능성만 만들어주면서 스스로는 드러나지 않고 잦아들어야 되는 것. 그것은 과시하지 않고 젖어든 시간의 궤적이다.

장면 2: 길, 삶의 탐험—체험하지 않고는 문화를 만들 수 없다

[정기용] 서울의 비극은 건축 자체의 문제보다 서울이 서울일 수 있었던 장소를 파괴했다는 데에 있습니다. 개발이라는 논리 때문이었죠. 좁은 길을 비대하게 열어젖히면서 길을 파괴해온 것은 도시에서 장소성을 가장 잘 간직하며 역사와 기억을 지니고 있는 길을 해체시켜버린 것이었습니다. 어떻게 보면 길은 '우회적(?)인 영원'일 수 있습니다. 그래서 현재 있는 길이라도 어떻게든 보존할 수 있도록 노력을 기울여 역사성과 장소성을 살려나가는 일이 집 한 채 잘 짓는 것보다도 더 중요한 일입니다. 한편으로 서울은 참 좋은 도시입니다. 어느 도로든 끄트머리엔 항상 산이 있습니다. 다른 도시엔 그런 게 없지요. 조선의 이성계가 가장 훌륭하게 해낸 일은 서울이라는 터를 잘 잡았다는 것입니다. 그래서 이 도시가 지금까지 존속해온 것입니다. 불편하고 혼돈스럽지만 숨구멍들이 있고 눈이 머물 곳이 있다는 것은 참 행복한 일이지요. 사람들이 만들어놓은 것은 다 끈적끈적하고 비참하고 형편없는 것들이 많습니다. 그래서 도시건축을 보는 관점도 유토피아를 하나 상정해놓고 그것과 비교해서 보지는 말자는 것입니다. 건축은 건축 자체만으로 얘기할 수 없습니다. 전체 문화와 사회라는 큰 맥락 안에서 보아야 합니다.

[김헌] 도시를 만든 사람들은 누구일까요? 맨해튼 같은 경우에도 맨해튼에 사는 사람들이 그 도시를 만들었다고들 합니다. 도시는 사람들 간에 공유되는 가치관, 곧 민도가 높은 사람들의 의식이 반영되어서 만들어집니다. 그런데 제가 보기에 우리 도시가 상실한 것 중의 하나가 '커뮤니티 감각' 같아요. 건축에서 커뮤니티 감각이라는 것은 건축을 만드는 사람인 건축가와 일반 사람들의 의식의 공유로부터 비롯됩니다. 커뮤니티 감각이라는 것을 '같이 모여 산다'라는 개념으로 보면 뚜렷하게 상실된 게 가장 많습니다.

[정기용] 그러한 커뮤니티성의 상실은 한 나라가 도시를 이끌어 가는 총체적인 문화의 부재로 드러납니다. 현재 우리에게는 총체적으로 묶을 수 있는 가치는 없고 취향만이 존재합니다. 개별적인 취향 말입니다. 그런데 그 취향이 다양하지 않고 획일화되어 가는 양상을 띠는 것이 문제입니다. 그렇다면 어떻게 해야 그런 획일화를 극복할 수 있을까요? 혼돈이든 부정적인 모습이든 간에 사람들이 체험하지 않고는 절대로 문화를 만들어낼 수 없습니다. 이를테면 자장면을 시켜 먹을 때도 우리는 여기도 시켜보고 저기도 시켜보고 해서 제일 맛있는 집을 고릅니다. 건축이나 도시 환경도 마찬가지입니다. 그것을 자기가 직접 체험해보고 어느 정도 가치 판단할 수 있는 수준까지 가야 공동체도 만들어지고 문화도 만들어집니다. 그렇게 해야 우리는 '취향이 있는 국민'으로부터 '문화를 만들어내는 시민'으로 바뀔 수 있습니다.

장면 3: 착각의 궁전—나쁜 기억이 단순 반복을 만들어낸다

[정기용] 아파트는 건축에서 볼 때는 '제로 시점'이라는 시간성을 띱니다. 거기 사는 주민들도 무의식적으로는 그것을 알고 있어요. 그래서 인테리어에 열을 올리면서 자기의 공간을 독특하고 새롭게 만들려고 치장을 합니다. 그러나 그것 가지고는 불충분합니다. 왜냐하면 만들어진 것 자체가 단순 반복의 무의미로 이루어져 있기 때문이에

요. 무의식적으론 그 무의미함을 참기 힘든데도 한편으로는 재산 가치가 있기 때문에 소중하게 생각하게 되죠. 그런 의식과 무의식의 충돌을 통해 사람들을 제로 시점으로 떨어뜨려 놓은 획기적인 예가 바로 우리나라의 아파트입니다. 사람들은 공간을 건축으로 인식하기보다는 장소로서 인식합니다. 그것은 곧 아름다운 건축에 대한 미적인 기억을 갖고 있는 것이라기보다는 어떤 장소에 있을 때 거기에서 어떤 기억이 반복해서 발생된다는 뜻이죠. 느티나무가 있고, 그 옆에 집과 돌담이 있는 경우를 상상해봅시다. 느티나무 자체는 건축이 아니죠. 그런데 그 장소를 지날 때면 항상 유년시절이든 노년시절이든 어떤 기억을 불러오게 됩니다. 이 경우 그 장소 자체에 축적된 기억이 있고, 또한 인간의 기억 속에 축적된 것도 있어서 그런 것들이 상호 작용을 합니다. 무의식적으로는 아파트에 사는 사람들도 그것을 알기 때문에 인테리어 업자들을 불러 바로크식이나 페르시아의 궁전처럼 꾸미기도 하죠. 그런 것은 어떻게 보면 장소성의 부재를 메우기 위해 시간을 뛰어넘어 착각을 만들어내는 것입니다. 이 도시 속에는 그런 착각이 수도 없이 많습니다.

[김헌] 아파트와 관련해서 기억과 관련된 부분도 이야기할 수 있습니다. 제가 볼 때 우리 주거의 불행은 열악했던 주택 환경이 점진적인 개선을 거치지 않고 아파트를 통해서 급격하게 개선되어버렸다는 데 있어요. 열악한 열 환경이라든가 하는 단독주택의 사정은 사람들에게 '춥다'는 기억을 새기게 했고, 이는 곧 가난이라는 나쁜 기억을 불러일으켰습니다. 다른 좋은 기억이 쌓일 틈이 없었지요. 그랬기 때문에 단독주택은 다시금 돌아보고 싶지 않은 기억의 장소가 되어버린 겁니다. 단독주택에서 살기 좋았던 경험을 해보지 않은 이상 아파트 외에 다른 대안을 찾기는 힘들지요. 다른 주거 형식에서의 삶의 질을 경험해봤어야 알죠. 예를 들어 우리나라의 건축 역사에서 무조건 남쪽으로 아파트를 짓는 것도 사실은 최근의 일입니다. 옛날에는 '남쪽으로만 집을 지어라' 이런 말이 없었어요. 이것도 그 변치 않는 가난의 기억 때문인 겁니다. 그래서 볕이 남쪽으로 향한 집에 대해서는 엄청난 값을 치릅니다. 또 자기는 낮에 집에 있지 않아도 남향을 원하고, 뒤에 아름다운 한강이 흐르고 있어도 벽을 칠 정도로 남쪽에 집착합니다. 이 모든 게 가난의 기억과 관련된 것이 아닌가 합니다.

장면 4: 인사동엔 기억의 입구가 있다

[정기용] 기억의 축적을 촉발시키는 힘이 있는 장소가 있고, 또 그렇지 않은 장소가 있어요. 그런데 기억을 촉발시키는 장소를 가만히 들여다보면 거기에는 견딤과 축적이 존재합니다. 명륜동 골목도 그렇고, 인사동 입구도 그렇죠. 인사동 입구에 가보면 조그만 나무들과 돌바닥이 있는데, 그곳을 가만히 보면 나무는 매일 자라고 그 밑의 그늘은 또 매일 바뀝니다. 나무의 축적이 있는 거죠. 그렇듯 아침저녁으로 다른 빛들이 광물질적인 집들 사이에서 묘한 장소로 보전이 됩니다. 만약 그것을 허물어버린다면 '인사동 입구가 없다'고 할 지경이 될 정도로 인사동을 시작한다고 알려주는 조그만 삼각형의 땅이지요. 거기엔 늘 사람이 앉아 있고, 그런 축적의 세월이 있어 그곳이 사람들에게 소중한 이미지로 다가온다고 하는 겁니다. 바로 이러한 특질을 가지고 있는 공간이 바로 장소인 것이죠. 장소성을 만들어내는 곳을 가만히 들여다보면 몇 개의 특질이 있는데, 그 특질의 핵심부에는 견딤과 축적이라고 하는 것이 도사리고 있어요.

그림 8. 지난 30여 년간 한국인들은 신분 상승의 징표로서 아파트를 만들고 그 속에 살았다. 소위 계급이 사라진 사회에서 사람들은 서로간의 차이를 식별할 공간을 만들고자 한다. 그것이 아파트다.

[김헌] 어떻게 보면 기억도 일종의 가치관일 수 있습니다. 건축과 관련해서만 보아도, 여기서 헐고 저기서 새로 짓고, 또는 여러 가지 세금의 면제 혜택 때문에 집을 짓고 하는 것들이 가치관의 문제로 연결되거든요. 향수도 그렇고, 추억도 그렇고 모든 기억들이 상품과 관련되어 있어서 최소한의 매개체가 그것들을 연결해주고는 그 값을 받습니다. 서울이라는 도시를 걸으면서 앉을 곳이 없다는 것도 그와 연관됩니다. 기억의 대가를 바라지 않는 인사동 입구의 그 쌈지 공원은 그래서 소중한 공간이자 장소입니다.

장면 5: 건축도 산다 — 담쟁이덩굴을 타고 오르는 건축의 삶

[정기용] 건축의 삶과 사람의 삶이 어떻게 만나 서로 견디고 체험을 축적하는가 하는 예를 김수근 선생의 공간사옥에서 찾을 수 있습니다. 벽돌과 전돌로 지었는데, 바로 그것이 공간사옥이라는 건축에 시간성을 부여하는 요인이 된 거죠. 건축가 고故 장세양 씨가 이런 말을 했지요. "형님, 우리 이 건물 참 쓰기 좋습니다. 단열재도 없는데 좋아요." 그 이유가 뭘까요? 사람들이 아무 일도 안 했는데 넝쿨이 타고 올라와 여름에는 전돌로 된 집을 식물 담쟁이로 마감한 것 같은 느낌을 줍니다. 그런데다 이파리와 벽 사이에 공간이 떠 잎들이 그 뜨거운 밑을 차단해주는 효과가 있고, 거기에 비까지 오면 더욱 신선해져요. 이것은 그 건물 자체가 자연스럽게 자연의 시간과 어떤 물리적인 시간을 복합적으로 끌고 나가고 있다는 것을 말해줍니다. 하나의 건물이 그 땅에서 살아가며, 공기와 바람과 열과 또 끈끈한 매연과 같은 것들 사이에서 아직도 그런 푸르름을 가지고 있다니 얼마나 위안이 되는 일입니까. 생명력으로 다가오는 건축물이 흔하지 않은 상황에서 그나마 공간사옥은 흔치 않은 한 예가 되지 않나 싶습니다.

그림 9. 새로 단장한 인사동 길은 많은 것을 묻게 한다.

그림 10. 인사동 길에 덧붙여진 쌈지길은 길이면서 건축이다. 어떤 공간이 장소가 된다는 것은 기억의 축적과 시간의 견딤이 나무가 자라듯이 존재함을 의미한다.

그림 11, 12. 원서동 공간사옥(김수근 설계)
의 외부를 뒤덮은 담쟁이덩굴. 건물의
생명력을 느끼게 해 주는 좋은 예이다.
공간사옥은 전돌과 벽돌로 축조되었으며,
그것을 완성한 것은 시간과 담쟁이
덩굴이다.

[김헌] 그와 관련해 '견딤'을 생각할 수 있을 거예요. 건축은 완료가 아닌 견딤이라는 것으로 그 출발점을 삼기 때문에 사람들이 볼 때는 이해하기 어려운 일들이 많이 일어납니다. 일종의 '견딤의 미학'이랄 수 있겠는데, 그처럼 견뎌나감으로 인해 새로 파생되는 일들에 대해 예측해보는 것도 흥미로운 일입니다. 공간사옥을 처음 지을 때는 담쟁이가 있지 않았죠. 그런데 거기서 오래 산 사람한테는 그가 견뎠던 시간만큼 담쟁이와 함께 변화된 무언가가 있을 것입니다. 담쟁이 하나로 인해 그 사람의 인식상에 커다란 변화가 일어났다면, 그건 건축가의 의도가 아닌 것처럼 여겨지면서도 그의 의식속에 '축적'이 됩니다. 그런 걸 찬찬히 살펴보면 참 재미있는 체험과 시각을 얻을 수 있을 겁니다.

장면 6: 아침저녁으로 달라지는 공간이 빛의 몸에 쌓여갈 때

[김헌] 어떤 공간을 사용하거나 그 안에서 살게 될 때, 가령 어떤 사람이 한 곳에서 10년 동안의 일상을 견뎌내는 것을 상상해봅시다. 예를 들면 이런 겁니다. 사람들은 자기가 늘 다니던 층계의 계단 수를 직접 세어보지 않아도 심리적으로 너무나 예민하게 그것을 파악하고 있습니다. 그 계단에서 한두 계단 정도를 한번 빼봅니다. 실제로 층고(한 층의 높이)를 같게 하면서도 계단 수를 줄이는 조작(manipulation)은 가능하니까요. 그랬을 때 사람이 거기서 10년 정도 사는 동안 의식상에 어떤 변화가 일어났을까를 생각해볼 수 있습니다. 심리적인 면에서 그는 여전히 한 층 또는 반 층이라고 생각할 수도, 또는 반 층과 한 층 사이의 어떤 영역에 있다고 생각할 수도 있겠죠. 그런 식으로 한 층을 오르내린다는 불편함과 반 층을 오르내린다고 하는 아주 편함, 그 모호함 사이에서 어떤 경계를 생각해볼 수가 있습니다. 그리고 아침에 볕이 들고 저녁에 해가 지는 공간의 궤적과, 그것이 또 계절에 따라 변화되는 것을 고려한 설계로 빛이 그 공간에 있는 사람의 의식을 얼마나 어떻게 자극할 수 있을까를 설정해볼 수도 있어요. 그걸 일종의 장치라고 볼 수 있는데, 뭔가를 무의식의 축적과 관련시켜 의식하도록 하는 거죠.

그림 13, 14. 건축가 김헌의 '일산 주택
세렌디피디serendipity' 내외부. 김헌의
주거 건축 세렌디피티는 빛의 변화에 의한
공간감의 축적, 계단 수의 조작으로 인한
의식의 변화, 내외부 공간의 대비와 엇갈림
등 건축에 삶의 우연성을 적극적으로
도입한 작품이다. 도시에서 흔히 볼 수 없는
낯선 건축이다. 낯선 풍경 속에 너무나
익숙한 잊혀진 순간과 틈이 있다.

[정기용] 저 나름으로는 '반복'과 '차이'라는 말을 씁니다. 가령 어떤 건물을 리노베이션했다고 한다면, 그 건물의 어떤 부분은 그대로 지속이 되고, 또 어떤 부분은 새롭게 변화될 겁니다. 이때 그대로 지속되는 것을 '반복'이라고 하고, 재창조되는 부분은 '차이'라고 말할 수 있습니다. 중요한 것은 그 반복되어온 건물에서 재생과 부활을 통해 차이를 만들어낼 수 있을 때만이 리노베이션이라고 부를 수 있다는 것이죠. 이처럼 어느 부분을 내가 취해서 계속 반복시키고 또 어느 부분은 차이를 만들어내는 것, 곧 '반복되는 차이'를 통해 저는 건축의 시간성을 봅니다. 건축은 그것을 창조하는 경우에 그 태생에 이미 근원적인 모순이 내재되어 있습니다. 그것은 다름 아닌 건축 행위의 순간부터가 미래로 투영된 일이란 것 때문입니다. 만들어내는 시점은 항상 현재지요. 어떤 집이 지금 이렇게 쓰인다고 하지만 나중에는 어떤 식으로 변할지 모르는 것 아닙니까. 그래서 건축은 지금까지 있어온 것을 판단 근거로 해 삶을 불확실한 미래로 떠나보내는 일입니다. 이것이 건축가는 완벽해야 한다고 생각하는 일반 사람들에게는 불만을 불러오는 요인이 됩니다. 바로 이게 건축가의 모순입니다.

장면 7: 탑 클라우드—하이테크 폐허 시대의 도시와 건축

[정기용] 개개의 건물들은 시간을 가지고 소멸하는 순간이 있습니다. 건물의 용도가 폐기되어 허물기 직전의 상태를 폐허라고 한다면, 우리 도시에는 그 폐허가 앞당겨 찾아오는 건물이 수도 없이 많아요. 제가 최근에 본, 이 도시를 가장 상징적으로 표현한 것이 옛날 화신백화점 자리에 들어선 종로 타워빌딩(라파엘 비뇰리Rafael Vinoly 설계)입니다. 기둥처럼 보이는 건물의 매스 3개가 하늘로 치솟고, 그 위에 하늘이 뽕뽕 보이는 폐허를 이미지적으로 보면, 기둥 사이로 하늘이 보이고 천장으로 하늘이 보이는 건물입니다. 폐허의 상징적인 건물이 그런 것이거든요. 그런데 그 건물은 가장 하이테크한 건축입니다. 그래서 저는 그것을 '하이테크 폐허'라고 이름 지었습니다. 어떻게 보면 서울에서 가장 휑한 건물이지요. 도시는 항상 폐허로 가고 있는 것들이 몸속에 같이 있

습니다. 도시는 하나의 몸(신체)입니다. 썩어가고 있고, 떨어져 나가고 있으면서 기능은 발휘하는 것. 그런 것을 요약해서 도시 중심부에 수천억 원을 들여서 건설한 것을 보면, 그것을 누가 설계했는지 참 알레고리한 사고이지만 대단한(?) 건축가다 하고 생각합니다. 로맨틱하게 얘기해서 폐허 속에서 떠올리는 상념 같은 것. 사실 은연중에 우리들은 도시의 폐허를 즐기고 있기도 해요. 그런 것이 없으면 새것이 새것 같지도 않을 테고.

[김헌] 도시에는 폐허가 지워지지 않고 남아 있는 현상과 폐허를 지우려는 행위들이 같이 있습니다. 보통 남아 있는 것들은 그것과 관련된 기억 때문에 남아 있는 게 아닌가 합니다. 그리고 폐허는 많은 증언을 하죠. 새로 지은 것들이라도 증언을 합니다. 너무 오래되어서 곪아 터졌던 것들이 새로운 형태로 증언하는 방식. 종로 타워빌딩도 마찬가지에요. 일종의 종말을 고한다고 할까. 종로라는 상징적인 공간에 바깥사람이 와서 아무것도 모르는 채 말뚝을 박아놓은 것. 일종의 강간 비슷한 느낌입니다. 왜냐하면 종로는 일제 때부터 우리 건축사무소들이 모여 있었던 곳이었거든요. 종로에 그런 건물이 들어섰다는 것. 일반인들은 이해하기 힘들지만, 건축가들한텐 굉장한 타격이었죠. 사람들은 그 건물이 신기하다고 합니다. 한국 건축문화의 현실이 여기까지 와 있습니다. 이런 일들이 우리가 모르는 사이에 매일매일 일어나고 있거든요. 그래서 건축을 한다는 것은 죽을 때까지 고통스러울 수밖에 없습니다. 그런 것들을 보고 벙어리가 되어야 하니까. 화신백화점 건물 자체는 우리의 설계로, 우리의 자본으로 만들어진 자존심이었습니다. 아름다웠는데 참으로 안타까웠습니다. 그 건물 참 오래 버티었으면 했는데.

그림 15. 화신백화점 자리에 들어선 종로 타워빌딩. 일명 탑 클라우드. 종로타워를 설계한 라파엘 비뇰리는 서울을 은유적인 수법으로 조롱하고 있다. 만원이 된 서울에게 비우는 것으로 건축할 수 있다는 것을 해학적으로 보여준다. 그런데 방에서 하늘이 드러나는 풍경을 우리가 폐허라고 말한다면, 비뇰리의 종로타워는 하이 테크 폐허라고도 할 수 있다.

서울의

풍경들

대도시 서울은 앞으로 100년이 지나도 지금 우리가 보고 있는 풍경의 절반 이상을 고스란히 남기고 있을지도 모른다. 사라지는 것과 변하는 것과 새로이 생성되는 것들이 끊임없이 반복되고 교차하는 도시는 은유적으로 말해서 살아 있는 생명체와 같다. 낡은 세포는 새로운 것으로 교체되고, 새로운 세포는 증식하고 성장한다. 도시 곳곳에 뻗쳐 있는 광활한 영역에 공급되는 자원과 사람은, 그들이 살면서 또는 살기 위해 확실한 흔적을 남기며 내면으로 구조화된다. 보이는 도시는 보이지 않는 것들, 결심과 욕망과 좌절과 희망의 필연들이 우연의 법칙으로 공간에 집합되는 시간이다. 이것을 우리는 도시의 풍경이라 말한다. 포괄적이나 총체적이지 않고, 전체를 드러냄 없이 단편적이나 전체로 읽혀지거나 포획되는 것들, 그 속에서 자라나는 이미지들, 또 다른 기억들과 중첩되기도 하면서 생성되는 엇갈린 허상들, 실재하고 구체적이면서 한 순간에 사라지는 것들. 이런 모든 것을 우리는 풍경이라 말한다. 그 속에 실려 있는 시선들은 우리를 다시 역으로 바라본다. 보고 보이는 관계 속에서 인식은 싹트고 사물들은 육신으로 다가온다.

스펙터클한 사회로 치닫는 거대도시—메트로폴리스—는 매일매일 우리들이 사는 모두의 도시이며 동시에 손가락 사이를 빠져나가는 해변가의 모래알 같은 것들이다. 남김없이 사라져주었으면 하는 것들이 끈질기게 남아 있는 것도 있고, 계속 버려주었으면 하는 것들의 허망한 사라짐 속에 떠도는 환영들도 있다.

사라진 풍경

사진을 통해 바라보는 사라진 풍경은
기억의 그늘 같은 것이다. 일제 시대 남산
기슭에 세워졌던 일본식 신사神社는 이제
사진 속에만 있다. 그러나 과연 그럴까?
신사의 형상은 사라졌지만 지금도 신사를
오르던 계단들과 산을 깎아 만든 평평한
면은 상처 그대로 남아 있다.

조국을 빼앗긴 도시에 세워졌던 타인의
피는 아직도 남산의 기류 속에 떠돌고,
청계천에서 빨래를 하던 서울 아낙네들의
빨래방망이 소리는 세탁기들이 대신하고
있다. 풍경 속에 버티고 있는 장소의 영혼과
삶의 소리들은 매연과 자동차 소음들
속에서 새벽녘을 기다리고 있다.

몇 년 전 우리들 시야에서 사라진 낙산의
시민아파트, 마포 아파트들은 또 얼마나
많은 민초들의 저 깊은 기억의 주름
사이에서 잠들고 있을 것인가.

서울을 뒤덮었던 수많은 달동네들의 추억은
난곡 지구에서 한참을 그렇게 처량하게
버티다가 산산조각 나 사라져버렸다. 그때
가파른 골목 속에 나뒹굴던 낡은 소파에서
졸던 할머니는 우리들에게서 무엇을 상실케
하였는가? 망각과 상실이 집단적일 때
찾아오는 천박하고도 얇은 떨림 속에
부대끼던 황학동 벼룩시장의 장송곡이
있다. 사라지는 것들의 사라짐이야말로
우리가 세워두어야 할 기념비들이 아닌가?

사라지고 있는 풍경

지금 우리가 보는 것들은 있는데 없는
것들이다. 이 패러독스의 풍경들, 지금 여기
있는데 지금 여기에 없거나 없어지고 있는
순간들, 폐허들, 연탄들, 수의를 입은
한옥들, 어두움 속에서 반짝거리는
포장지들이 숨쉬는 구멍가게들, 대형마트와
편의점들에게 자리를 내준 시장들.

이렇게 사라지는 풍경들 속에 도매금으로
묻혀 나가는 민초들의 몸짓이 있다. 우리들
내면세계를 슬그머니 빠져나가는 오래된
삶의 방식들의 신음 속에 번쩍거리는
광휘와 속도가 지나간다. 아주 빠른 속도로,
마치 일순간에 모든 것이 그러했던 것처럼.

생성되는 풍경

죽은 땅에도 푸른 생명이 돋아나듯 모든
것이 사라진 뒤에 솟아나는 것들은 잔인한
짓밟음 뒤의 승리의 노래다. 독점의
기쁨이다. 부동산의 찬가이다. 우뚝 솟음,
남근적인 변신, 면적의 곱셈, 곱셈의 미래는
늘 밝기만 하지 않다.

부동산 자본의 느린 회전 속도는 많은
사람들을 아프게도 하고, 나아가서는
지구도 병들게 한다. 이 악다구니 같은 틈
속에 건설의 기쁨과 희망과 절망이 동시에
묻어 있다. 간혹 가물에 콩 나듯 모두가
공유하고 향유할 것이 생겨나긴 하지만
천민자본주의의 열기에 파묻히고 만다.

싸우면서 건설하는 나라에 포화 상태란
없다. 왜냐하면 파괴하고 건설할 땅이
건설한 양보다 아직 크기 때문이다. 그래서
건설의 풍악은 계속 울릴 것이고, 그래서
우리는 오늘도 생성되는 것들에 작은
희망을 걸어본다. 여의도에서, 봉천동에서,
서울 도처에서 꿈꾸듯 솟아나는 모든
것들에서 축복을 내리는 방법은 우리가
이를 지옥의 풍경으로 저주하는 습관을
버리면 되는 것이 아닐까?

충돌하는 풍경

그러나 새롭게 생성되는 것은 필연적으로
이미 있는 것들, 아직 우리가 청산하려고
해도 청산하지 못하고 끝까지 물고
늘어지는 한국성에 대한 그리움 같은
것들과 충돌할 수밖에 없다. 이것이
서울성의 또 다른 모습이다. 기와지붕으로
대변되는 전통과 수직선과 콘크리트와
유리로 대변되는 현대는 비동시적인 것의
동시성의 풍경이다.

전통이 정말로 죽어야 전통도 살고 현대도
사는 것은 아닌지? 한옥 벽에 붙은
가스계량기와 가스 배관들은 종로타워
뒷골목의 전선들과 함께 지금 이 시대를
떠받치는 현존의 가치다. 차마 떠나보내고
싶지 않은 망자에 대한 회한 속에 전기와
가스의 회로들이 이 시각을 노래한다. 어느
누구도 따라 부를 수 없는 긴 가사들은
충돌하는 풍경의 '랩송' 같은 것들이다. 이는
무질서의 표상이 아니라 같이 있어야만
하는 것들의 존재의 믿음이고 문명의
기록화이다. 다만 그 형식이 거칠 뿐이다.

일상의 풍경

그러나 누가 도시를 바라보면서만 사는가?
이 시대, 이 도시가 고안해낸 가장 큰 특질은
아마도 반복되는 일상의 조직화와 그림의
숭배다. 일상성이란 하찮고 보잘것없는
것이 아니라 우리들이 일상 속에 차곡차곡
동의하고 감춰놓은 우리들의 유희적 가치와
욕망과 동화되어가는 것의 안전지대에
대한 욕구이다.

원시적인 축제가 사라진 삶 속에서 다수가
동의하고 반복되는 것들, 건강, 결혼, 소비,
이사, 광고, 나들이 등 모든 것들 없이
어떻게 우리가 살 수 있을까? 이상의 각
항목마다 생성시킨 다양한 양식들, 다양한
차이들은 공통되면서도 개별화할 수 있는
다양성들을 심화시킨다. 도시는 바로
수많은 시민들이 합의하거나 거부하거나
관계없이 만들어내고 변화해가는 모든
것들의 총화를 지속 가능하게 만드는
것이다. 그렇게 해서 도시에서 일상은
삶이자 역사가 되는 것이다.

우리가 도시를 사랑하는 법을 배우기 위해서 해야 하는 첫 번째 덕목은 현존하는 모든 일상의 풍경을 채집하는 것이 아니라 애정으로 바라보는 것이다. 그리고 만일 도시에서 모든 이유에서라도 혁명을 꿈꾼다면 '가장 인상적인 것'들을 아주 작은 부분에서 거부하거나 뒤집는 일이다. 어느 날 모든 시민들이 공공 교통수단을 거부하거나, 길 건너는 것을 중지하거나 텔레비전 보는 것을 중단할 때, 사람들은 도시를 새로운 시선으로 바라볼 수도 있을 것이다. 잘 생각만 한다면 도시에서 개별적으로 일상성을 변혁시킬 음모를 꾸미는 것은 간단하다. 다만 얼마나 많은 시민의 동의를 이끌어낼 수 있는가 하는 정도에 따라 우리는 우리들의 일상을 바꿀 수도 있으리라.

어쨌든 서울에 사는 사람들의 일상을 누군가가 끈질기게 연구할 때, 그것이 무슨 주제가 되었든 아마도 이 시대의 가장 흥미로운 이야기꾼이 되리라. 일상성 속에는 우리들이 그토록 찾고자 하는 공동성의 윤리들이 갇혀 있다. 다만 우리들은 그것이 너무 부질없는 일이라고 생각하고 소명하지 않을 뿐이다. 이 시대 이 도시의 일상적인 풍경만큼 진실이 또 어디에 있겠는가!

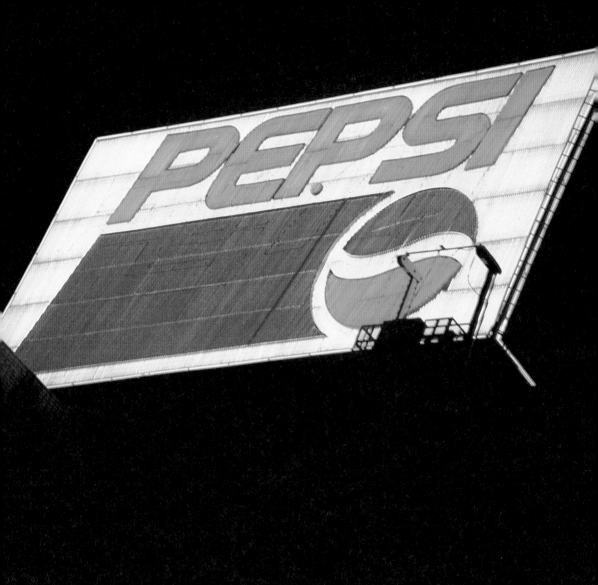

지속되는 풍경

세월이 흐르고 시대가 바뀌어도 거기에 늘
그렇게 있는 산과 강 때문에 도시 서울의
삶은 지속된다. 산과 강의 지리적인
구성체는 서울을 서울이게 하는 모태이다.
아무리 시대마다 다른 건물을 짓고, 어떤
장사를 하든, 어떤 집에 거주하든 서울의
산과 강은 모든 것을 끌어안는다.

그만큼 서울의 자연은 넓고 지혜로우며
강하고 관대하다. 그리고 빛이 있고 계절이
있다. 서울의 색은 자연과 시간의 함수 관계
속에 있다. 서울 시민 모두에게 공평하게
선사하는 봄의 꽃 선물들, 장마 빗소리,
가을의 노란 은행잎들. 그래도 도시를
뒤덮는 하얀 눈, 바람 부는 강, 어느 것 하나
서울을 지탱하는 강과 산의 절묘한 조화를
거스를 수 없다. 이 지속되는 자연의
품속에서 우리는 끊임없이 변화하는
풍경들을 가감 없이 포용한다. 대도시
서울이 변함없이 우리를 보듬고 사랑하는
손길이다.

이제야 많은 시민들이 이 평범한 사실들을
알아차리기 시작했다. 수백만 명이 새벽에,
일요일에 산에 오르내리기를 거듭하다가
이제 반세기가 지나서야 비로소 서울의
자연이 가지고 있는 넉넉한 품을 인식하기
시작한 것이다. 이는 서울 풍경을 반복하여
학습한 결과이다. 이제 남은 것은 이 도시를
산과 강이란 자연이 그렇게 해왔듯 어떻게
이 자연의 힘을 인간들이 만드는 건조의
풍경 속에 녹여내는가 하는 것이다.
아파트를 짓고 상가를 짓고 관청을 지을
때마다 우리가 묻고 허가를 신청할 곳은
구청이나 시청이 아니라 우리가 오늘 새벽
오른 산이며, 아침에 건넌 한강이다.

어느 누구도 자기 집만 오려내서 볼 수는
없다. 모든 땅은 연결되어 있고, 결국은
강과 산과 맞닿아 있다. 그래서 모든 풍경은
아무리 그것이 작아도 부분이면서 동시에
전체이다. 나의 집은 나의 집이면서 동시에
서울이다. 나의 부엌 속에 서울이, 서울 속에
나의 집이, 산과 강과 이웃이 들어 있다.
이런 것들이 지속하는 풍경의 올바른
미학이고 윤리이다.

후기: 서울의 문화적 개혁을 위해
홍성태

나는 1999년 말부터 정기용 선생과 문화연대 공간환경위원회 활동을 펼치기 시작했습니다. 정기용 선생이 위원장을 맡았고, 내가 부위원장을 맡았습니다. 그로부터 2002년 초까지는 조직적으로, 그 뒤로는 좀더 산발적으로 우리는 함께 많은 활동을 했습니다.

처음에 우리가 중점적으로 펼쳤던 활동은 용산 미군기지를 돌려받아 생태문화공원을 만들자는 것이었습니다. 우리는 2000년 초부터 이 활동을 본격적으로 펼치기 시작했습니다. 우리는 머지않아 용산 미군기지의 이전이 이루어질 것이므로 이에 대비해서 생태공원의 전망을 제시해야 하고, 또한 거꾸로 생태공원의 전망을 통해 용산 미군기지의 이전을 앞당길 수 있으리라고 생각했습니다. 그러나 우리는 평택기지를 확장하지 않고 그 이용 효율을 최대화하는 방식으로 용산 미군기지의 이전이 이루어져야 한다고 주장했습니다. 이 활동을 통해 우리는 대다수 시민들이 용산 미군기지를 생태공원으로 만드는 것에 찬성하고 있다는 것을 알 수 있었습니다. 우리는 그 희망을 '생명의 숲'이라는 이름으로 나타냈습니다.

2000년 늦가을에 정기용 선생은 우리가 서울의 문제를 바로잡기 위해서는 우선 서울을 잘 알아야겠다는 뜻을 밝혔습니다. 나를 비롯해서 공간환경위원회에 참여하고 있던 사람들은 모두 이런 선생의 뜻에 동의했습니다. 그래서 '서울대탐사'가 시작되었습니다. 우리는 2000년 늦가을부터 2001년 초봄까지 서울과 수도권을 대상으로 말 그대로 '대탐사'를 벌였습니다. 젊은 건축학도들이 학생이자 자원활동가로서 이 '대탐사'에 참여했습니다. 11차례에 걸쳐 서울과 수도권의 현상과 변화를 확인하고 이해하기 위한 고되고 즐거운 '서울대탐사'를 벌였습니다. 모든 곳에서 우리는 한숨을 내쉬지 않을 수 없었고, 또한 여러 곳에서 우리는 소중한 가능성을 찾아낼 수 있었습니다

이런 활동의 결과로 우리는 좀 더 체계적인 작업을 시작했습니다. 2001년 가을에 서울시정개발연구원의 의뢰로 서울의 문화적인 개혁을 위한 연구 작업을 하게 되었습니다. 그 성과는 2002년 늦봄에 《문화도시 서울, 어떻게 만들 것인가》라는 책으로 발간되었습니다.

한국에서 '문화도시'라는 말은 1996년 말에 당시 문화체육부에서 '문화도시화운동'이라는 것을 벌이기 시작하면서 널리 퍼지기 시작했습니다. 그로부터 얼마 지나지 않아서 문화도시는 한국의 모든 도시가 추구하는 핵심적 발전 목표가 되었습니다. 그러나 과연 무엇이 문화도시인가에 대해서는 아직까지도 깊은 논의가 제대로 이루어지지 않은 상태입니다. 한국의 도시가 워낙 척박하기 때문에 문화도시를 발전 목표로 내걸게 된 것은 다행스러운 일이기는 합니다만, 최근에는 서울을 비롯한 전국 곳곳에서 '복원'을 빙자해서 '개발'을 자행하고, 문화를 내세워서 문화를 파괴하는 신개발주의의 문제도 커지고 있습니다. 우리는 이런 문제에 적극 대응하고자 했습니다.

정기용 선생은 문화도시를 '기본이 바로 선 도시'라고 정의했습니다. 이 단순한 정의는 정말이지 많은 뜻을 담고 있습니다. 한국의 도시는 기본이 엉망인 상태에서 투기꾼과 개발업자와 공무원들에게 농락당하고 있기 때문입니다. 이런 상황에서 문화도시는 새로운 개발사업을 미화하기 위한 논리로 악용되는 경우가 흔합니다. 문화도시는 무엇보다 난개발이 이루어질 수 없는 도시여야 합니다. 그리고 도시로서 갖춰야 할 요건과 질서를 제대로 갖춘 도시여야 합니다. 따라서 일부 문화시설이나 문화공간이 문화도시를 규정하지 않고, 전반적인 공간문화의 수준이 문화도시를 규정하는 것입니다.

우리는 서울을 주요 대상으로 공간문화의 중요성을 새롭게 사회적으로 제기했습니다. 우리는 도시의 개혁과 사회의 개혁이 사실상 한 몸이라는 사실을 밝히는 '새로운 공간문화운동'을 펼쳤습니다. 다시 말할 것도 없이 정기용 선생의 철학과 지식이 이 운동을 이끈 원동력이었습니다.

서울은 과밀로 고통 받고 있는 도시입니다. 서울에서는 숨을 쉬는 것조차 치명적입니다. 서울은 기본이 너무나 엉망인 도시입니다. 도시의 생명은 '조화'에 있습니다. 인공적인 것과 자연적인 것, 인공적인 것과 인공적인 것,

큰 것과 작은 것, 옛것과 새것, 지하의 구조물과 지상의 건축물, 비생명체와 생명체가 잘 어우러져 있어야 좋은 도시가 될 수 있습니다. 문화도시는 이러한 '좋은 도시'의 다른 이름입니다. 불행하게도 서울은 식민통치와 전쟁과 개발독재를 거치며 그 본래 모습을 잃었을 뿐만 아니라 아주 '나쁜 도시'가 되고 말았습니다. 서울을 고치는 것은 한국을 고치는 것입니다.

서울을 좋은 도시로 만들기 위해서 건축가들의 연구와 실천은 필수적입니다. 그러나 그런 노력을 기울이고 있는 건축가들이 많지는 않습니다. 이런 상황에서 정기용 선생의 노력은 대단히 중요합니다. 선생은 '감응의 미학'을 건축적으로, 또한 사회적으로 실천하고 있습니다. '감응'은 '조화'이며, '조화'는 배려와 존중을 전제로 합니다. 나아가 '감응'은 무의식적으로 감성적 일치를 추구하는 것입니다. 이 점에서 그것은 사실 '조화'보다 더욱 깊은 배려와 존중을 전제로 합니다. 서울에 관한 정기용 선생의 연구와 실천에서 우리가 깊은 울림을 얻게 되는 것은 아마도 이 때문일 것입니다.

정기용 선생은 서울을 보는 우리의 눈에 대해 다시 생각하게 합니다. 정기용 선생의 글을 통해 우리는 우리 자신에 대해 다시 생각하게 됩니다. 그렇게 해서 우리는 우리 자신과 서울의 관계에 대해 다시 생각하지 않을 수 없게 됩니다. 그것은 서울의 문화적인 개혁을 위해 무엇보다 중요한 출발점입니다.

정기용 선생은 삶으로 가르침을 전합니다. 선생의 건축은 선생의 삶을 보여줍니다. 많은 학생들이 선생의 건축을 접하고 선생의 삶과 '감응'하게 되는 것은 이 때문일 것입니다. 부디 많은 사람들이 정기용 선생과 '감응'해서 문화도시 서울을 향한 길이 더욱 넓어지고 탄탄해지기를 바랍니다.

2008년 1월 월계동에서

출원

서울 이야기

지은이	정기용
기획	홍성태·서정일
자료정리	신혜숙·김유경·이황·권숙희·심한별·김진철
펴낸곳	현실문화
펴낸이	김수기
편집	김주원
디자인	최성민·최슬기
마케팅	최새롬
제작	이명혜

1판1쇄	2008년 2월 25일
1판4쇄	2017년 2월 15일
등록번호	제25100-2015-000091호
등록일자	1999년 4월 23일
주소	서울시 은평구 통일로 684 서울혁신파크 1동 403호
전화	02) 393 1125
팩스	02) 393 1128
전자우편	hyunsilbook@daum.net

ISBN	978-89-92214-43-8 04610
	978-89-92214-41-4 (세트)
값	25,000원